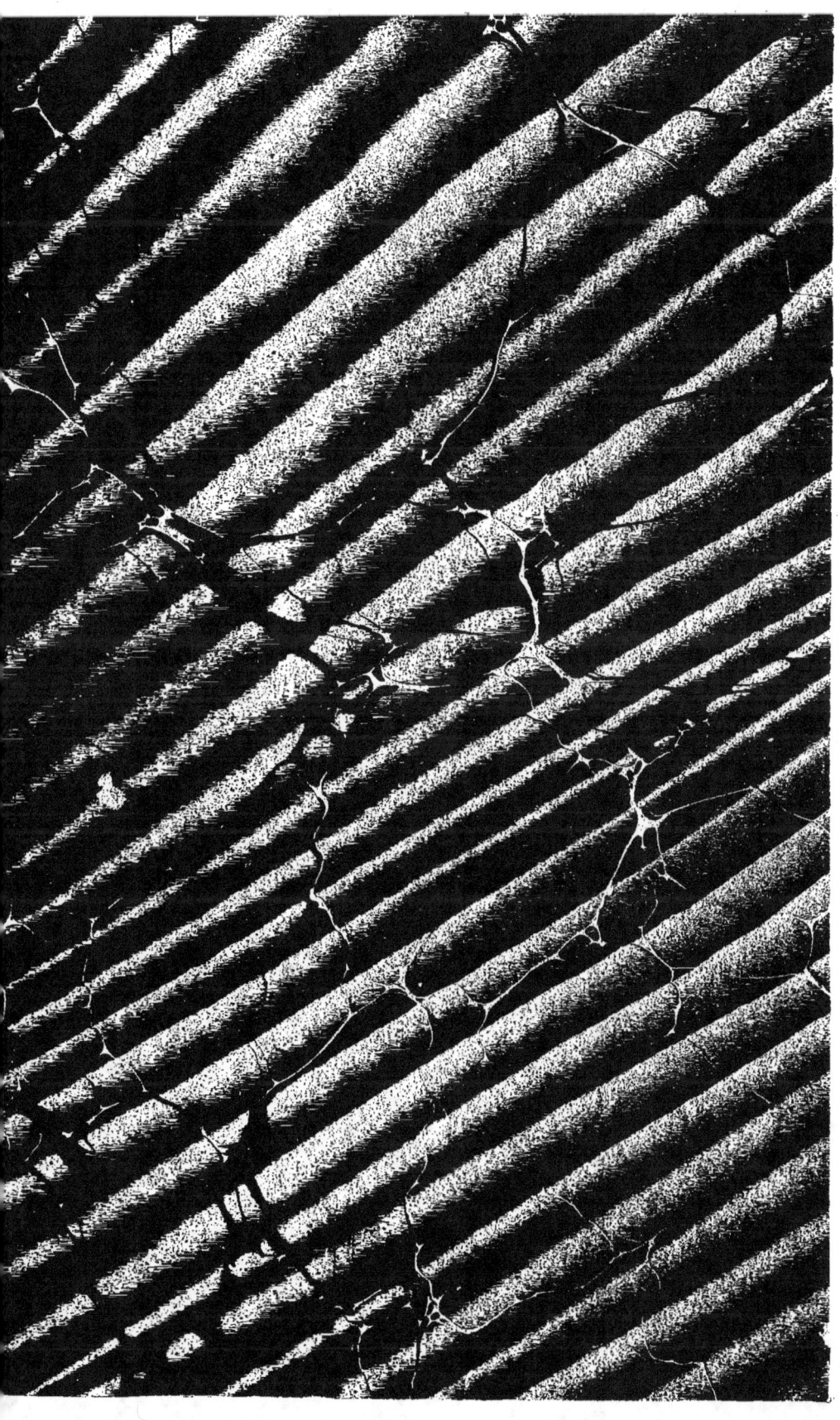

HISTOIRE

DE LA

PEINTURE

AU

PAYS DE LIÉGE

15088

HISTOIRE
DE LA
PEINTURE
AU
PAYS DE LIÉGE

DEPUIS L'INTRODUCTION DU CHRISTIANISME
JUSQU'A LA RÉVOLUTION LIÉGEOISE
ET LA RÉUNION DE LA PRINCIPAUTÉ A LA FRANCE

PAR

Jules HELBIG

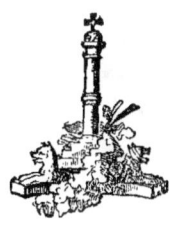

LIÉGE
IMPRIMERIE DE LÉON DE THIER, RUE DU POT-D'OR, 41

1873

AVANT-PROPOS

L'étude que nous publions a été entreprise pour répondre à une question posée dans l'un des concours organisés par les soins de la Société libre d'Émulation de Liége. Présenté, — du moins dans ses parties essentielles, — au concours de 1871, ce travail y reçut un accueil assez favorable pour nous porter à continuer et à compléter nos recherches. Après avoir fait ce qui était en nous pour produire l'œuvre la moins imparfaite possible, nous nous sommes décidé à lui donner une publicité plus étendue que celle des Mémoires de la Société d'Émulation, où elle est imprimée avec les autres Mémoires couronnés.

L'intérêt qui s'attache à l'histoire des beaux-arts chez tous les peuples civilisés nous servira d'excuse.

Cette histoire a été de nos jours l'objet de travaux importants, de recherches fécondes entreprises par les meilleurs esprits, et, à mesure que les investigations ont été portées plus loin, on a compris que presque tout était à faire ou à refaire. On a compris que beaucoup d'artistes de grand mérite, qu'une multitude de points intéressants dans le développement des arts étaient restés dans l'obscurité, et qu'en général les études préparatoires n'étaient pas assez avancées pour qu'il fût possible d'aborder avec succès la synthèse de l'histoire de l'art, fût-ce dans un seul pays et d'une seule école.

Nous avons le désir, en ce qui concerne la peinture dans l'ancien pays de Liége, d'apporter notre pierre à cet édifice de régénération historique.

Il nous a toujours paru d'ailleurs que rien dans l'œuvre de l'artiste, — construction, statue ou tableau, — n'était plus digne de l'intérêt de générations qui se succèdent que le signe du génie particulier de l'artiste et la marque du caractère national.

A ce titre, il semble que, même dans les contrées où ce génie s'est développé avec moins de bonheur et d'éclat que dans d'autres pays privilégiés, il mérite encore d'être étudié, et que mettre en lumière les efforts et les travaux des hommes qui ont vécu et lutté dans les mêmes régions où nous vivons et luttons, n'est que faire, pour le passé, un acte de justice qui peut ne pas être perdu pour l'avenir.

En l'examinant à ce point de vue, il y avait de quoi s'éprendre de notre sujet. Aussi, pendant le cours d'années laborieuses où il ne nous a pas été possible de donner à l'étude du passé toute la place que nous eussions voulu lui faire; pendant des voyages fréquents où nous avions plus d'un but à poursuivre, nous n'avons cessé de noter tout ce qui pouvait répandre quelque lumière et ajouter un fait nouveau à l'histoire de la peinture sur les bords de la Meuse. Le sujet, en effet, demandait beaucoup de travail, car il était neuf, le terrain était inexploré. Après l'avoir longtemps poursuivi, avons-nous atteint notre but ? Nous l'ignorons ; il appartient au lecteur à en juger, de même qu'il appartiendra peut-être à quelque travailleur plus favorisé que nous de reprendre et de parfaire l'étude que nous avons entreprise.

Mais, malgré notre désir de faire connaître, dans une principauté peu étendue, l'histoire de la peinture pendant des siècles trop méconnus, malgré cet autre désir de rattacher aux saines et religieuses traditions du passé l'art de notre temps, nous eussions reculé peut-être devant une tâche qui réclamait des loisirs et une science qui nous faisaient également défaut, si plus d'une fois nous n'avions été encouragé par l'espoir de combler une lacune et stimulé par des hommes dont les conseils nous ont porté à surmonter nos hésitations.

Mais telle est la marche inexorable des années et les sacrifices que dans leur marche elles ne cessent de nous demander, que, avant que notre travail ne pût voir le jour, plusieurs de ceux qui y portaient l'intérêt le plus sympathique déjà n'étaient plus. Parmi ces derniers, qu'il nous soit permis de citer ici avec un sentiment de reconnaissance M. De Wandre, président de la Société d'Émulation, le bienveillant fondateur du prix décerné à notre histoire, et Ulysse Capitaine, dont l'amour passionné pour tout ce qui touche à l'ancienne patrie liégeoise était, pour ses amis, un stimulant au travail. Non-seulement la collection de ses livres, de ses dessins et manuscrits nous fut souvent utile, mais ses encouragements affectueux nous ont soutenu jusqu'à la fin dans l'accomplissement d'une tâche qui offrait de nombreuses difficultés.

D'autres appuis nous sont venus en aide. Des renseignements nous ont été donnés, des documents ont été mis à notre disposition avec libéralité, et, dans de nombreuses collections publiques et privées, nous avons pu poursuivre nos recherches avec toutes les facilités désirables. Nous voudrions consigner ici, pour tous ceux qui nous ont prêté un concours si nécessaire, l'hommage de notre reconnaissance.

Cependant, parmi ceux auxquels notre livre doit le plus, il y aurait ingratitude à ne pas mentionner deux noms.

La reproduction graphique des monuments au moyen de planches est, pour tout livre destiné à faire connaître l'histoire des arts du dessin, un appoint éminemment désirable. Bien mieux que les descriptions, cette reproduction par le crayon fait connaître la marche du développement des arts, le caractère archéologique des époques, le style particulier des maîtres.

Nous avions le désir d'offrir à nos lecteurs ce complément si utile; M. le baron Kervyn de Lettenhove, pendant qu'il était ministre de l'intérieur, a bien voulu, par une allocation de son département, nous permettre de joindre à notre livre des planches en assez grand nombre pour qu'il soit possible de se faire une idée du style et de la composition des principales peintures décrites.

Ces planches sont exécutées de façon à faire, non un simple ornement du volume que nous publions, mais à donner la réduction la plus fidèle et la plus précise possible des œuvres des peintres liégeois. Il nous importait qu'il en fut ainsi : A une époque comme la nôtre, où, à côté des recherches les plus consciencieuses et de livres d'un savoir profond, l'on a publié des écrits sur les beaux-arts où l'histoire est faite à l'aide de théories plus ou moins ingénieuses, présentées parfois avec un luxe d'éloquence et d'imagination trop apparent, nous avons cru qu'il fallait chercher surtout à présenter les faits dans leur sobriété et les appréciations dans l'impartialité la plus complète. Le lecteur peut, en effet, tirer lui-même les déductions lorsque l'historien lui donne la précision des détails. Ce que nous avons cherché dans le texte, nous l'avons voulu aussi pour les planches. Nous croyons avoir réussi dans la mesure du possible, et, quant aux procédés, il a été fait choix de ceux qui offraient le plus de garantie sous le rapport de la précision. Aussi l'exactitude des planches permettra au lecteur de contrôler en quelque façon nos propres jugements (1).

Si nous avons à remercier M. le baron Kervyn de Lettenhove du chef des planches de notre livre, nous devons à Mme la vicomtesse de Clérembault d'avoir pu étudier l'intéressante collection de peintures,

---

(1) L'excellent procédé héliographique de M. Ch. D'hoy, artiste photographe à Gand, nous a été d'une grande utilité pour la reproduction exacte des dessins que nous avons recueillis.

de dessins et de documents réunis par son père, M. F. Desoer, au château de Kinkempois. Parmi ces documents, il en est un qui avait une importance réelle pour nos recherches. C'est un manuscrit intitulé : *Mémoire pour servir à l'histoire des artistes de la province de Liége.*

Nous avons reconnu dans ce mémoire inédit le travail du chanoine Hamal, le collectionneur patriotique d'œuvres d'artistes liégeois qui, à la fin du siècle dernier, avait réuni un nombre considérable de peintures et de dessins d'un grand intérêt, dont une partie a été acquise par la famille Desoer. Son manuscrit, qui renferme des détails nombreux sur les peintres du dix-septième et surtout du dix-huitième siècles, a été mis à notre disposition avec une grâce et une libéralité qui nous ont permis d'utiliser largement le travail de notre devancier pour les études que nous reprenions après lui. Nous nous faisons un devoir d'exprimer ici notre reconnaissance pour une faveur aussi précieuse.

En livrant nos recherches au public, nous émettons le vœu que, attirant l'attention sur l'ancienne école liégeoise plus que cela n'a été fait jusqu'à ce jour, notre livre contribue à faire remettre au jour les œuvres de nos peintres restées inconnues et pour la plupart dispersées à l'étranger. Nous recevrons avec gratitude tous les renseignements que l'on voudra bien nous donner à cet égard.

HISTOIRE

DE LA

PEINTURE AU PAYS DE LIÉGE

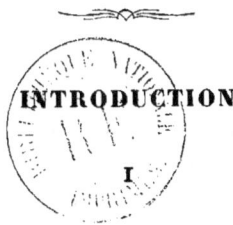

INTRODUCTION

I

L'histoire de la peinture au pays de Liége offre un intérêt particulier, des difficultés nombreuses, et les recherches dont elle est l'objet seront souvent la source de mécomptes et de regrets. Les travaux de l'historien n'aboutiront pas à éclairer le passé d'une lumière assez vive pour faire apparaître toute la vérité. Cependant la matière est plus féconde qu'on ne le croit généralement. Sans doute, sur les bords de la Meuse, les créations de la peinture n'atteignirent, ni à l'inspiration ascétique et à l'éclat des écoles de l'Italie, ni à la vie et à la spontanéité de l'école flamande, ni aux charmes et à la gracieuse tendresse des peintres de Cologne des XIVᵉ et XVᵉ siècles. Mais il ne faut pas contester aux habitants des contrées riveraines de ce fleuve le génie des arts, ni leur refuser la justice due aux œuvres dont nous allons essayer de reconstituer l'histoire.

II

Malheureusement, dans l'histoire des arts, c'est souvent la mode et l'engoûment qui prononcent les jugements, et il faut des siècles pour réformer leurs arrêts. Les opinions qui ont réussi à faire loi sont souvent si absolues, que l'on a cru pouvoir tout refuser dans le domaine de l'art à des peuples entiers, par la raison que l'on ne pouvait tout leur accorder. La Providence, qui distribue les dons aux nations comme aux individus, n'agit heureusement pas comme les hommes. L'art est une fleur qui germe sur plus de sols qu'on n'est généralement disposé à le croire. La peinture est une sorte de langue naturelle que presque tous les peuples civilisés ont appris à parler, et qui de bonne heure a été connue et cultivée dans l'ancien pays de Liége. Elle y a donné naissance à des talents, à des œuvres de mérite, tout comme sur les bords de l'Arno, du Tibre, du Rhin ou de l'Escaut. Le christianisme, comme dans les pays les plus favorisés, a apporté dans les contrées limitrophes de la Meuse son culte, sa poésie et tous les élans d'un peuple converti, ennobli, adouci; toute l'effusion qui se traduit d'ordinaire, soit par le chant du poëte, soit par les œuvres de l'artiste, quelquefois par l'un et par l'autre. Sans doute le génie actif, intelligent, vif et mobile des races wallonnes les rendaient propres au travail de l'esprit, comme aux productions de l'adresse manuelle. Aussi y eût-il des périodes historiques où l'on vit la Principauté de Liége se maintenir au niveau des grands pays, et les eaux de la Meuse refléter de riches abbayes où se cultivèrent tous les arts ; des églises d'une architecture très-pure, dans laquelle venaient pour ainsi dire s'étreindre le génie français et le génie germanique ; des monuments tout historiés intérieurement et extérieurement des œuvres de la statuaire et de celles de la peinture ; enfin, de populeuses cités où la noblesse, le clergé et de puissantes corporations ne pouvaient — tel était l'esprit du temps — témoigner de leur grandeur et manifester leur opulence sans avoir recours aux créations imagées de l'art.

III

Mais il n'en est pas moins vrai que, dans ce pays, toute une série de circonstances fatidiques semble avoir pesé sur le développement de l'art de la peinture. Les révolutions de l'histoire ont détruit les œuvres, ont dérouté les artistes ou les ont éloignés de leur patrie, rendant ainsi plus ardues et souvent stériles les recherches de l'historien, en détruisant l'unité du récit et en rompant en quelque sorte le fil de la narration. C'est la raison peut-être pour laquelle les travaux préparatoires sont si peu nombreux et si insuffisants. On ne peut contester que, chez la plupart des nations, les cités où les artistes vivaient autrefois en grand nombre ont eu à subir des vicissitudes ; quelques-unes ont été le théâtre d'événements douloureux, et il en est peu, même parmi les privilégiées, qui n'aient eu à enregistrer des pertes irréparables; mais sur les villes du pays de Liége, et notamment sur sa capitale, une suite de faits a pesé de la manière la plus fâcheuse, et a presque complètement détruit, dispersé et éloigné sans retour les œuvres de ses artistes et surtout de ses peintres d'autrefois ; rien n'est plus difficile aujourd'hui que de reconstituer le faisceau des produits de leur travail. Lorsqu'on parcourt les villes d'Anvers, de Bruges, de Cologne, de Brunswick, de Nuremberg, Venise et les villes de l'Italie ou de l'Espagne, et que l'on compare l'histoire de ces cités avec ce que l'art national y a laissé de monuments, on y constatera sans doute des pertes nombreuses et regrettables. Mais si l'on visite dans le même esprit la capitale de l'ancienne principauté de Liége, qui, à la vérité, n'a peut-être jamais égalé entièrement les richesses de ses rivales, il est aujourd'hui impossible de rendre justice, ni au talent de ses artistes, ni à l'élan de ces générations qui, pendant des siècles, ont fondé, bâti, enrichi et orné les monuments de leur ville. Sur le petit nombre de reliques qui subsistent, il est impossible de se rendre compte de tout ce qui a été détruit, de tout ce qui est irrévocablement perdu. Il faut avoir compulsé avec persévérance les écrivains généralement fort laconiques à l'endroit des artistes ; il faut avoir fouillé tous ses monuments, parcouru les musées de l'étranger et du pays ; il faut avoir visité les collections des particuliers, — toutes ces nécropoles de l'art devenu objet de curiosité, — pour comprendre la différence existant entre un passé qui n'est pas sans gloire et le dénûment actuel des villes wallonnes.

IV

Il ne sera pas difficile, dans le courant de l'histoire que nous allons tenter d'écrire, de retrouver les traces de l'activité des artistes dans le domaine de la peinture, et, si les monuments mêmes sont devenus rares dans le pays, il est au moins aisé de démontrer que beaucoup d'artistes y ont vu le jour. Il sera facile aussi de faire connaître quelques-uns des faits qui ont contrarié ou empêché leur développement dans leur patrie, ou qui ont détruit et dispersé les travaux qu'ils y avaient laissés. Nous allons en indiquer quelques-uns des plus considérables :

V

Tout au début de l'histoire de la peinture moderne, l'ancien pays de Liége donne naissance à une famille dont le nom a été célébré dans tous les pays et dont les membres ont laissé des travaux nombreux, qui, heureusement, subsistent encore pour la plupart. Mais c'est à peine si la famille des Van Eyck entre un moment en contact avec l'histoire de leur pays natal. Leur influence dans le développement de l'art y est nulle, ou tout au moins on ne peut la faire entrer en ligne de compte dans l'histoire de la peinture au pays de Liége. Jean Van Eyck a très-probablement vécu quelque temps à Liége au début de sa carrière. Son premier patron fut le prince Jean de Bavière, que certainement il suivit en Hollande. Mais après la mort de son premier protecteur, le brillant peintre devint le client des ducs de Bourgogne, qui, en accordant généreusement des faveurs à l'artiste, ne cessèrent d'accabler d'une guerre implacable sa patrie, alors si malheureuse. Le même Philippe-le-Bon, qui donnait à Jean Van Eyck et peut-être à ses frères des places et des commandes, dévasta sans merci l'une des villes les plus opulentes du pays wallon, Dinant, laissant à son héritier le soin de faire subir le même sort à la ville de Liége, en causant aux arts, par le sac de cette capitale, une de ces pertes dont les conséquences ne peuvent plus se calculer aujourd'hui. Le dommage fut immense. Pendant longtemps, les historiens ont assuré que la fureur destructrice des hordes bourguignonnes s'était arrêtée au seuil des églises et des monuments religieux; mais des publications récentes ont prouvé qu'il n'en était pas ainsi. Les murs seuls des temples furent épargnés, mais tout ce qui pouvait s'enlever, vases sacrés, reliquaires, vêtements sacerdotaux, broderies, images, œuvres d'art, tout ce qui pouvait être arraché, emporté, vendu, fut pillé avec une indicible sauvagerie, et bientôt le Hainaut, la Picardie et les provinces de la Bourgogne furent couvertes de dépouilles liégeoises (1). Nous le répétons : il serait difficile de faire le bilan des pertes de l'art dans ce naufrage général de la richesse, des libertés et de la puissance liégeoises. Disons seulement que les monuments de l'art antérieurs à cette triste époque sont des plus rares dans la ville capitale du pays de Liége ; que les frères Van Eyck, dont le plus jeune, au surplus, mourut dix-huit ans avant cette catastrophe, n'avaient pas un seul de leurs travaux connu à Liége, et, si leur influence s'y fit sentir sous une forme quelconque, ce fut par les vitraux que leurs élèves exécutèrent, dit-on, pour les fenêtres de l'ancienne cathédrale de Saint-Lambert.

VI

Cependant une population énergique, attachée au sol appauvri et humilié de la patrie, travailla bientôt à réparer ces malheurs, et, dès le début du XVIe siècle, un prince sage, éclairé, très-ami des arts, donna une large impulsion aux dispositions heureuses dont le peuple était alors animé. Avec l'avénement d'Érard de la Marck, beaucoup d'édifices sont fondés et surgissent de terre, des hommes de talent se produisent. Un peintre de grand mérite, Lambert Lombard, paraît à point pour réaliser une partie des

---

(1) V. la liste d'objets enlevés de Liége en 1468, conservée aux archives de l'État à Liége et publiée par M. S. Bormans dans le *Bulletin de l'Institut archéologique liégeois*, t. VIII, 2e livraison.

desseins du prince. Mais ces projets, qui pouvaient donner un grand essor à la peinture, en ouvrant dans le palais des princes un champ vaste au peintre Lombard, ne devaient pas aboutir. Érard meurt au moment où allaient commencer les travaux pour lesquels l'artiste s'était préparé par ses études en Italie. Ses nombreux talents trouvèrent peu d'emploi. Cependant il fait école; pendant le XVIe et le XVIIe siècle un assez grand nombre de peintres de mérite apparaissent, et, s'il en est parmi eux qui s'expatrient, il en est d'autres qui donnent un certain lustre artistique aux règnes agités des différents princes de la maison de Bavière. L'un de ceux-ci devait être la cause d'une nouvelle et importante perte qui a encore diminué d'une manière bien sensible le nombre des œuvres marquantes laissées par les peintres des bords de la Meuse. Maximilien-Henri de Bavière, prince-évêque, amateur des beaux-arts, mais qui sut peu s'identifier au peuple soumis à son gouvernement, recueillit dans les monuments et chez les particuliers de Liége les meilleurs tableaux qu'il pût se procurer pour en orner sa résidence de Bonn. En 1689, ce palais, avec toutes les œuvres d'art qui y étaient contenues, fut brûlé pendant le siège que les impériaux et leurs alliés faisaient de la ville.

VII

Les arts devaient, à cette même époque, essuyer d'autres pertes encore. La mode, qui faisait sentir son capricieux mais tyrannique empire sur les artistes, le fit peser bien plus encore sur les goûts et les prédilections d'un peuple trop mobile et trop peu respectueux pour ce qu'il n'aurait dû cesser de regarder comme ses propres gloires et les titres les plus précieux de ses annales.

Pendant le XVIIe siècle et le siècle suivant, on voit disparaître des monuments et des églises les œuvres d'art et les tableaux qui souvent furent aliénés par ceux-là mêmes dont les soins auraient dû veiller à leur conservation.

Les triptyques peints de la main de Lombard et de ses élèves qui ornaient les autels des églises et des chapelles, sous prétexte qu'ils commençaient à se détériorer par l'action de l'humidité, mais en réalité parce que la forme générale de ces autels ne répondait plus au goût du jour, sont aliénés et vendus. Alors les énormes retables en marbre réel ou en marbres peints, les frontons démesurés soutenus par des colonnes commencent à jouir de la vogue, et, pour leur faire place, on démembre les triptyques, on rend aveugles les baies des chœurs, après les avoir dépouillées de leurs verrières peintes. On détruit même celles-ci presque partout, sans autre objet que celui de rendre l'aspect des églises plus simple ou de les égayer par un jour plus abondant. C'est alors que passent dans des mains étrangères des tableaux de Flémalle, de Damri et surtout de Douffet. C'est alors que le stuc et les ornements parasites envahirent la sévérité des églises gothiques, que le verre blanc remplaça les émaux des peintres verriers liégeois des XIVe et XVe siècles, que les nefs, les chapiteaux et toute l'ornementation sculptée des églises fut modernisée, et que même les tombeaux des évêques, qui reposaient à la cathédrale de St-Lambert, furent éloignés pour être remplacés par un pavé de marbre noir et blanc, et par des tablettes où la date de la mort de ces princes et de ces prêtres était rappelée en lettres dorées.

VIII

C'est ainsi que bien des monuments disparurent, et lorsqu'à la fin du XVIIIᵉ sièle passa sur l'Europe cette tourmente qui devait punir tant de désordres et de méfaits par des désordres et des méfaits plus grands, il semble que, pour ce qui regarde les œuvres de l'art dans l'ancienne principauté, la besogne de la Révolution était déjà faite en grande partie. Cependant il restait encore beaucoup à détruire, à mutiler et à disperser; ce qui restait à faire fut consommé lorsque la Révolution inaugura un ordre de choses nouveau. Alors furent détruits les hospices, les maisons de corporations, les couvents, un grand nombre d'églises et la cathédrale de St-Lambert, dans laquelle les évêques, les chanoines, les patriciens et le peuple lui-même avaient depuis cinq siècles accumulé de nombreux monuments de l'art. Au vandalisme furieux et cupide des bandes bourguignonnes de 1468 succéda, en 1794 et les années suivantes, la destruction calculée, méthodique et organisée des commissaires de la République française, aidés, l'histoire doit le constater, par des spoliateurs indigènes qui, en dépouillant les monuments de leur patrie, en les détruisant, se donnaient le nom de patriotes. On démolit à cette époque avec un certain ordre. On brisa les tombeaux, mais on utilisa les matériaux dont ils étaient construits. On fondit des statues, mais on eût soin de séparer le bronze de la dorure, et d'inventorier l'un et l'autre. On détruisit les autels, mais on en emporta les entablements et les colonnes. On mit au creuset les pièces les plus précieuses de l'ancienne orfévrerie du pays, mais le métal de ces châsses et de ces vases sacrés payait une partie des frais de la guerre. On enleva toutes les meilleures peintures qui ornaient les églises, les hôpitaux, les couvents, mais on en dressa un catalogue — incomplet, à la vérité, — et les toiles, roulées sur des cylindres en bois, furent envoyées à Paris pour y enrichir le grand musée qui se formait alors des dépouilles de tant de nations.

IX

Mais l'immensité du butin apporté à Paris et accumulé à cette époque dans les magasins du Louvre et de Versailles rendait bien difficile le classement et surtout le placement convenable de toutes ces œuvres d'art. Bientôt il fut question d'organiser des musées dans les départements, et un arrêté du 14 fructidor an VIII décréta la formation de quinze collections départementales dans les villes de Lyon, Bordeaux, Strasbourg, Bruxelles, Marseille, Rouen, Nantes, Dijon, Toulouse, Genève, Lille, Caen, Mayence, Rennes et Nancy. Un très-petit nombre des tableaux emportés de Liége furent placés dans le musée de Paris, et la plupart servirent à former les fonds des différents musées qui viennent d'être énumérés. Les villes favorisées vantèrent hautement la générosité du premier consul et les trésors de l'art qu'elles devaient à sa munificence. La ville de Liége n'obtint aucune sorte de compensation pour ce qui lui avait été enlevé, et ses meilleurs tableaux échus aux collections départementales y sont encore; car, lorsque les puissances alliées, usant à leur tour des droits fort légitimes cette fois de la victoire, reprirent ce qui leur avait été enlevé, on ne songea guère à réclamer, en dehors de ce qui existait encore au musée de Paris, les peintures conquises dans l'ancienne principauté. Aussi, lors de la restitution générale qui se fit des œuvres d'art, en 1815, la ville de Liége obtint six toiles qui lui avaient appartenu autrefois, et plusieurs d'entre elles étaient dans un assez triste état. C'était à peu près la cinquième partie de la liste, d'ailleurs incomplète, dressée lors de l'enlèvement des œuvres d'art. Le reste fut perdu sans retour pour le pays de Liége.

X

C'est cependant au milieu de toutes ces ruines, c'est en recherchant les débris éparpillés de toutes parts, que l'historien doit reconstituer un passé qu'il n'est ni sans intérêt, ni sans utilité de connaître aujourd'hui. La destruction et la dispersion des monuments toutefois ne sont pas les seules difficultés qu'il ait à rencontrer dans l'accomplissement de sa tâche. Il n'a presque aucun guide, aucun travail qui lui en ait au moins préparé quelques-uns des éléments. Seul, pour le dix-septième siècle, un livre bizarre, incorrect, souvent ridicule, mais attachant cependant par la multitude de faits qu'il contient et un certain bon sens dont l'auteur fait preuve dans les appréciations ; un livre vient combler une assez grande lacune : c'est celui du graveur Abry (1). Après lui, l'historien aura beau compulser les écrits du baron de Villenfagne ; Saumery et le petit nombre d'écrivains qui se sont occupés de l'histoire de l'art au Pays de Liége, il trouvera qu'ils ne font guère que reproduire, sans les citer toutefois, « *les Hommes illustres de la nation liégeoise.* » Pour le reste, il en est réduit à des indications éparses et aux monuments, comme nous l'avons dit, dispersés. Il lui sera donc bien difficile de tracer un tableau exact et de rester toujours dans la vérité des faits. Sa tâche est devenue ardue, difficile, et, en l'abordant, il est certain d'avance de n'y pouvoir satisfaire que d'une manière incomplète, car il ne peut plus que glaner là où autrefois il y avait une moisson complète. C'est peut-être une raison pour accueillir avec indulgence le résultat de ses investigations.

(1) *Les Hommes illustres de la nation liégeoise*, par Louis ABRY, édités par H. Helbig et S. Bormans. Liége, 1867.

CHAPITRE I

Les beaux-arts au pays de Liége depuis l'avénement du christianisme jusqu'à la fin du XIIe siècle.

Il est difficile de croire qu'avant l'avénement du christianisme il ait existé un état assez avancé de civilisation chez les peuplades habitant le pays des Éburons, la Tongrie, la Taxandrie et tous les bords de la Meuse dans l'ancienne Belgique, pour que les arts aient pu y trouver une culture quelconque. On peut même admettre que ce degré de civilisation n'existait pas; car, malgré les poteries, les armes, les miroirs et les fragments de bijouteries que les fouilles pratiquées aux siéges des anciennes colonies gallo-romaines amènent si fréquemment au jour, il n'y a là rien qui permette de croire à l'existence des arts dans le véritable sens du mot, et surtout d'arts qui auraient été cultivés dans les pays mêmes où ces découvertes se font actuellement. Il est hors de doute que ces restes d'une époque qui ne semble plus appartenir à la barbarie, et qui suppose même le développement d'un certain luxe dans l'état social, n'ont pu exercer aucune influence sur la nature et le caractère des arts qui devaient se développer et fleurir plus tard dans ces régions.

Il n'en est plus de même lorsque la lumière du christianisme fut introduite dans ces contrées. Lorsque Remacle, sous Sigebert III, prêchant la foi chrétienne dans les montagnes boisées des Ardennes, renversant les pierres que les habitants de ces sites sauvages adoraient comme des divinités (1), commençant le travail de régénération qui devait être continué par son successeur saint Hubert; lorsque Follian et ses frères, sur le territoire de Namur et de Fosses; lorsque saint Lambert, au pays de Liége et dans la Taxandrie, eurent insensiblement fait pénétrer les enseignements de l'Évangile au sein des populations rudes et barbares de ces différentes régions, un ordre de choses nouveau commença à s'établir.

La doctrine répandue par ces premiers pionniers de la civilisation chrétienne, en donnant un essor nouveau et inconnu aux âmes, créait aussi des besoins nouveaux qui ne pouvaient être satisfaits qu'avec le secours des arts. Bientôt s'élevèrent des oratoires et des chapelles, puis des monastères et des églises, venant de toutes parts se substituer aux autels des idoles renversées. Saint Remacle fonda Stavelot; saint Willibrod fonda Echternach. Saint Hubert et saint Trudo fondèrent des monastères autour desquels vinrent se grouper des habitations et s'édifier des villes qui portent encore leur nom. La ville de Fosses doit son existence au moustier que fonda saint Follian et ses compagnons. Saint Lambert rebâtit, en l'agrandissant, le premier oratoire fondé sur la Légia par Monulphe.

Avec ces missions et les établissements qui en furent les conséquences, se développèrent les nombreuses abbayes de l'ordre de St-Benoît, qui avaient étendu leur règle primitive à la culture des lettres, des sciences et des arts. Saint Boniface lui-même avait recommandé l'étude et la pratique des arts aux établissements monastiques. D'un autre côté, l'exemple donné par le fondateur de Fosses et ses coopérateurs ne devait pas être perdu

---

(1) CHAPEAUVILLE : *Gesta Pontific. Leodiens.*, t. I, p. 91 et suivantes.

pour les lévites de son pays. D'autres missionnaires vinrent d'Angleterre, et ces missions anglo-saxonnes exercèrent une grande influence en Belgique dans le VII⁰ et le VIII⁰ siècle. Leur influence marqua bientôt dans le domaine de l'art; les successeurs de Follian apportèrent avec eux un art qui, dans leur pays, avait déjà pris un caractère particulier et un certain développement (1) : l'art d'enluminer et d'historier de miniatures les livres écrits sur velin et consacrés au culte.

L'extrême rareté des renseignements relatifs à l'histoire de l'art de ce temps ne permet d'en signaler, ni les premiers essais, ni les conséquences de ces premières tentatives. Il suffira de constater que le plus ancien monument parvenu jusqu'à nous, appartenant à l'art de la peinture, porte le double caractère d'un travail exécuté dans un monastère et de l'influence anglo-saxonne qui était dominante à l'époque où il a été créé. On voit, dans le trésor de l'église primaire de Maeseyck, deux évangéliaires sur velin qui ont été peints par les deux saintes sœurs, Herlinde et Relinde, abbesses au VII⁰ siècle de l'antique moustier d'Alten Eyck. Les anciens chroniqueurs vantent l'habileté de ces sœurs dans les arts de la peinture et de la broderie, et l'on ne peut contester aux manuscrits que nous venons de citer une certaine intelligence de l'art de l'enluminure; la peinture de l'ornementation et des initiales répond entièrement au style sévèrement caractérisé des plus anciennes miniatures saxonnes, et l'authenticité de ce travail a reçu récemment une nouvelle confirmation par la broderie d'une chasuble trouvée dans une châsse conservée à Maeseyck, et dont une inscription sur parchemin fait remonter le travail aux deux sœurs (2). Ces broderies en

---

(1) Mémoire en réponse à la question : « Quel est le point de départ et quel a été le caractère de l'école flamande, etc., par M. Heris. » Couronné par l'Académie royale, le 22 septembre 1855.

(2) Voici le texte de cette inscription :

Hanc casulam contexterunt Sctae Harlindis et Relindis abatissae; consecravit Stus Theodardus episcopus leodiensis,

or, dont le style anglo-saxon énergiquement caractérisé répond à celui des évangéliaires, confirme la date des peintures ; les deux ouvrages sont contemporains et appartiennent à la même origine.

Comme nous venons de le rappeler, ni les textes, ni surtout les monuments de cette époque reculée ne sont assez abondants pour qu'il soit possible de suivre les développements et les transformations de l'art de la peinture dans ses commencements. Ils furent lents, sans aucun doute, et pendant plusieurs siècles encore toute la vie intellectuelle en Occident, comme toute la culture de l'art, devaient exclusivement avoir leur siége dans les maisons religieuses.

Cependant l'art du peintre ne devait pas, même alors, trouver sa seule application dans l'enluminure des psautiers, des missels et des évangéliaires. En même temps que la peinture des manuscrits, un champ plus étendu s'était ouvert à l'art dans la décoration murale des oratoires et des églises qui avaient été inaugurés avec le christianisme lui-même.

L'usage de revêtir les murs, les voûtes et le sol même d'images, de peintures décoratives ou de mosaïques, commença à s'établir dès le règne d'Arcadius et d'Honorius (1) ; même dans les régions de l'Occident, cet usage commençait à prévaloir dès le VIe siècle. Grégoire de Tours avait fait entièrement peindre son église de St-Martin et celle de Saint-

---

celebrarunt Stus Willibrodus episc : Ultrajectensis et Stus Bonifacius Moguntinus.

L'ouverture de la châsse a été faite au mois d'août 1867. On y trouva également deux voiles, comme les portaient les religieuses *(vela monialia)* dus au travail de ces deux saintes artistes. L'un de ces voiles porte, brodé richement en pourpre, l'inscription suivante : *Velamen Sctae Herlindis abbatissae auro, unionibus et pretiosissimis perlis mirifice contextum.* Un autre texte en majuscules, appartenant encore à l'antiquité classique et brodé en or sur le même voile, constate que Erloinius, frère des deux saintes, a consacré à St-Pierre cet humble don, confectionné par la main de l'une des deux saintes.

(1) Émeric DAVID: *Histoire de la Peinture au moyen-âge*, p. 37.

Perpète ; son exemple fut suivi, et bientôt la peinture murale devait prendre un plus grand essor.

De même que le règne de Charlemagne semble jeter une vive lumière et répandre l'éclat de la grandeur de l'empereur d'Occident sur l'histoire politique de ces temps à demi-barbares, de même il projette une clarté véritable sur l'histoire et la culture des beaux-arts. Son règne, glorieux et prospère, en favorisa l'étude et les progrès. La pensée de Charlemagne était de tout régénérer à la fois : les lettres, les sciences, la musique, l'architecture; la peinture aussi se ressentit de sa vigoureuse impulsion. Les palais qu'il fit élever à Ingelheim, près de Mayence, à Nimègue et à Aix-la-Chapelle, étaient ornés avec une grande magnificence. On sait que le château royal d'Ingelheim était richement décoré de peintures ; celles de la chapelle représentaient les scènes les plus importantes de l'ancien et du nouveau Testament, tandis que les murs de la salle du trône, ornés de sujets profanes, étaient historiés des faits les plus considérables de l'histoire universelle.

A Aix, la coupole de l'octogone de la chapelle impériale était ornée de mosaïques dans le style de celles de l'église St-Vitale, à Ravenne, et le grand empereur fit venir d'Italie des artistes chargés de mener à bonne fin un travail auquel il attachait une très-grande importance. Enfin, lorsque son règne fut plus avancé, lorsqu'il jugea que les encouragements qu'il avait donnés et le temps écoulé étaient suffisants pour que des peintres eussent pu se former, il prescrivit d'orner de peintures toutes les églises, et il chargea des inspecteurs de surveiller l'exécution de ses ordres (1).

Cette vive impulsion donnée aux arts se fit sentir, sans aucun doute, sur les bords de la Meuse et dans les contrées aussi rapprochées du centre dont elle partait. Aussi voit-on, dès le VIIIe siècle, dans l'abbaye de St-Trudon, les religieux dédier à la sainte Vierge et à saint Pierre un autel entière-

---

(1) *Capitulare Aquense anni 807 ap. Perz. monumenta German. hist.*, tome I, p. 148.

ment couvert de reliefs imagés en argent et en or, *auro argentoque imaginatum* (1). Les chroniqueurs sont d'ailleurs presque muets quant au siècle de Charlemagne ; mais ils donnent bientôt après lui quelques renseignements sur le développement que la peinture murale ne tarda pas à prendre dans l'évêché de Liége et de Maestricht.

Dès le règne d'Éracle, évêque de Liége (957-971), nous voyons la peinture murale servir à la commémoration des faits dignes de vivre dans le souvenir du peuple. L'histoire rapporte qu'Éracle, étant tombé dangereusement malade, il eût une vision : saint Martin et saint Brice lui apparurent une nuit pour lui annoncer que non-seulement il guérirait, mais que, dans le courant de la matinée même, il chanterait la grand'messe, à la surprise générale du clergé et du peuple, qui n'ignorait pas combien la maladie de l'évêque offrait de gravité.

La prédiction s'accomplit de point en point, et Éracle consacra le souvenir de ce miracle par une peinture qu'il fit faire derrière le maître-autel de l'église consacrée au saint évêque de Tours (2).

On retrouve encore aujourd'hui comme un écho de ce fait et une reproduction de la peinture contemporaine dans la curieuse broderie conservée à l'église de Saint-Martin, connue sous le nom de la *nappe d'Éracle*, antipendium qui date du XIVe siècle, véritable peinture à l'aiguille sur laquelle nous aurons à revenir dans le courant de cette histoire.

Un fait qui est loin d'être sans importance pour l'histoire de l'art dans ces régions, c'est l'influence qu'exercèrent un siècle et demi après Charlemagne les artistes grecs dans les cours des empereurs d'Allemagne avec lesquels la principauté de Liége était, de son côté, en fréquentes relations.

---

(1) *Chronic. Abbat. S. Trud. apud d'Achery, spicil.*, t. II, p. 661.

(2) V. CHAPEAUVILLE, t. I, p. 194. *Monstratur adhuc retro altare sancti Martini, in eadem ecclesia apud Leodium, istud miraculum in muro depictum, qualiter praefatum episcopum, beatus Martinus sanavit.*

En 972, l'empereur Othon II épousa la princesse grecque Théophanie, et ce mariage fut en grande partie le point de départ de l'immigration des artistes byzantins en Occident (1). On n'ignore pas toute la sollicitude que de[...] d'Othon II pour donner une éducation toute byzantine à son fils, Othon III. Entre les années 983 et 1002, ce dernier appela en Germanie le peintre Jean, que les chroniqueurs font italien, mais dans lequel d'autres prétendent voir un artiste grec (2). Ce qui semble certain, c'est que ce peintre a fait un séjour assez prolongé à l'abbaye de Saint-Gall, cette pépinière d'artistes autant que de savants religieux dans laquelle vivait à cette époque le célèbre Tutilon, moine renommé comme ciseleur, peintre, architecte, latiniste, helléniste et astronome, et où faisait peut-être alors son noviciat Notker, cet autre moine de Saint-Gall qui, peu d'années plus tard, devait, comme évêque de Liége, devenir le véritable fondateur de la puissance de cette principauté, en même temps que celui des plus grands monuments de sa capitale.

Jean, sur la demande d'Othon III, décora de peintures murales la chapelle de Charlemagne, et ces peintures étaient encore au XIIIe siècle l'objet de l'admiration de Gilles d'Orval. L'empereur ne crut récompenser dignement le peintre qu'en lui offrant un évêché que Jean semble ne pas avoir accepté. Il vint bientôt se fixer à Liége, et, devenu

---

(1) Voici comme s'exprime à cet égard M. LABARTE, *Histoire des Arts industriels*, t. III, p. 134 : « Il est donc bien établi par ce manuscrit (un évangéliaire de la biblioth. imp., n° 10558 lat.) et par quelques autres qui existent encore en Allemagne, tel qu'un évangéliaire de la bibliothèque de Trèves et un autre évangéliaire de la bibliothèque de Gotha, provenant du monastère d'Echternach et exécuté pour Othon II, que les peintres byzantins appelés par l'impératrice Théophanie exerçaient leur art en Allemagne, à la fin du Xe siècle, à côté de cette école purement allemande qui, sans leur secours, s'était efforcée de revenir au culte de l'art et avait cherché à s'ouvrir des voies nouvelles. »

(2) HERIS, mémoire cité.

plus tard l'ami de l'évêque Balderic, il conseilla à ce prélat, inconsolable de la défaite de son armée dans les plaines de Hougarde, en 1013, de chercher de nobles distractions en édifiant la belle abbaye de St-Jacques. Le peintre orna le chœur de cette abbaye de peintures murales, et, après avoir trouvé un asile dans le couvent, il reçut après sa mort un tombeau dans le sanctuaire qu'il avait orné de ses travaux.

Les peintures de l'ami de Balderic, exécutées sur les murs du sanctuaire de l'abbaye de St-Jacques, ne doivent pas être regardées comme un fait isolé. En ce temps, Foulques ou Fulcard, abbé de Lobbes, ornait de sculptures en argent les retables des autels de son église abbatiale. Dans les dernières années du onzième siècle, il la fit orner de peintures murales. L'auteur de ces peintures, sans doute l'un des religieux du monastère, se nommait Bénard (1).

La marche des arts était ascendante, et, de même que le dixième, le onzième siècle est pour l'église de Liége une époque d'accroissement, d'expansion et de force. Éracle avait fondé et commencé la construction des églises de St-Martin, de St-Paul et celle de cette autre abbaye de Bénédictins, St-Laurent, qui devait plus tard acquérir tant d'importance et se signaler par la culture des arts et des lettres. Notker ou Notger, agrandit considérablement la ville épiscopale ; il bâtit St-Jean, Ste-Croix, le palais des évêques et reconstruisit entièrement la cathédrale. Othon III lui céda les abbayes de Fosses, de Lobbes et de Gembloux. A son tour, l'Empereur Henri II sanctionne ces donations et confirme au célèbre évêque la possession des villes de St-Hubert, Dinant, Ciney, Fosses, Tongres, Maestricht, Malines, qui non-seulement agrandissent le territoire et augmentent la puissance de la principauté, mais qui y font encore entrer plusieurs abbayes importantes, véritables foyers de civilisation, où la culture des arts trouvait depuis longtemps des adeptes distingués.

A une époque où l'art de l'architecture recevait une si

---

(1) *Lobbes, son Abbaye et son Chapitre*, par J. Vos, tome II, p. 48.

vive impulsion par la construction de tant d'édifices considérables, l'art de la peinture ne pouvait être négligé. Ce serait méconnaître étrangement le génie du temps, et l'histoire du développement des beaux-arts en général, que de vouloir les étudier en les isolant complètement les uns des autres. Dans tout le cours du moyen-âge, d'ailleurs, la peinture, de même que la statuaire, se lie d'une manière intime à l'architecture et lui reste subordonnée.

La cathédrale bâtie par Notger était certainement ornée de peintures murales. Pour s'en convaincre, il suffit de rappeler le passage si souvent cité de la chronique de Gilles d'Orval, où cet annaliste, après le grand incendie qui consuma, en 1185, la cathédrale de St-Lambert, exhale ses lamentations dans les termes suivants : « Oh ! qui pourrait » retenir ses larmes et comprimer sa douleur en présence » de ta ruine, noble et illustre maison ! Le souffle de la » colère divine a passé sur toi !... Voilà tes cloches sonores » tombées avec fracas et brisées sur les dalles du temple ; » tes marbres sont mis en pièces ; de ta couronne suspendue » si gracieusement au milieu de ta grande nef, il ne reste » plus que d'informes débris ; tes saints autels sont détruits ; » les peintures, où l'on voyait en action les plus belles » histoires du vieux et du nouveau Testament, sont entière- » ment détruites ; les trésors de ta riche librairie ont disparu... Oh ! qui pourrait retenir ses larmes et comprimer » sa douleur, noble et illustre maison ! » (1)

En fondant la collégiale de St-Jean et en construisant son église, Notger lui donna un évangéliaire qui est parvenu jusqu'à nous. La reliure, ornée d'une plaque en ivoire sculpté, représente le donateur à genoux et au-dessus de lui le Christ dans sa gloire, entouré des quatre emblêmes évangélistiques. Elle est garnie d'émaux avec les figures des quatre vertus cardinales et des quatre fleuves du Paradis, formant une composition qui permet de se faire une idée du style de l'art de ce temps (2).

(1) CHAPEAUVILLE, t. II, p. 228-229.
(2) M.S. Conservé à la bibliothèque de l'Université sous le n° 7 de l'Inventaire des manuscrits.

Sans doute, si les monuments encore conservés de cette époque reculée sont rares, il en est de même des noms des artistes qui les créèrent. On cite cependant, au onzième siècle, le nom d'un architecte liégeois, Hubald, qui a échappé à l'oubli; saint Poppon, abbé de Stavelot, et qui avait lui-même un goût très-prononcé pour les arts, chargea Hubald de la reconstruction de l'église du monastère (1). Des années 1055 à 1082, Adelard II fut préposé au gouvernement de l'abbaye de St-Trond, et de son temps il s'est acquis une grande réputation comme peintre et comme architecte. On n'a plus rien de ses peintures, mais on sait qu'il fit bâtir l'église de Notre-Dame, à St-Trond, la petite église de St-Gangulphe, qui existe encore dans ses dispositions principales, et qu'il entoura la ville de fortifications.

Au monastère de Stavelot aussi l'art de la peinture était en honneur, et l'on a conservé, avec sa date précise, un monument des travaux qui s'y faisaient alors. C'est une bible grand in-folio, ornée d'initiales et d'enluminures, dont malheureusement un assez grand nombre a été détaché des feuilles de velin à une date récente.

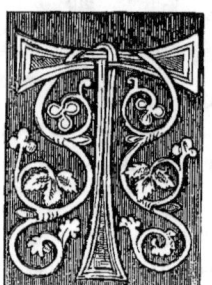

outes ces miniatures heureusement n'ont pas disparu, et un certain nombre de grandes initiales historiées ont échappé à l'acte de destruction qui a mutilé d'une manière si regrettable ce beau monument de l'école de miniaturistes formée à l'abbaye de Stavelot. Les peintures qui ont été conservées sont dessinées avec goût, dans un style encore un peu rude pour la plupart, mais coloriées avec un sentiment très-délicat de l'harmonie.

---

(1) VILLENFAGNE, *Discours sur les Artistes liégeois.*

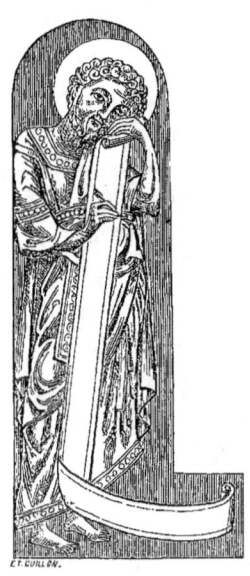
Les dernières lignes du manuscrit, écrites de la main des artistes qui en sont les auteurs, constatent que les deux volumes de cette bible ont été achevés l'an 1097, après un travail de quatre ans. Ce sont les frères Goderanus et Ernestus qui en ont exécuté la calligraphie, les miniatures et même la reliure. Voici, au surplus, le texte même par lequel les auteurs nous ont transmis ces renseignements précieux sur leur travail :

Codices hi ambo quia continuatim et tamen morosius scripti sunt per annos ferme IIII. in omni sua procuratione, hoc est scriptura, illuminatione, ligatura uno codemque anno perfecti sunt ambo. Licet hic posterior qui est anterior, et ipse est annus ab incarnatione Domini M.XCVII, indictione V. Henrico IIII imperante, christianorum exercitu super paganos violenter agente. Obberto leodicensi praesule, Rodulfo Stabulensi abbate, Christo Domino ut semper per infinita saeculorum saecula regnante. Amen.

Dans les miniatures, on distingue, en effet, la manière spéciale de chacun des deux moines artistes qui ont mis leur travail en commun. L'un a plus de hardiesse dans les lignes, mais aussi plus de rudesse dans le style de la composition. Aux deux initiales que nous venons de donner, dont l'une représente l'évangéliste St-Luc, nous en ajoutons une troisième qui, en initiant le lecteur au sentiment particulier de l'un des artistes, fera connaître mieux le style de l'école de miniaturistes de l'abbaye de Stavelot.

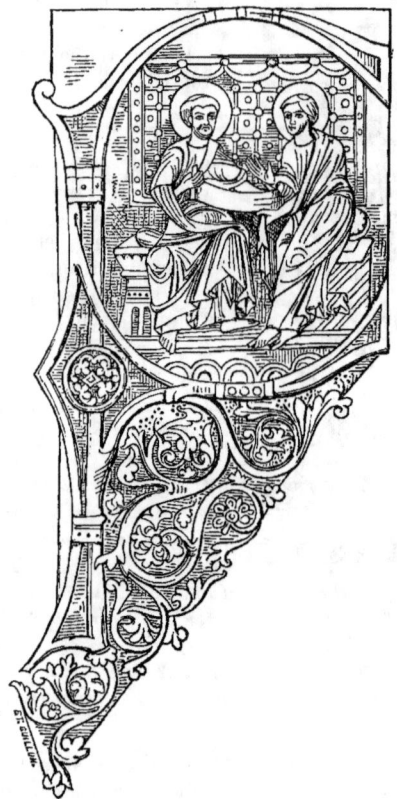

Voici une initiale qui, si nous ne nous trompons, est de la main de l'autre collaborateur à cette bible. Différents épisodes de la Genèse y sont représentés.

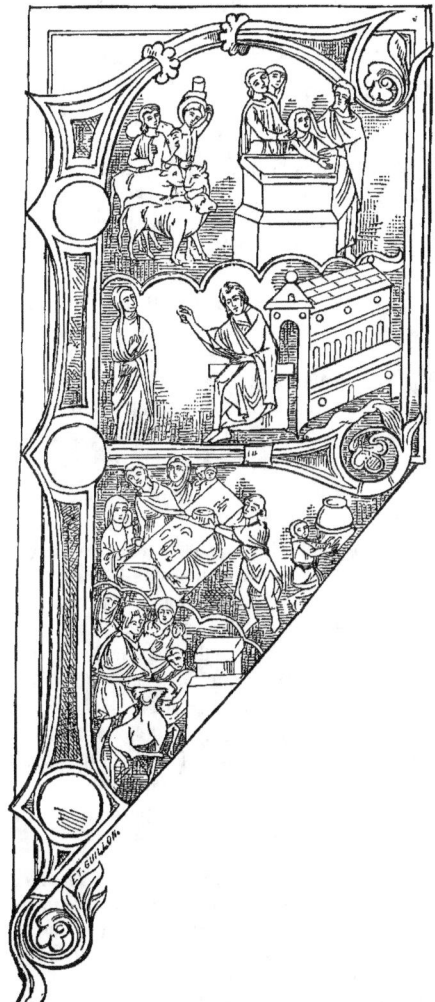

On y reconnaît un sentiment plus délicat, un goût plus distingué, et elle servira, avec la figure de la Ste-Vierge que nous donnons plus bas, à faire connaître les compositions les plus remarquables de la bible de Stavelot (1).

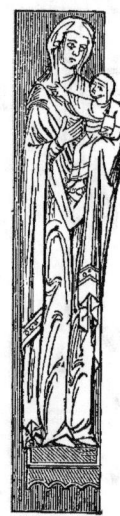

Cette bible a été conservée à l'abbaye de Stavelot jusqu'à la suppression de ce monastère, à la Révolution française. Les moines se faisaient un honneur de la montrer aux étrangers qui venaient les visiter, et les P. P. Martène et Durand, dans le *Voyage littéraire de deux Bénédictins*, en font mention (2). Le dernier possesseur en Belgique de ces volumes, d'un si haut intérêt pour l'histoire de l'art au pays de Liége, a été M. David Fischbach, qui, en 1869, les a vendus au *British museum*, où ils sont conservés actuellement, et où ils sont inscrits dans l'inventaire des *additional mss.* sous les n°s 28106 et 28107.

Nous croyons pouvoir attribuer aux peintres de la même abbaye l'évangéliaire conservé à la bibliothèque royale de Bruxelles (n° 9222), longtemps désigné sous le titre de l'*évangéliaire de Stavelot*. Par le style des miniatures comme par la forme des lettres, il semble appartenir à la seconde moitié du XIIe siècle, hormis toutefois la première miniature et quelques pages qui commencent le volume, plus récentes d'un siècle à peu près. Ce précieux manuscrit, de format petit in-folio, renferme 29 miniatures dont la plupart prennent la page entière. Le dessin, d'un grand style, dénote dans certains détails, dans l'expression des têtes et le jet des draperies, une influence

---

(1) Nous avons fait graver ces vignettes sur les dessins que nous devons à l'obligeance de M. Westlake, artiste peintre à Londres, qui a bien voulu les faire exécuter pour nous sur les miniatures de la bible de Stavelot. Nous les reproduisons à la moitié de la grandeur originale.

(2) V. cet ouvrage, troisième partie, p. 151.

grecque, quoique, en général, l'artiste témoigne d'une liberté d'allures et d'une sûreté de pinceau que l'on ne retrouve que chez les maîtres.

Il y a, d'ailleurs, de l'énergie et du mouvement dans les figures, et souvent une excellente expression dans les physionomies. La coloration est vigoureuse, la peinture empâtée. Les lumières ne sont pas réservées, comme cela se voit souvent dans les enluminures contemporaines, mais rehaussées au moyen de touches grasses et fermes; les têtes sont modelées avec beaucoup de goût.

Le Christ bénissant, représenté sur la première miniature (après la Sainte Cène, qui est de date plus récente), bénit encore à la manière grecque. Les compositions sont peintes sur fond d'or et quelques-uns de ceux-ci sont gaufrés.

L'abbaye de Stavelot avait alors, au point de vue de la culture des lettres et des arts, une haute importance qui se développa encore sous le règne du célèbre abbé Wibald (1130-1158), l'un des hommes les plus considérables de son temps. Sous cet abbé, le monastère atteignit au faîte de la prospérité. Lorsque, l'an 1131, l'empereur Lothaire et l'impératrice Richenza revinrent de Liége, où ils avaient été sacrés par le pape Innocent II, ils ne voulurent pas retourner en Allemagne sans avoir été rendre visite au célèbre abbé, qui sut se concilier tour à tour la confiance et l'estime de quatre empereurs qui se succédèrent sur le trône d'Allemagne et des différents papes leurs contemporains. Il fit servir une partie de son crédit et des richesses de la communauté à la splendeur de l'église de Stavelot et à l'embellissement des autres basiliques sur lesquelles s'étendait son autorité. Si l'abbé Poppon avait donné à l'église de Stavelot une vaste couronne de lumière sur laquelle on pouvait placer 78 cierges; s'il y avait érigé sa propre tombe, citée comme une œuvre d'art des plus remarquables, — travaux qui paraissent avoir été faits dans le monastère même (1), —

(1) V. HARLESS, *Jahrbücher des Vereins von Alterthumsfreunden im Rheinlande*. Heft XLVI, p. 120.

Wilbald fit exécuter des ouvrages non moins considérables, et il amena à Stavelot des orfèvres pour y exercer leur art. Il dota le sanctuaire de son église, non-seulement d'un magnifique *antipendium* en argent ciselé et repoussé, d'une autre table en argent, sur laquelle étaient écrits les noms des nombreuses possessions de l'abbaye, mais encore d'un retable en or, où étaient représentées en bas-relief les scènes de la passion du Sauveur, travail inestimable, dont deux empereurs, Frédéric Ier, empereur d'Allemagne, et Manuel Comnène, empereur d'Orient, avaient en partie fait les frais.

D'autres sanctuaires d'abbayes possédaient alors des pièces d'orfévrerie aussi précieuses par le travail de l'art que par la richesse de la matière. Ainsi, à l'église de St-Hubert, le retable du maître-autel était d'une grande richesse, et l'abbaye possédait trois grandes croix d'or. L'évêque de Liége, Obert, en dépouillant la châsse de St-Lambert de ses plaques d'or, s'empara également des objets d'orfévrerie de St-Hubert, destinant le produit de ces trésors à l'achat du château de Bouillon.

C'est alors que commença à se développer dans ces contrées l'art admirable de peindre en couleurs indélébiles sur les métaux, que l'on a appelé émaillerie, et dont de nombreux monuments existent sur les bords de la Meuse, sans que les recherches des historiens aient encore pu déterminer d'une manière précise les ateliers d'où sont sortis tant de chefs-d'œuvre précieux, de châsses, de reliquaires et de vases sacrés de toute nature.

Ce qui est certain, c'est que, dans toutes les grandes abbayes du pays de Liége, les religieux s'adonnaient à la culture des beaux-arts, et notamment à la peinture des manuscrits. Si les artistes de ce temps avaient toujours attaché leur nom à leurs travaux, comme l'ont fait les deux frères de l'abbaye de Stavelot, il est hors de doute que, malgré la perte et la destruction d'une prodigieuse quantité de manuscrits historiés d'enluminures provenant des maisons religieuses de la principauté, plus d'un des *codices* conservés dans les bibliothèques devrait être restitué aux nombreux moines artistes qui se livraient alors à la peinture des livres saints, des psautiers et des missels.

A cette époque cependant le nom des artistes, quels que soient la nature de leur travail ou l'habit qu'ils portent, apparaît fort rarement sur leurs œuvres. Pour en conserver un de plus, nous rappellerons que, sur l'un des chapiteaux sculptés si remarquables du chœur de l'église Notre-Dame, à Maestricht, on voit un artiste fléchissant le genou et offrant à la Ste-Vierge un chapiteau sculpté. Au-dessus de la figure de la Ste-Vierge, on lit : *S. Maria* ; au-dessus de celle de l'artiste, on lit : *Heimo* ; c'est donc là encore un nom d'artiste à ajouter au petit nombre de ceux que l'on possède d'une date antérieure à la fin du XIIe siècle (1).

L'organisation intérieure de ces maisons religieuses, la paix dans laquelle pouvaient se livrer aux études et à la pratique de l'art les frères qui s'y sentaient appelés par leurs aspirations et leurs aptitudes, le grand mouvement intellectuel dont elles étaient le foyer, tout dans ces abbayes devait porter à la création des œuvres de l'art. Un ouvrage du temps (2), où l'on décrit les mœurs et la vie intérieure des monastères, fait connaître l'organisation de l'abbaye de Saint-Hubert. Elle réunissait, dit l'auteur, tous les corps de métiers nécessaires à une grande famille au moyen-âge. Quant aux arts libéraux, ils étaient cultivés avec succès par les moines. Ainsi l'abbaye avait alors un maître chantre, *Evrardus procantor*, d'habiles calculateurs, de savants musiciens ; elle avait des écrivains qui savaient copier et reproduire de vieux livres, d'autres qui s'appliquaient à les orner et à les enluminer ; elle avait d'excellents graveurs

---

(1) V. *Sur* cette sculpture ALEX. SCHAEPKENS : *Annales de l'Académie d'archéologie de Belgique*, tome XII, p. 234. M. Schaepkens croit voir dans la figure de l'artiste l'architecte de l'église N. D. Nous ne pouvons y voir que celle du sculpteur des chapiteaux du chœur de cette basilique, offrant son propre travail à la vierge Marie.

(2) Chronique de St-Hubert dite *Cantatorium*, traduite par A. L. P. Robaulx de Soumoy. Bruxelles, Cans et Cie, p. 231.

sur bois et sur pierres fines, Fulconem, *praecentorem in illuminationibus capitalium litterarum, et incisionibus lignorum et lapidum peritum;* des peintres *Herbertum pictorem,* des littérateurs et des érudits pour enseigner les sciences, tant à l'intérieur qu'à l'extérieur, car les écoles étaient toujours tenues en double dans les anciennes maisons religieuses.

Avec le XIIe siècle, le mouvement progressif des arts se prononce davantage encore. Un petit nombre de monuments conservés témoignent d'un goût plus pur, d'un style plus caractérisé, plus national, s'affranchissant de cette influence byzantine dont nous avons fait connaître l'origine. Quelques noms d'artistes aussi sont cités dans les documents contemporains. Hezelon, chanoine du noble chapitre de Saint-Lambert, renommé par sa science et son éloquence, est appelé à Cluny pour y diriger la construction de la vaste église fondée par saint Hugues, alors la plus grande du monde (1). Lambert Patras, de Dinant, coule en 1112, en bronze, des fonts baptismaux, conservés encore aujourd'hui à l'église St-Barthélemy, de Liége, et sur lesquels sont représentés en haut relief le baptême de Jésus-Christ, Jean-Baptiste prêchant la pénitence en Judée, le même saint baptisant dans le Jourdain, saint Pierre baptisant Cornélius le Centurion, saint Jean baptisant le philosophe Craton, sujet emprunté à l'Évangile apocryphe de Mélitis de Laodicée (2). Le style de ces différents reliefs peut supporter la comparaison avec celui des meilleurs monuments contemporains de l'Italie, et, par cette œuvre remarquable, dont

---

(1) DE VILLENFAGNE, *Discours sur les artistes liégeois,* p. 146. Comte DE MONTALEMBERT, *l'Art et les Moines, mélanges d'art et de litt.,* p. 349.

(2) Voyez sur ces fonts remarquables KUGLER: *Handbuch der Kunstgeschichte,* t. II, p. 168.—HÉRIS: *Mémoire sur le caractère de l'école flamande de peinture,* p 61.—DIDRON: *Annales archéologiques,* t. V, 1re livraison. — *Mélanges d'archéologie, etc.,* t. IV, p. 99, PP. CAHIER et MARTIN. — ANDRÉ VAN HASSELT: *Bulletin de l'Académie royale de Belgique,* t. XIII, IIe part., p. 184.—SCHNAASE: *Niederländische Briefe,* Waagen, *Kunstblatt,* n° 1. — WEALE: *Belgium, etc.,* p. 289.

il est à regretter que la partie supérieure, le couvercle de la cuve, soit perdue, on voit combien était déjà avancé dans l'une des villes du pays de Liége un art auquel elle donna son nom : la dinanderie. L'art du fondeur en cuivre prit pendant tout le cours du moyen-âge un grand développement, et, enrichissant la plupart des églises du pays et de l'étranger de travaux d'une haute élégance, quelquefois de véritables chefs-d'œuvre, il se transmit par une succession de maîtres jusqu'à l'époque de la décadence des arts en général. Après la destruction de Dinant, en 1466, ces maîtres fondeurs s'établirent sur différents points du pays, et quelques-uns même émigrèrent en Angleterre.

On peut attribuer à la première moitié du XIIe siècle une châsse faite pour l'église de Saint-Hadelin, à Celles, ancien pays de Liége, et qui aujourd'hui, privée de sa partie supérieure et assez mal conservée, se trouve à l'église Saint-Martin, de Visé. Sur les parois de la châsse sont représentées, par une série de ciselures repoussées en argent, les principales scènes de la vie de saint Hadelin. Aux deux frontons on voit, d'un côté Jésus-Christ foulant aux pieds l'Aspic et le Basilic, et de l'autre le couronnement de saint Hadelin et de saint Remacle. Enfin, l'an 1174, Radulphe de Zaehringen, évêque de Liége, fit mettre à Huy les corps de St-Mangold et de St-Domitien, dans deux fiertes en argent richement travaillées. Il fit faire ces châsses par un orfèvre célèbre, Godefroid de Claire, dit le noble, et qui, ayant longtemps suivi la cour des empereurs d'Allemagne, Lothaire et Conrad III, était devenu un homme important et avait acquis de grandes richesses. Vers la fin de sa vie d'artiste, il fit de larges offrandes aux églises, et particulièrement à l'abbaye de Neuf-Moustier, où il prit l'habit de bénédictin et acheva le reste de ses jours (1).

Les deux châsses sont conservées encore aujourd'hui à l'église de Notre-Dame et St-Domitien, de Huy, et, bien qu'elles soient assez délabrées, elles témoignent cependant du haut mérite du maître hutois.

(1) MELART: *Histoire de la ville et du château de Huy*, p. 102.

CHAPITRE II

La peinture au pays de Liége, depuis le commencement du XIIIe siècle jusqu'aux frères Van Eyck.

Au déclin du XIIe siècle et au commencement du XIIIe, il s'accomplit, dans l'Occident de l'Europe, une importante transformation dans le domaine de l'art. Cette révolution tient à la fois à une cause appartenant à l'ordre social et au développement régulier, énergique, conséquent avec ses principes, d'un art qui, ainsi que nous l'avons indiqué déjà, dominait pour ainsi dire tous les arts du dessin, et sur lesquels ceux-ci réglaient leur style et leurs tendances. Nous avons dit que cet art était celui de l'architecture.

Le grand essor qui se produit alors dans les esprits, l'accroissement et le développement des communes, l'élan religieux qui pénètre toutes les classes de la société, font surgir de toutes parts des édifices de proportions inconnues jusqu'alors, et ne cesse de faire appel à l'art du constructeur, dont l'un des caractères est de réfléter plus que tout autre la physionomie du temps, parce que, plus que tout autre art, il répond aux besoins des sociétés. La nécessité de couvrir de voûtes des espaces de plus en plus considérables, le développement successif du système d'architecture qui parvenait le mieux à résoudre ce problème posé dans tant de circonstances, transforma l'architecture romane en créant le style ogival. Parallèlement à ce mouvement et à cette expansion artistique, l'histoire fait connaître un mouvement social remarquable par son influence sur la culture des arts. L'art, d'exclusivement religieux et monastique qu'il était, devint insensiblement laïque. Les corps de métiers et les corporations surgissent, se formant sur le modèle et à la suite de l'enseignement des écoles et des ateliers organisés dans les abbayes (1). Au milieu des communes prospères et puissantes s'élèvent les cathédrales. En effet, le XIIIe siècle est le siècle des cathédrales, et c'est surtout dans sa première moitié que l'on commence à les bâtir dans toutes les communes importantes. Dorénavant, c'est au pied de ces édifices grandioses que se formeront à la fois des chantiers

---

(1) Dans l'organisation des corporations laïques de métiers, les communes ne faisaient que suivre l'exemple donné par les établissements religieux. Les grandes abbayes, et même les prieurés, avaient, depuis le XIIe siècle, établi autour de leur cloître et dans l'enceinte de leurs domaines, des ateliers de corroyeurs, de charpentiers, menuisiers, ferronniers, cimenteurs, d'orfèvres, de sculpteurs, de peintres, de copistes, etc.; les ateliers, quoi qu'ils fussent composés indistinctement de clercs et de laïques, étaient soumis à une discipline, et le travail était méthodique; c'était par l'apprentissage que se perpétuait l'enseignement; chaque établissement religieux présentait ainsi un véritable petit état, renfermant dans son sein tous ses moyens d'existence, ses chefs, ses propriétaires-cultivateurs, son industrie, et ne dépendant par le fait que de son propre gouvernement, sous la suprématie du souverain-pontife. Cet exemple profitait aux communes qui avaient soif d'ordre et d'indépendance en même temps. En changeant de centre, les arts et les métiers ne changèrent pas brusquement de direction; si les ateliers se forment en-dehors des monastères, ils étaient organisés d'après les mêmes principes; l'esprit séculier seulement y apportait un élément très-actif, il est vrai, mais procédant de la même manière, par l'association et par une sorte de solidarité.

VIOLLET-LE-DUC: *Dictionnaire de l'architecture française*, tome I, p. 128.

et des écoles, où les artistes comme les artisans feront leur apprentissage. Là iront s'initier à la pratique de leur art les architectes, les appareilleurs, les tailleurs d'images, les peintres. Devenus des maîtres à leur tour, ils rayonneront du centre des grandes communes jusqu'aux villages éloignés, propageant partout les traditions d'un art vigoureux, plein de sève nationale, de logique et de poésie.

Sans doute, pendant les siècles qui vont suivre, les arts seront encore cultivés avec succès dans les grands établissements religieux; mais l'impulsion dans le mouvement, le progrès, à partir du XIIIe siècle, appartient à ces gradns maîtres laïcs qui, à la tête de leur armée de travailleurs, élèvent les cathédrales de la période ogivale.

Dans le pays de Liége, soumis à ces causes générales, les mêmes effets se produisent. Une grande partie du XIIIe siècle est consacrée à la construction de la cathédrale de St-Lambert. Sous le règne de Radulphe de Zaehringen, l'an 1185, un incendie terrible, qui, au dire des chroniqueurs, dura 13 jours, dévora non-seulement la basilique érigée par Notger, mais encore l'église des Onze-Mille-Vierges, le palais épiscopal et l'antique collégiale de St-Pierre. Le peuple liégeois ne tarda pas à travailler à la réparation des dommages causés par cette catastrophe, et soixante-sept ans suffirent à peine pour construire la nouvelle cathédrale avec ses dépendances. On y travailla sous les règnes des évêques Obert, Albert de Cuyck, Hugues de Pierrepont et Robert de Langres. Le premier maître de l'œuvre de la cathédrale de St-Lambert, Henri de Louvain, qui habitait la paroisse St-Michel, à Liége, était sans doute laïque. Il est mort en 1206, le 30 août (1).

Au nombre des architectes qui plus tard prirent part à la construction de ce monument important, il faut citer les

---

(1) Son nom a été trouvé dans l'ancien obituaire de l'église St-Michel, où il avait fondé un anniversaire qui se dit encore actuellement à l'église de Ste-Croix. Voici la mention consacrée à ce maître :

Commemoratio magistri Henrici de Lowanio, magistri operum Sancti Lamberti.

chanoines Bouchard et Guillaume. Ils jouissaient d'un grand renom dans leur art, et c'est d'après leurs dessins que fut bâti le beau portail de St-Lambert.

Les plans et les dessins de cet édifice, parvenus jusqu'à nous, font connaître un monument imposant par une sorte de simplicité extérieure, et qui tenait encore du style des grandes abbatiales. Toutefois, il y avait loin de son ordonnance à la beauté des dispositions, à l'élégance de la construction et de la sculpture des cathédrales ogivales qui s'élevaient alors en France. Elle ne pouvait même se comparer avec avantage aux cathédrales romanes du Rhin et des bords de la Meuse, comme St-Servais, de Maestricht, et Notre-Dame du Munster, à Ruremonde. La collégiale de St-Paul, dont le chœur fut construit peu de temps après l'achèvement de St-Lambert, est d'un ordre supérieur, surtout par la beauté de ses proportions (1).

Quelle fut, dans les contrées arrosées par la Meuse, l'influence sur l'art de la peinture de ce grand mouvement des esprits, de cet essor et de cette transformation de l'architecture?

Malgré la rareté des monuments de la peinture et des documents historiques qui y ont rapport, il est cependant possible, dans une certaine mesure, de répondre à cette question. Au moyen-âge, les arts ne se développent pas isolément les uns des autres. Ils se touchent, se confondent, concourent au même but, sont quelquefois cultivés par le même artiste et placés sous la discipline de l'architecture. La peinture intervient dans tous les autres arts. Dans l'architecture, par les fresques et les vitraux; dans la statuaire, par la polychromie; dans l'orfévrerie, enfin, par les émaux. Les beaux-

---

(1) Lorsque la cathédrale de St-Lambert existait encore, il paraît qu'on la jugeait inférieure à l'église St-Paul, même à une époque où l'on comprenait peu les beautés de l'architecture. Nous lisons, en effet, dans le *Voyage littéraire de deux Bénédictins*, seconde partie, p. 186 : « Nous allâmes ensuite voir l'église collégiale de St-Paul, qui passe pour la plus belle de la ville; elle est effectivement très-délicate, fort ornée et toute pavée de marbre. »

arts alors ne peuvent se perfectionner d'une manière indépendante, comme se développe dans les temps modernes quelque branche isolée d'un art destiné à produire des objets de luxe servant à satisfaire les fantaisies des amateurs de la classe aisée. Tout à la fois profondément religieux et populaires, les arts semblent se donner la main pour progresser avec plus de régularité et atteindre aux mêmes hauteurs. Quelques productions de la statuaire et de l'orfévrerie religieuse sont encore demeurées au pays de Liége ; lorsqu'on voit la richesse de la composition, la sévérité du style de la statuaire au portail méridional de St-Servais, à Maestricht; lorsqu'on peut citer des sculptures comme celle du portail de la collégiale de Notre-Dame et St-Domitien, à Huy; la Vierge et l'enfant Jésus *(Sedes saptientiae)* conservée dans la sacristie de l'église de St-Jean, à Liége (1); les figures de l'ancien jubé de l'église de Lowaige, petit village près de Tongres; lorsqu'on voit surgir des œuvres de l'émailleur et du ciseleur comme les châsses de St-Servais, à Maestricht, de St-Remacle, à Stavelot, et tant d'autres travaux précieux du même ordre, il ne saurait y avoir de témérité à croire que l'art du peintre aussi prit à cette époque un vigoureux essor. Les monuments d'ailleurs ne pouvaient s'achever ni s'orner sans son intervention, et si, par le développement des baies et la suppression presque complète des parois solides dans les églises ogivales, le champ ouvert à la peinture murale est nécessairement restreint ; si elle ne trouve plus la même application que dans les édifices de l'ère romane, un champ nouveau et non moins vaste s'ouvre à la peinture par la nécessité de colorer et d'animer, par des compositions historiées, les vastes verrières de ces mêmes églises.

Aussi, malgré les ravages du temps et des hommes, malgré la pénurie des peintures de cette époque, quelques renseignements historiques, quelques restes retrouvés dans les derniers vingt ans sous le badigeon, permettent de ne pas s'en rapporter entièrement à la logique des faits et à la

---

(1) Cette belle statue provient de l'ancienne église St-Adalbert, supprimée à la Révolution française.

probabilité des suppositions. A en croire les vers d'un poète fameux du XIII° siècle, Wolfram von Eschenbach, Maestricht devait alors rivaliser avec Cologne pour la célébrité de ses peintres. Voici comment s'exprime le Trouvère :

> *Als uns diu aventiure gicht,*
> *Von Choelene noch von Mastricht*
> *Dechein sciltaere entwurf en baz,*
> *Denn als er ufem orse saz. (1)*

Mais d'autres renseignements existent encore sur la peinture de cette époque. A l'abbaye de Floreffe, près Namur, dont, depuis 1123, l'abbé était chanoine de la collégiale de S¹-Paul, à Liége, l'église était ornée de peintures murales dont les traces sont conservées jusqu'à nos jours. Il en existe encore, dans ce même établissement religieux, dans la salle des comtes de Namur, où des peintures furent exécutées par l'ordre de sire Walthère d'Obais, 14° abbé, de 1265 à 1280. Le chanoine de la collégiale de S¹-Paul, à Liége, Clérembault de Orle, qui devint curé de l'église paroissiale de S¹-André, fit peindre sur les murs d'une chapelle donnant sur le cloître les figures des apôtres SS. Paul et André, pour lesquels il avait une dévotion particulière (2). Il existait des peintures murales de cette époque à l'église de S¹-Martin et de S¹-Pierre, à S¹-Trond, et à la chapelle du château de Fallais. Dans la grande nef de l'église d'Alten Eyck, il existait une série de peintures du XIV° siècle, et au fond de la basse nef méridionale, derrière l'autel, à l'église de Ste-Croix de Liége, il s'en trouvait également.

On a conservé au village de Kerniel, près de la ville de Looz, une châsse ornée de peintures qui est, en-dehors des manuscrits, le monument le plus ancien de la peinture

---

(1) Aucun peintre de Cologne ou de Maestricht (ainsi le raconte l'aventure) n'aurait pu peindre plus belle figure de guerrier que celle de notre écuyer, monté sur son cheval : PARCIVAL.

Selon Lachmann, philologue allemand distingué, ce poème aurait été achevé vers l'an 1212 ou 1215.

(2) *Essai historique de l'église S¹-Paul*, p. 28.

liégeoise, et comme on connaît la date à laquelle ce travail a été exécuté, il est d'un intérêt considérable pour l'histoire de l'art.

Cette châsse, faite à Liége en 1292 (1), quelques années après la translation des reliques de Ste Odile de Cologne à l'église du couvent des Croisiers, à Huy, se compose de panneaux en bois de chêne, couverts de peintures, lesquelles, malgré de nombreux outrages qui sont plutôt le fait de l'incurie que celui du temps, se trouve encore en général dans un très-bon état de conservation.

La longueur de la châsse est de 1,08 ; sa hauteur actuelle est de 0,34.

Dans son état primitif, cette hauteur était plus considérable, tous les panneaux étant coupés au bas des figures qui y sont représentées. L'une de ces planches, brutalement sciée en deux, forme actuellement les deux versants de la partie supérieure de la châsse (2).

On trouve dans les manuscrits et quelquefois sur les

---

(1) « L'an de grasce MCCLXXXXII, fut mys le corp sainte Odilie en che flctre par qui Dieu fist mult de miracle, et che fut en le temp ke leuesque Johan, fils al conte de Flandre, fut mors, et que messire Ghuis, frere al conte de Heynau, fut elict, et que meystre Symon de Louaing estoit doiens à nostre Dame, et messire Robiert estoit abbes delle Noufmoustier, et que ly avoueis Walteir le joines astoit mors, et ke Henry ly Hardys astoit mayeur de Huy, et astoyent eskeuinz de Huy, sire Johan Fanchon, sire Bertelos de Horrion, Henri le Soris, Johan Porcheas, Gille de Fanchon, Johan de Montroal, et sire Hubin ly Cherriers, et encontre cheste saincte corps fut à procession tote y universiteit de Huy. » Document sur parchemin qui se trouve dans la châsse.

Voir sur ces peintures : *le Beffroi*, notice de J. HELBIG, tome II, p. 30-36.

(2) Cet acte de barbarie fut commis en 1829, par un menuisier de Looz, que l'on chargea du soin de recouper la châsse afin de la réduire aux dimensions de l'autel dans lequel on voulait la placer. L'opération dénote assurément chez ceux qui l'ont faite autant de respect pour les reliques de la sainte que pour l'œuvre d'art qui ornait la fierte.

murs de meilleures peintures de cette époque ; ainsi, la proportion des figures, contrairement à la tendance générale des artistes du XIIIe siècle, est fort courte, celles-ci ayant à peine six longueurs de tête. Mais à côté des défauts, il y a des qualités véritables, et l'on doit rendre justice à la clarté et à la simplicité de la composition, à la netteté avec laquelle l'artiste exprime sa pensée, enfin, à la grâce naïve qui se manifeste dans l'attitude et le geste de plusieurs des personnages.

L'aspect de ces peintures et leur harmonie rappelle les émaux de la même époque. Les tons sont intenses, mais peu variés ; les groupes sont peints sur fonds rouges ou vert foncé, uniformes et sans diaprages. Les tons locaux sont posés dans toute leur force sur les parties qu'ils doivent couvrir, et sur ces tons, les formes, contours ou plis des draperies, sont dessinées au moyen de traits énergiques, pleins et fermes. Le trait est brun rouge, si ce sont les têtes ou les mains, noir si ce sont les draperies qu'il s'agit de redessiner. L'apprêt de la peinture est une couche de craie.

Les sujets de peintures sont naturellement empruntés à la légende de Ste Odile, l'une des compagnes de Ste Ursule. Ste Odile était à la tête de l'une des onze cohortes de vierges qui suivirent Ste Ursule dans son pélèrinage et lui restèrent fidèles jusque dans le martyre. L'histoire de Ste Odile offre donc beaucoup d'analogie avec celle de la sainte dont la poétique légende a si souvent inspiré les peintres du moyen-âge. Voici les différentes scènes reproduites dans les peintures conservées, — il y en a plusieurs de perdues, la châsse ayant été mutilée, — en suivant l'ordre des faits (1) :

1° Arrivée de Ste Odile et de ses compagnes à Rome ; elles y sont reçues par le pape et deux évêques.

2° Scène dont l'explication n'a pu être trouvée dans la légende des onze mille vierges : Une femme couronnée est dans un bateau ; elle est accompagnée de plusieurs jeunes filles et semble appeler à elle une troupe de jeunes vierges

---

(1) Les planches I et II donnent une réduction, au quart de l'original, des peintures de la châsse de Ste Odile.

qui s'avancent vers le bateau ; la première d'entre elles tient un vase à la main.

3° Arrivée de Ste Odile et de ses compagnes dans les environs de Cologne ; la sainte est dans un bateau ; elle est couronnée et tient à la main une croix, son attribut spécial. Les vierges sont attaquées par les Huns, et elles tombent frappées par les glaives, les flèches et les poignards de leurs bourreaux. Ste Odile se voit deux fois sur cette composition. Après l'avoir représentée en bateau, au milieu des jeunes filles, l'artiste nous montre Ste Odile refusant la main du farouche Africanus, prête à recevoir la mort de la main d'un guerrier armé d'une cotte de maille, qui déjà tient son glaive au-dessus de la tête de la sainte. Au milieu du panneau, trois petites âmes sont reçues par deux anges nimbés. Ce sont celles de Ste Odile et de ses sœurs, S. S. Ida et Ima.

Les compositions qui suivent sont relatives à la translation des reliques de Ste Odile (1).

4° On y voit d'abord le frère Jean Novelanus de Eppa, qui, suivant les injonctions de Ste Odile, laquelle lui est apparue toute rayonnante tenant en main le signe de la rédemption, s'est rendu à Cologne pour y rechercher, dans le jardin du riche bourgeois Arnulphe, les restes de la sainte. Il est représenté retirant du sépulcre les reliques et les remettant à Arnulphe et à sa femme.

5° Enfin, on voit la châsse contenant les reliques de Ste Odile, transportée processionnellement par les Croisiers en habit de chœur, la tête couverte de l'aumusse. Auprès de la châsse s'accomplit le miracle de la guérison d'une femme estropiée.

6° et 7° Les deux compositions peintes aux deux faces de la châsse ont souffert considérablement. Toutefois on en reconnaît les sujets. L'une représente les vierges recevant

---

(1) Voir, sur la translation des reliques de Ste Odile : *Petit discours de la translation du corps de madame S. Odile, vierge et martyre et patronesse des Croisiers*. Jadict composé par Jean BANELT, croisier de Huy. A Liége, Christian Ouverx, 1664, et *Histoire de la translation de Sainte Odile, vierge et martyre*. Liége, MDCCLXV.

la bénédiction du pape Cyriaque au moment de leur martyre, ce pape les ayant accompagnées dans leur voyage à Cologne, suivant la légende de Ste Ursule. L'autre représente sainte Odile, étendant en signe de protection et de patronage son manteau sur ses deux sœurs, Ima et Ida.

La construction des grandes églises qui s'élevèrent au pays de Liége dans le cours du XIIIe siècle, et notamment de St-Lambert et de St-Paul, devait nécessairement donner une impulsion énergique à la peinture sur verre. Cependant la seule mention que font les chroniqueurs liégeois à cet égard, c'est que, l'an 1289, Gérard de Bersés, grand chantre de Saint-Lambert, fit faire la grande verrière de la cathédrale qui se trouvait au-dessus du portail vers le palais épiscopal. L'évêque Jean d'Enghien (1274-1282) avait fait faire le vitrail de la fenêtre qui éclairait le vieux chœur. Alors furent achevés presque tous les vitraux de l'église cathédrale. Thibaut de Bar, évêque, fit faire pourtant encore, en 1310, la troisième verrière du côté méridional de l'église, donnant vers l'église de Notre-Dame-aux-Fonts. A cette même époque, on travaillait à la statuaire du portail donnant vers le palais épiscopal, et qui fut surnommé le beau portail. Pour cet ouvrage, on s'est beaucoup servi de sculpteurs allemands, que l'on faisait sans doute venir du chantier de la cathédrale de Cologne (1).

Une peinture murale, œuvre de plus grand style et de plus haute valeur au point de vue de l'art que la châsse de

---

(1) A ce temps maismes ovroit-ons fort entour le beal portal qui siiet vers le palais, si en païat le prevot Buchars II livres de gros; et li archidiach de Condroz, qui estoit nommé Guilheaume et fut fils al comte d'Avergne, en païat cent liards de gros. Vos devois savoir et entendre que li prevoste et archidiach dovaient les dites sommes d'argent, por faire les beals portals vers le palais et vers l'escole. Chel fist *Engorans le Behengnon* (bohémien?) très suffisants ouvriers, et voloit-ons dire qu'il n'avoit de pareille en monde; et cheli vers la chapelle Nostre-Damme en le cloistre al porte de Mostier, fist Jehans de Collogne, et li grans desurdit, vers le palais, fist *Pire li Allemans*.

Jean D'OUTREMEUSE: *Chroniques*, vol. V, feuillet 53.

Sᵗᵉ Odile, mais malheureusement moins bien conservée, a été découverte, il y a quelques années, dans l'une des anciennes églises de Maestricht.

Cette peinture couvre la paroi d'une travée de la basse nef occidentale de l'ancienne église des Dominicains, édifice converti actuellement en magasin, où se trouvaient, sans aucun doute, d'autres peintures. Celle qui est aujourd'hui débarrassée du badigeon sous lequel elle était cachée depuis longtemps est assez endommagée pour qu'il devienne difficile de se rendre compte des qualités remarquables qui s'y manifestaient comme style, comme composition et comme coloration.

Cette fresque, qui, d'année en année, se dégrade davantage, et que nous avons encore vue dans un état meilleur de conservation, se compose de trois zônes dont les figures, à mesure qu'elles se rapprochent du sol, sont dessinées dans des proportions plus petites.

Dans la région supérieure, l'artiste a peint, de grandeur colossale, la figure du Christ et de la Sainte Vierge assis sur un même trône. La Vierge est tournée vers son divin fils, les mains jointes, dans l'attitude de la prière. Elle est revêtue d'une robe blanche et d'un manteau violet clair. Le Sauveur tient de la droite le globe terrestre, tandis qu'il étend la gauche vers la Sainte Vierge dans une attitude majestueuse. De chaque côté de ce groupe, qui se détache sur un fond bleu, se trouve un ange. Les pieds des deux figures principales sont posés sur des nuages qui forment la séparation entre la région supérieure et la zône qui se trouve en-dessous.

Ici des figures, à peu près de la moitié de la grandeur naturelle, succèdent à ce groupe de proportions surhumaines; les différents épisodes de cette riche composition sont peints sur fond rouge. Elle se rapporte aux 10,000 martyrs. Quelques parties sont encore dans un bon état de conservation. Les figures sont peintes avec énergie et l'aplomb d'un artiste qui est sûr de son pinceau. Un groupe de chevaliers armés de cottes de maille est surtout remarquable; les têtes sont expressives, redessinées par des contours ressentis en brun rouge tracés avec beaucoup de liberté. On y trouve des têtes d'un beau caractère et d'une expression bien sentie. Au-dessous de cette composition se lit encore en partie une longue inscription qui la sépare de la zône inférieure.

Dans cette dernière région, la disposition varie de nouveau. Elle est subdivisée par des arcatures recouvertes de toits, et les champs où se trouvent les figures sont encadrés par une architecture de fantaisie, comme on la retrouve parfois dans les miniatures des manuscrits, mais surtout dans la peinture murale du XIII° et du XIV° siècle. Cette arcature est peinte en grisaille, mais les sujets légendaires qui y sont représentés, et qui pour la plupart représentent des scènes de la vie de Saint Thomas d'Aquin, sont peints en couleur sur fond rouge. Comme nous venons de le dire, les proportions des figures sont inférieures à celles des figures de la zône médiane.

Un plancher, placé à cette hauteur du bâtiment et qui plonge dans l'obscurité tout ce qui se trouve plus bas, ne permet malheureusement pas de distinguer grand chose aux sujets représentés. Sur l'arcade du mur sont peintes des figures superposées, renfermées dans des encadrements d'architecture.

Cette peinture, de même que celles qui ornent la châsse dont nous venons de donner la description, a le grand mérite, au point de vue de l'histoire, d'être datée. En effet, on y a retrouvé le millésime de 1337 (1).

L'ordre des Dominicains semble avoir eu un goût particulier pour la peinture. De même qu'à Maestricht, on a retrouvé, il y a quelques années, une série de peintures dans une église du même ordre à Aix-la-Chapelle, datées de 1420 (2). Nous verrons au XVII° siècle combien les

(1) Voir sur cette peinture la communication faite par M. J. H. L. Van der Schaaf à l'Académie de sciences de Hollande, séance du 13 mai 1867, et imprimée dans *le Nederlandsche Spectator*. Elle a été découverte sous le lait de chaux par M. de Stuers, qui en a pris des dessins en 1866, immédiatement après avoir remis cette fresque au jour.

(2) L'une des peintures de l'église des Dominicains d'Aix-la-Chapelle est une épitaphe à la mémoire d'une dame de Namur,

rapports entre les Dominicains de Liége et Bertholet Flémalle étaient fréquents et intimes. Enfin, en Italie, Jean de Fiesole, Fra Bartholomeo et leurs disciples, étaient dominicains.

Nous avons déjà eu l'occasion de faire ressortir combien ce serait se faire une idée inexacte du rôle de la peinture, à l'époque dont nous nous occupons, si, comme de nos jours, on ne la croyait destinée qu'à la production de travaux, sorte d'articles de luxe, ne s'exerçant que dans un domaine restreint et nettement déterminé. Pendant les beaux siècles du moyen-âge, les arts du dessin, soumis hiérarchiquement, comme nous l'avons dit, au grand art de l'architecture, n'apparaissent pas isolés les uns des autres. Le même artiste cultive souvent plusieurs arts à la fois, et son génie s'exerce fréquemment sur des travaux qui, aujourd'hui, seraient du ressort de l'industrie. Ainsi, nous voyons de bonne heure la broderie en couleur remplir les contours tracés sur l'étoffe par la main de l'imagier expérimenté, donner une sorte de modelé à ses figures, produire, au moyen de l'aiguille, les nuances délicates et les effets variés de la peinture. Aussi la broderie ne tarda pas à devenir un art véritable, dont heureusement de nombreux monuments existent encore, et qui, sous le nom très-juste de *acupictura*, créa de petits chefs-d'œuvres, *opus acu pictum*, où la brodeuse semble avoir à sa disposition les ressources de la palette et fixe sur la soie et les étoffes les mêmes histoires, les mêmes légendes que le peintre retraçait sur les murs des oratoires ou sur le velin des manuscrits.

Ce serait sortir de notre sujet que de vouloir indiquer, même d'une manière très-succincte, les développements considérables, ainsi que l'application fréquente, que reçut alors l'art charmant de la peinture à l'aiguille. C'est surtout dans les couvents de femmes, dans les gynécées des palais et des manoirs que l'art de la broderie avait de nombreux et de fervents adeptes. Ses produits, le plus souvent, étaient

---

Maria de Fraidcoin, morte à Aix pendant l'exposition des reliques de l'année 1426. Voir *Das Heilighum zu Aachen*, par le chanoine F. Bock, Cöln et Neuss, 1867.

consacrés à l'ornementation des autels, des vêtements sacerdotaux et à la décoration des sanctuaires, sous mille formes différentes. Toutefois ils étaient aussi fréquemment destinés à des usages domestiques, à l'ornementation des vêtements de personnages de haut rang, à relever la valeur symbolique des insignes royaux, etc. Dès le début de cette histoire, nous avons déjà, en parlant des deux saintes Herlinde et Relinde, pu les faire connaître comme miniaturistes et comme brodeuses. Cet exemple n'est assurément pas isolé, et une foule de textes historiques établissent que, dès cette époque, mais surtout aux siècles suivants, l'art de la broderie était en très-grand honneur. Nous rappellerons ici que la reine Adelaïde, femme de Hugues Capet, s'était acquis une sorte de célébrité par l'ornement magnifique brodé de ses royales mains pour l'église de Saint-Martin-de-Tours. Les auteurs contemporains ont donné une description détaillée de ce travail tout historié de figures grandioses, ainsi que d'une broderie du même genre faite par cette reine pour l'abbaye de St-Denis. L'histoire cite le nom de beaucoup d'autres brodeuses de haut lignage, entre autres de l'impératrice Mathilde, qui, un siècle après la reine Adelaïde, brodait la célèbre tapisserie de Bayeux, conservée encore de nos jours à la fois comme un document historique de premier ordre, racontant dans ses détails les plus pittoresques l'histoire de la conquête de l'Angleterre par les Normands, et comme un monument remarquable de l'art de la broderie au XIe siècle.

Si, pour ce qui regarde le pays de Liége, il est à regretter que les documents écrits fassent défaut, il n'en est pas moins certain que, depuis les deux sœurs dont nous venons de rappeler les travaux, l'art de l'*acupictura* fut cultivé avec autant de soin et tout autant de succès que dans les pays voisins. Si nous n'avons pas de textes à citer, nous avons au moins des monuments à renseigner, et, pour l'époque à laquelle nous sommes arrivés, nous avons à enregistrer un travail d'une grande valeur artistique, dont l'origine liégeoise serait difficile à révoquer en doute.

Nous pouvons d'autant moins omettre d'en faire mention que, parmi beaucoup d'autres sujets, elle reproduit une scène que, ainsi que nous l'avons dit plus haut, déjà au dixième siècle, la peinture avait tracée sur les murs dans le chœur de la collégiale de S¹-Martin, à Liége, où l'on conserve encore le monument que nous allons décrire.

Cette broderie, longue à peu près de trois mètres, haute de 175 millimètres, sert de parement, *praetexta*, à la partie supérieure d'un *antipendium* d'autel. On n'a pas de renseignements historiques sur l'origine de ce travail, mais le style du dessin et le costume des figures le feront classer parmi les œuvres du milieu du XIVe siècle. La broderie est encore assez intacte, hormis dans la partie centrale, où elle est usée jusqu'au canevas par le frottement. Dans sa fraîcheur primitive, la coloration a dû être d'une splendeur extrême; actuellement beaucoup de tons ont passé, et le fil d'argent qui a été employé avec une grande profusion a noirci. La broderie est exécutée *au passé*, de manière que les points se dirigent dans le sens des formes, en fil de soie sur fond de toile. Le contour des compositions a été tracé à l'encre avec beaucoup de soin. Tous les épisodes de la légende du saint se détachent sur fond d'argent, dont le dessin, sorte de damas, varie à chaque scène. Comme dans les peintures contemporaines, les figures sont redessinées par un contour vigoureux qui rehausse l'éclat des couleurs juxtaposées. L'ensemble des compositions raconte, dans une suite de scènes séparées les unes des autres par des arbres et des détails d'architecture, la vie de S¹-Martin de Tours et quelques-unes de ses apparitions après sa mort, à peu près comme les peintures de la châsse de Ste-Odile racontent la légende de cette sainte. Le dessin, très-exact, que nous donnons réduit au tiers de la broderie nous dispensera d'une longue description, nous permettant d'indiquer seulement les sujets dans leur ordre chronologique tels qu'ils ont été tracés par la main de l'artiste.

Aux deux extrémités de cette sorte de frise, on voit un ange, sous une arcade ogivale, dont le premier joue de la viole et dont le second agite un encensoir. Dans la première scène, on voit S¹-Martin, encore catéchumène, partageant avec le pauvre le manteau qui le couvre; dans la partie supérieure, sur un nuage, apparaît le Christ, montrant le fragment de manteau dont la charité de Martin l'a revêtu. Après cet épisode si populaire, on voit le saint catéchumène régénéré par les eaux du baptême, qu'il reçoit ici par immersion, et, plus loin, s'étant refusé par humilité à devenir diacre, il devient exorciste et reçoit l'étole des mains de St-Hilaire, évêque de Poitiers. On voit ensuite le jeune lévite ressuscitant des catéchumènes morts avant d'avoir pu obtenir le sacrement du baptême. Immédiatement après ce miracle, St-Martin est représenté au milieu des habitants de la ville de Tours, qui lui font violence et l'obligent à devenir leur évêque. Viennent ensuite les principaux faits de la vie du saint. Il dit la messe, et, au moment de l'élévation, un ange prend la sainte hostie de ses mains. Se rendant à Chartres, il convertit les habitants idolâtres d'un village en ressuscitant par ses prières un enfant qui venait de mourir, le fils unique d'une pauvre veuve; St-Martin, retourné dans son pays natal, convertit sa mère à la foi chrétienne. Il fait abattre un arbre que les païens regardaient comme sacré. Il visite l'empereur Valentinien, puis il se rend à Trèves, auprès de l'empereur Maxime. L'impératrice voulut l'accueillir de la manière la plus distinguée et le servit de ses mains. C'est peut-être elle qui offre un peu plus loin une aumônière à St-Martin. Plus loin, il meurt au milieu de ses disciples, qui lisent les prières des agonisants, et son âme pure est reçue au ciel, à la grande confusion du démon qui avait cherché à troubler encore le saint dans ses derniers moments. A sa mort, il apparut à St-Ambroise, de Milan, et à St-Séverin, à Cologne; mais la seconde figure représentée sur la tapisserie n'étant pas nimbée, il est très-probable que la scène qui y est reproduite est relative à une autre vision. Son corps est transporté à Tours. Plus tard, à l'approche des Normands, les reliques du saint furent transportées à Auxerre, puis reportées de nouveau à Tours. Il apparaît, accompagné de St-Brice, à Eracle, évêque de Liége, et ils lui prédisent une prompte guérison de sa maladie. La prophétie s'accomplit, et, en reconnaissance de ce fait miraculeux,

Eracle fait ériger une église à Liége et la consacre à St-Martin.

Les différents épisodes de la vie du saint sont retracés avec beaucoup de clarté et l'ensemble de cette curieuse broderie est conçu comme aurait pu l'être à cette époque une peinture murale de très-petite dimension.

CHAPITRE III

Les Van Eyck.

La famille des Van Eyck, comme l'indique d'ailleurs son nom, est originaire de la ville de Maeseyck, qui appartenait à l'ancien pays de Liége. Hubert, l'aîné des deux frères, y est né en 1366. Les détails sur la vie de cet artiste remarquable, dont le renom a pendant longtemps été sacrifié à celui de son frère, sont très-peu abondants. On ignore à quelle époque et sous l'influence de quelles circonstances particulières il a quitté sa ville natale. Se trouvant au milieu du théâtre des luttes engagées à cette époque, cette petite ville ne devait, à la vérité, ni offrir les sources d'étude nécessaires au développement d'un talent naissant, ni les travaux auxquels pouvait aspirer l'artiste en possession des secrets de son art. On sait seulement que Hubert émigra à Gand, et qu'il y devint membre de la Gilde des peintres l'an 1412. Sa sœur Marguerite y fut également inscrite l'an 1418.

Malgré les recherches entreprises depuis quelque temps avec autant d'ardeur que de conscience, on n'a pu déterminer quels furent les travaux exécutés par Hubert Van Eyck pendant les années où il vécut à Gand. Van Mander nous apprend seulement qu'il y compléta l'éducation de son frère

Jean, tout en peignant bon nombre de tableaux dans l'ancienne manière, à la détrempe. Il doit aussi s'être chargé de l'éducation de sa sœur Marguerite, de son plus jeune frère, Lambert, et les avoir initiés à l'étude de l'art. Si Hubert est jamais revenu au pays de Liége, il est certain qu'on ne peut y constater ni les traces de son travail, ni celles de son action directe sur les artistes contemporains.

Bientôt Jean, son frère, doué de grandes aptitudes, recueillit les avantages de l'éducation dirigée par l'expérience de son frère. Il se développa rapidement et acquit des talents précoces. Il est probable que Jean se sépara bientôt de son frère aîné, désirant parcourir d'autres voies; il apprit, en effet, à se concilier la faveur de protecteurs puissants, et de bonne heure il suivit la vie des cours.

Hubert continua à travailler à Gand et à y vivre dans la simplicité bourgeoise. On ne trouve nulle part son nom consigné sur la liste des « varlets » ou des courtisans des princes de son temps. Cependant, dans le domaine de son art, il exerça une influence importante. Indépendamment de son frère Jean et de sa sœur Marguerite, on compte parmi ses disciples des maîtres comme Hugo Van der Goes, Justus de Gand, Pierre Christus et les frères Van der Meire. Le seul nom d'un personnage considérable mis en relation avec Hubert est celui de Jodocus Vydts, seigneur de Pamèle, allié à la puissante famille des Burluut. Jodocus Vydts fonda, à l'église Saint-Bavon, à Gand, une chapelle qu'il orna très-richement de sculptures et de vitraux, et dont la décoration intérieure devait être complétée par les peintures d'un retable. Pour ce dernier travail, le fondateur s'adressa à Hubert Van Eyck, dont le renom surpassait alors celui des autres peintres de talent qui vivaient à Gand. A la suite de cette commande, Hubert fut reçu membre de la confrérie de Notre-Dame.

Cette peinture, ou plutôt cette série de peintures représentant l'adoration de l'Agneau sans tache, selon l'Apocalypse de saint Jean, est le seul travail que l'histoire puisse attribuer avec certitude à Hubert Van Eyck; encore ne peut-elle fixer exactement la part qui lui revient dans la peinture de ce magnifique retable. L'œuvre était, en effet, conçue sur un plan très-vaste ; elle devait être achevée avec tout le soin et le fini que comportait le talent du maître auquel elle était confiée ; aussi ne fut-il pas donné à celui-ci de la terminer. Seule, la partie supérieure du retable, comprenant les figures de grandeur naturelle du Christ représenté comme roi du ciel et de la terre (1), de la sainte Vierge et de saint Jean-Baptiste, ainsi que deux groupes d'anges, passent pour être le travail de Hubert.

La composition originale comprenait douze champs ou panneaux de grandeur inégale : sept dans la zône supérieure et cinq dans la région inférieure, indépendamment du soubassement ou *predella* sur lequel était peint le purgatoire. Huit de ces panneaux, formant les volets du triptyque, sont également peints sur le revers. Ce grand travail, incontestablement l'œuvre la plus importante de l'art de la peinture au XV° siècle dans nos régions, a été fait par les deux frères Van Eyck, de l'année 1420 à l'année 1432.

Sur le cadre, on lit l'inscription suivante :

Pictor Hubertus e Eyck, major quo nemo repertus
Incepit ; pondusque Johannes arte secundus
Frater perfecit, Judoci Vyd prece fretus.
VersV seXta MaI Vos CoLLoCat aCta tVerI (2).

Hubert cependant mourut laissant inachevée l'œuvre qui devait répandre tant de gloire sur son nom. Il fut enterré le 8 septembre 1426, dans le caveau même de la chapelle des Burluut et des Vydts, et qui, ornée par son chef-d'œuvre, devait dans la suite des siècles porter son nom.

Lorsque le corps fut inhumé, le bras droit qui avait manié le pinceau avec un art si consommé fut détaché, mis dans

---

(1) On a voulu voir dans cette figure la représentation de Dieu le Père ; nous croyons que c'est là une erreur.
(2) Le peintre Hubert de Eyck, qui n'a pas été surpassé, l'a commencé ; son frère Jean, inférieur dans l'art, l'a achevé à la prière de Jodocus Vyd. Le chronogramme indique la date du placement du retable, qui eut lieu le 6 mai 1432.

une sorte de coffret et suspendu comme une relique au-dessus du portail de l'église Saint-Bavon, où il se voyait encore au XVIe siècle.

Au-dessus du tombeau l'épitaphe suivante fut placée :

> *Spieghelt u an my, die op my treden,*
> *Ich was als ghy, nu ben beneden*
> *Begraven doodt, als is an schijne,*
> *My ne halp raedt, Const, noch medicijne.*
> *Const, eer, Wijsheyt, macht, rijckheydt groot*
> *Is onghespaert, als comt de Doot.*
> *Hubrecht van Eyck was ick ghenant,*
> *Nu spijse der Wormen, voormaels bekant*
> *In Schilderije seer hooghe ghe-eert :*
> *Corts nae was yet, in niete verkeert.*
>
> *In't Jaer des Heeren, des zijt ghewes,*
> *Duysent, vier hondert, twintich en ses,*
> *In de maendt September, achthien daghen viel,*
> *Dat ick met pijnen Godt gaf mijn Ziel.*
> *Bidt Godt voor my, die Const minnen,*
> *Dat ick zijn aensicht moet ghewinnen,*
> *En vliedt zonde, kert u ten besten :*
> *Want ghy my volghen moet ten lesten* (1).

Ces vers, en vieux flamand, peuvent se traduire de la manière suivante :

« Vous qui marchez sur moi, laissez-moi vous servir de miroir. Je fus ce que vous êtes; maintenant je suis mort et mis en terre. Ni l'art, ni la médecine ne purent m'aider ; quand la mort arrive, elle n'épargne rien, ni l'honneur, ni l'art, ni la sagesse, ni la puissance, ni la richesse. Mon nom était Hubert Van Eyck ; aujourd'hui je suis la pâture des vers. Connu et hautement honoré autrefois dans l'art de la peinture, bientôt je ne fus plus rien. Ce fut dans l'an de Notre-Seigneur mille quatre cents et vingt-six, le dix-huitième jour de septembre, qu'au milieu des douleurs, je rendis mon

---

(1) Carel van Mander, fol. 126.

âme à Dieu. Vous qui aimez l'art, priez Dieu pour moi, afin que je puisse le voir face à face. Fuyez le péché, tournez votre esprit vers la vertu, car vous devrez me suivre à la fin. »

Si l'on a plus de renseignements précis sur Jean Van Eyck que sur son frère aîné, on n'a aucune indication sur la date de sa naissance. On admet assez généralement qu'il a pu voir le jour entre les années 1382 et 1386; toutefois cette date approximative ne s'appuie que sur des suppositions. Quoi qu'il en soit, il y avait une forte différence d'âge entre Hubert et Jean.

Le premier protecteur du peintre fut Jean de Bavière, élu prince de Liége, à l'âge de 17 ans, en 1390. Ce prince menait assez joyeuse vie, ne cessa de s'entendre très-mal avec ses nouveaux sujets, ne fut jamais sacré évêque, et ne reçut, en fait d'ordres, que le sous-diaconat; aussi résigna-t-il son évêché en 1418, pour épouser Élisabeth de Gorlitz, veuve d'Antoine, duc de Bourgogne. Il est très-probable que Jean Van Eyck a dû se trouver à Liége avec ce prince, auquel il était attaché en qualité de « varlet de chambre, » charge qui répond en quelque façon à celle de chambellan dans la langue moderne; le varlet de chambre ayant à sa disposition, pendant son séjour à la cour, deux chevaux et un domestique à livrée. Ce qui est certain, c'est que Jean Van Eyck a vécu à La Haye du mois d'octobre 1422 au mois de septembre 1424, y recevant une pension de Jean de Bavière, qui possédait un palais fort important dans cette ville (1); mais on n'a retrouvé aucune trace d'un travail fait à Liége par Jean Van Eyck, sous les auspices de son premier patron. Il a existé, à la vérité, un triptyque dans l'ancienne cathédrale de St-Lambert, attribué au célèbre peintre, mais il est très-difficile de croire que cette attribution fût fondée. Dans le panneau principal de cette peinture, on voyait représentées différentes scènes de la vie de St-Frédéric et de celle de St-Albert; sur l'un des volets était peint le prince Waldeck, octroyant des priviléges à son peuple; les por-

---

(1) Bulletin de l'Académie de Belgique, année 1864; communication de M. Pinchart à la classe des beaux-arts.

traits de son père, Adolphe, comte de Waldeck, et de Hélène, marquise de Brandebourg, s'y trouvaient également avec leurs patrons, St-Adolphe et Ste-Hélène ; sur l'autre volet, Frédéric, comte de Waldeck, tréfoncier de Liége et évêque de Munster, était peint en habits pontificaux (1).

Ce triptyque, qui a disparu lorsque la cathédrale fut démolie, était problablement une œuvre antérieure à Jean Van Eyck ; il est difficile de croire que celui-ci aurait fait une peinture importante, contenant les portraits de plusieurs personnes qui n'existaient plus depuis un siècle, à la glorification d'un prince qui n'avait régné que très-peu d'années, de 1301 à 1303.

Après la mort de Jean de Bavière, Jean Van Eyck fut nommé peintre de Philippe-le-Bon, par lettres patentes, datées de Bruges le 19 mai 1425. Il resta au service de ce prince jusqu'au mois de janvier 1438 (2).

Il ne fut pas seulement le peintre en titre de ce prince : il fut envoyé par Philippe-le-Bon en différentes missions, dont le but n'a jamais été éclairci, et qui, aux termes mêmes des comptes allouant au peintre des sommes assez importantes pour l'indemniser de ses frais de voyage, devait rester secret. Il est probable cependant que le talent de l'artiste était pour quelque chose dans ces messages, et qu'il s'agissait de peindre le portrait des princesses dont le duc négociait le mariage. Ce fut particulièrement le cas lors de l'ambassade que Philippe-le-Bon envoya à Jean Ier, roi de Portugal, pour demander la main de sa fille Isabelle, et dont Jean Van Eyck fit partie. Ce voyage, qui dura quinze mois (depuis le 19 octobre 1428 jusqu'au 25 décembre de l'année suivante), et où l'artiste vécut sous d'autres climats et vit les productions d'un art différent de celui de son pays, n'est

---

(1) VANDENSTEEN, *Histoire de la Cathédrale de St-Lambert*, p. 128. Nous n'avons pu trouver de Frédéric de Waldeck dans la liste des évêques de Munster au XVe siècle.

(2) *Annotations d'Alex. Pinchart, aux anciens peintres flamands*, par CROWE et CAVALCASELLE, t. II, p. CXCII.

sans doute pas resté sans influence sur ses œuvres postérieures à cette époque.

On connaît peu de chose sur la suite chronologique dans laquelle il convient de placer les peintures de cet admirable maître; cependant quelques-uns de ses tableaux sont datés. En 1426, après la mort de son frère Hubert, il fut, comme nous l'avons vu, chargé de terminer le célèbre retable de l'Agneau mystique, que celui-ci avait commencé pour la chapelle des Vydts.

Il est probable que Jean Van Eyck vint s'établir à Bruges, — la ville des arts et du commerce, de l'industrie et du luxe à cette époque, — aussitôt après avoir terminé le retable de l'*Agneau mystique*; peut-être y fit-il même une partie de ce travail. Il y vécut entouré d'une grande considération. Le duc de Bourgogne visita son atelier; le bourgmestre de la ville et son conseil se rendirent également chez Van Eyck, pour voir ses travaux, le 17 juillet et 16 août 1432 (1).

Jean Van Eyck se maria pendant son séjour à Bruges, et Philippe-le-Bon servit de parrain à son premier enfant; à l'occasion du baptême, il fit à l'artiste un don de six tasses en argent, dont on a conservé le compte, daté du 30 juin 1434. Le duc dota également une des filles du peintre, nommée Liévine, lorsque celle-ci, longtemps après la mort de son père, alla prendre le voile au Moustier d'Alten Eyck, revenant ainsi au pays de Liége, à la ville d'où était issue sa famille.

Jean Van Eyck est mort à Bruges, après avoir quitté le service du duc, le 9 juillet 1440. Son corps, enterré d'abord au pourtour extérieur de l'église St-Donatien, fut, deux ans après, transféré à l'intérieur de l'église, auprès des fonts baptismaux.

Son frère Lambert s'adonna aussi à la peinture, et sa sœur Marguerite cultiva cet art avec succès pendant toute sa vie; on n'a pu toutefois constater avec certitude l'existence d'aucune de ses œuvres.

(1) WEALE, *Notes sur Jean Van Eyck*, 1861, Londres et Leipzig, p. 9.

Voici l'épitaphe qui fut placée au-dessus du tombeau de Jean Van Eyck :

> *Hic jacet eximia clarus virtute Joannes,*
> *In quo picturæ gratia mira fuit,*
> *Spirantes formas, et humum florentibus herbis,*
> *Pinxit, et ad vivum quodlibet egit opus.*
> *Quippe illi Phidias et cedere debet Apelles:*
> *Arte illi inferior ac Policretus erat.*
> *Crudeles igitur, Crudeles dicite Parcas,*
> *Quae talem nobis eripuere virum.*
> *Actum sit lachrymis incommutabile fatum,*
> *Vivat ut in cœlis jam deprecare Deum* (1).

Elle se trouvait encore au XVIe siècle inscrite sur une pierre placée contre l'une des colonnes de l'église, et jusqu'à la révolution française, on disait au mois de juillet une messe pour le repos de l'âme du peintre (2).

Les frères Van Eyck, par leur origine, appartiennent à l'histoire de la peinture sur les bords de la Meuse, sans doute, mais ils appartiennent surtout à l'histoire de l'art de tous les pays. Ils y prennent une place importante par la grandeur de leur génie, par leur action sur le développement de l'art, dont ils inaugurèrent, en dehors de l'Italie, l'ère moderne. Jusqu'à eux, l'art de la peinture avait vécu de traditions qu'un siècle transmettait à l'autre, sans trop chercher à les rajeunir par l'étude de la nature; il avait vécu de soumission à l'Église, dont il aidait à porter les enseignements au peuple; il avait vécu dans la dépendance de l'architecture, dont il n'était que le dernier revêtement intérieur, le complément nécessaire. Il avait vécu enfin de la pieuse imagination des moines, retraçant sur les marges des bibles, des psautiers et des missels les histoires de l'ancien et du nouveau Testament.

Avec les Van Eyck, un ordre de choses nouveau s'établit:

---

(1) CAREL VAN MANDER, fol. 126.
(2) *The Early flemisch painters*, by J. A. CROWE and C. B. CAVALCASELLE.

la peinture devient indépendante des monuments, elle se trace son propre cadre. Loin de n'être que la parure des murs, dont jusque-là elle respectait les surfaces en les ornant, elle veut créer l'illusion, donner le change sur les espaces, et faire oublier jusqu'à la surface sur laquelle l'artiste a tracé son image. Son étude est basée désormais sur l'observation des phénomènes de la densité de l'air et du jeu des lumières et des ombres sur les corps solides. La perspective linéaire et aérienne est inventée : le but de l'art devient l'imitation de la nature, et celle-ci a une sorte de rivale. Mais tandis que l'artiste est à la recherche des moyens qui peuvent tromper l'œil du spectateur et le flatter de charmantes illusions, il oublie trop souvent, tant l'homme est disposé à dépasser le but lorsqu'il vient de l'atteindre, que les arts ont une mission plus haute et doivent reporter l'âme vers ces régions d'où lui viennent toutes les lumières et toutes les grandeurs.

Dans la biographie de ces peintres, nous avons dû nous borner à quelques renseignements précis, tirés des documents conservés dans les archives de Lille, de Bruxelles et de Bruges, qui, pour la plupart, ont été publiés pour la première fois dans *les Ducs de Bourgogne* de M. DE LA BORDE. L'examen des ouvrages des Van Eyck, notamment de ceux du plus jeune des deux frères, l'influence que celui-ci a exercé, non comme *inventeur* de la peinture à l'huile,—dont on retrouve déjà les procédés décrits dans les plus anciens traités de peinture (1), mais comme l'artiste qui a perfectionné ces procédés en trouvant une huile siccative et des vernis dont l'emploi combattait victorieusement les inconvénients de l'huile,—l'impulsion qu'il a donnée comme chef d'école, toutes ces questions ne nous semblent pas se lier d'une manière directe à notre sujet, qui est de pré-

---

(1) V. THÉOPHILE, *Essai sur divers arts*. Paris, 1843, et le *Traité de Peinture* de CENNINO CENNINI, traduit par V. Mottez. Paris, 1858. Voir aussi *Sulla Scoperta ed introduzione in Italia dell' odierno sistema di dipingere ad olio. Secco Suardo.* Milano, 1858.

senter l'histoire de la peinture au pays de Liége, celle
de la vie des artistes qui y ont exercé leur art et leur
influence. Nous avons, d'ailleurs, une autre raison pour
écarter l'examen de ces questions étendues. Elles ont donné
lieu, dans ces derniers temps, à des travaux importants,
à des recherches approfondies, entreprises par des hommes
compétents et dont les études ont jeté un jour nouveau sur
l'histoire des deux frères. Ces recherches, nous le croyons,
n'ont pas encore dit leur dernier mot. Mais exposer à nouveau la situation des études, ce serait nous condamner à
redire, en l'affaiblissant peut-être, ce que des historiens
modernes ont dit avant nous. Nous préférons renvoyer à
leurs écrits les lecteurs désireux de s'instruire sur l'un des
points les plus intéressants de l'histoire de la peinture (1).

(1) Voyez: *Geschichte der Deutschen Kunst von Ernst Förster*.
Tome II, pages 40 à 77. — *Ueber Hubert und Johann Van Eyck
von*, G. WAAGEN, Breslau, 1822. — *Les Ducs de Bourgogne*, par
le comte DE LABORDE. Paris, Plon frères, 1852. — *Notes sur Jean
Van Eyck*, par James WEALE. Bruxelles et Leipzig, A. La-
croix, 1861. — *The Early flemish painters*, by J. A. CROWE et
G. D. CAVALCASELLE, London, 1857. — Enfin et surtout la traduction de cet excellent livre par O. Delpierre, avec *les annotations
de M. A. Pinchart et Ch. Reulens*, qui résument à peu près
toutes les découvertes récentes sur les célèbres peintres.

CHAPITRE IV

Les peintres Bénédictins de l'abbaye de St-Laurent.

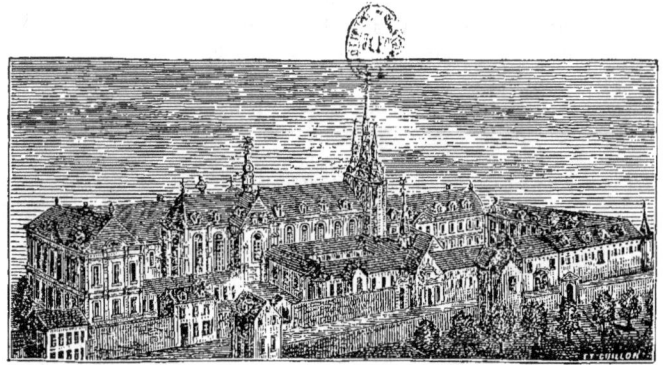

L'abbaye de Saint-Laurent, dont l'église et les vastes constructions, dominant l'un des sites les plus pittoresques des bords de la Meuse, touchaient aux portes mêmes de la ville de Liége, fut fondée dans la seconde moitié du Xe siècle; son origine remonte au règne de l'évêque Éracle, mort en

971. Ce prince jeta les fondations de quelques bâtiments d'habitation du monastère et de l'église, dont il ne termina toutefois que la crypte. Les constructions furent continuées sous Notger ; mais bientôt après lui, Reginard fit abattre l'église, probablement encore inachevée, et il en bâtit une autre dont la dédicace solennelle fut faite, le 3 novembre 1034, par Pelegrin, archevêque de Cologne.

Dès l'établissement de ce monastère, les religieux s'adonnèrent à l'étude des sciences et des arts, suivant la constante tradition de leur ordre. Leur *librairie* fut bientôt célèbre par son importance, et nos bibliothèques publiques et particulières en ont recueilli de nombreux débris. Déjà au XIIe siècle, d'ailleurs, l'abbé Wazelin s'était signalé par son habileté à peindre les miniatures ; son mérite comme musicien et ses nombreux talents lui avaient fait une véritable célébrité de son vivant.

Mais, sans doute, longtemps avant cet abbé, l'art de l'enlumineur florissait dans le monastère. La bibliothèque royale de Bruxelles possède un évangéliaire du Xe siècle, provenant de l'abbaye de Saint-Laurent, et que, selon toutes les probabilités, on doit attribuer à l'un de ses religieux. Il est orné de quatre miniatures représentant les évangélistes et couvrant la page entière de ce petit in-f^o. Il s'y trouve, de plus, un certain nombre d'initiales de grand style dont les rinceaux d'or, d'un goût charmant, se détachent sur des fonds de couleurs variées.

Les figures des évangélistes offrent d'assez bons types de l'art déchu de cette époque en train de chercher une voie nouvelle. Le dessin est incorrect et le style est d'une grandeur un peu sauvage, tandis que les tons de la coloration sont doux et même faibles. Deux de ces figures se détachent sur des fonds pourpres, dont l'un est constellé d'or et les deux autres dorés entièrement. Les lumières des draperies aussi sont striées d'or dans le goût des émaux, ce qui produit un effet assez précieux, tandis que les têtes aux grands yeux, aux demi-teintes et aux ombres verdâtres, rehaussées çà et là de touches de vermillon, produisent, au contraire, un effet étrange et un peu barbare. Les saints évangélistes sont nimbés, mais n'ont point les attributs caractéristiques que les artistes grecs leur ont donné dès le VIe siècle, peut-être même à une époque antérieure, et que l'art de l'Occident ne cessa de leur donner depuis.

La bibliothèque royale de Bruxelles conserve encore plusieurs autres *codices* ornés d'enluminures, provenant de la même source et dont il ne semblera pas trop téméraire d'attribuer la paternité aux religieux de l'abbaye dont ils ont pendant de longs siècles orné la bibliothèque. Au nombre de ceux-ci, on peut citer un petit in-f° contenant les dialogues de saint Grégoire (1), orné de plus de soixante dessins coloriés, généralement sur fond rouge ou bleu. Plusieurs mains paraissent avoir pris part à ce travail. La première partie, et la plus ancienne, est supérieure par la calligraphie comme par la peinture. Le style est celui des miniatures de ces contrées; il répond au développement de l'art au XIIe siècle, tandis que le reste du volume accuse plus de négligence dans le travail et une ère plus rapprochée de nous quant au style.

D'autres volumes ornés de nombreuses miniatures, provenant de la même abbaye, existent encore, et il ne serait pas difficile d'en faire une longue énumération. Longtemps après que la pratique de l'architecture et des arts du dessin, qui alors en dépendaient, eut passé à des mains laïques, la peinture ne cessa d'être cultivée avec succès par les bénédictins de St-Laurent. S'il était possible de restituer d'une manière certaine à leurs auteurs tout ce qu'ils ont produit, il faudrait, sans aucun doute, faire honneur de plus d'un travail remarquable aux artistes qui ont vécu ignorés dans cette maison.

Tous cependant ne sont pas restés inconnus. On en cite plusieurs qui ont vécu dans les maisons religieuses de l'ancien pays de Liége, et particulièrement au moustier de St-Laurent.

Cette abbaye continua pendant plusieurs siècles les traditions suivies déjà par Wazelin. Elle demeura en renom par

---

(1) *Gregorii dialogii*, n° 9916.

son amour pour les lettres et les sciences, par la beauté et la richesse de sa bibliothèque, dont elle continua à devoir l'accroissement au labeur de ses religieux. Au XV⁰ siècle, elle mérite encore une place dans l'histoire de la peinture pour la culture dont cet art y a été l'objet. Dans la méditation, dans le travail quotidien et régulier mêlé à la prière, il semble que les élans de la foi, l'application à l'étude et l'inspiration nécessaire aux arts se confondent et découlent tout au moins de la même source. L'art de peindre les miniatures, tel qu'on l'entendait alors, semble particulièrement l'apanage de la vie monastique. Il créait les illustrations des livres de piété et d'histoire; il servait d'aliment à la verve du travailleur, qui, dans le silence du cloître, voulait donner un joyeux essor à son imagination. Nous allons voir que plusieurs des chroniqueurs les plus persévérants et les plus souvent cités dans les annales liégeoises étaient en même temps des artistes de mérite, dont presque toutes les œuvres ont malheureusement disparu, mais dont la vie et les travaux nous sont connus par des renseignements très-certains. Ce sont les premiers peintres dont la biographie, grâce à la pieuse mémoire de leurs frères, nous est parvenue avec des contours précis, tracés avec cette simplicité monastique qui est déjà une garantie de la vérité des faits transmis.

Jean de Stavelot est l'un de ces moines artistes qui, comme chroniqueur, comme compilateur, — ainsi qu'il s'appelait modestement lui-même, — comme calligraphe, enrichit la librairie du monastère de soixante à soixante-dix volumes, souvent fort gros et d'une écriture très-serrée. Nous n'avons pas à juger le chroniqueur, le continuateur des récits imagés de Jean d'Outremeuse; il a été étudié ailleurs (1), mais les travaux de l'artiste nous appartiennent,

(1) Voyez le rapport trimestriel adressé à la Commission royale d'histoire de Belgique, le 10 janvier 1848, par Émile GACHET, page 34 et suivantes. Il est étrange que, tout en donnant de nombreux détails biographiques très-intéressants sur Jean de Stavelot, ainsi qu'un inventaire des manuscrits qu'il a laissés, l'auteur du rapport semble ignorer que le chroniqueur était aussi peintre de talent.

et nous allons faire connaître les traits principaux de cette vie si bien remplie.

Il résulte des notes laissées dans plusieurs de ses manuscrits que Jean est né à Stavelot, le 5 juin 1388 (1), d'une famille qui devait être dans l'aisance et jouir de la considération publique, puisque son père était échevin. La vocation de Jean pour la vie religieuse se déclara de bonne heure. A l'âge de quatorze ans, il obtint de Damp Stiene de Mariles, XXIIII⁰ abbé de St-Laurent, une prébende dans ce monastère, et le *jovene clerc d'Ardenne*, comme il se nomme, *y fut vesti et tondus moyne del dit englise, et fut appelleis en son propre nom Dan Johans de Stavelot*.

Il reçut les ordres de prêtrise l'année 1414. Son père étant à cette époque à Aix-la-Chapelle, il y assistait en sa qualité d'échevin de la ville de Stavelot au couronnement de l'empereur Sigismond comme roi des Romains, solennité qui eut lieu le 8 novembre 1414. Jean de Stavelot ne célébra sa première messe que huit jours après. Il eut ainsi la joie de voir son père assister à cet acte si important de sa vie (2).

Il y avait alors plus de douze ans que Jean était entré en religion, et, dès l'année 1411, il avait commencé à transcrire

---

(1) En décrivant le manuscrit le plus important orné des peintures de Jean de Stavelot, le baron de Villenfagne fait connaître une de ces notes en ces termes : « La souscription qui » est à la fin sert à fixer la date de la naissance de l'auteur. La » voici : *Scripta per manus fratris Johannis de Stabulis, cenobii* » *Sti Laurentii Leodiensis monachi. Anno MCCCCXXXVII, die* » *quâ natus fuit, F. quintâ mensis junii, anno aetatis suae 49.* » Il est né, par conséquent, le 5 du mois de juin, l'an 1388, et non 1386, comme Villenfagne l'écrit par erreur.

(2) *Et nos, Dan Johans de Stavelot, moyne de Sains Lorent, nos desimes VIII jours après cest coronation, nostre novelle messe, et le desimes si longuement après les ordines, portant que nos aviens grant desier que nostre peire y fust, enssi qu'ilh y fut. Car ilh convenoit eistre, à commandement dedit abbeit, à Aize, portant qu'ilh estoit esquevins de Stavelot.*
(Voir le rapport d'E. GACHET déjà cité.)

des manuscrits et sans doute aussi à s'exercer à l'art du peintre.

Le travail le plus important dans le domaine de la peinture qui soit connu de Jean de Stavelot est un manuscrit qui existait encore à Liége au commencement de ce siècle, et qui, depuis peu d'années seulement, a été emporté de Belgique pour grossir les dépouilles dont, d'année en année, s'enrichit l'Angleterre.

Nous n'avons pas été mis à même de voir ce livre; nous ne nous livrerons pas à des conjectures sur le talent dont le peintre a pu y faire preuve, mais il n'est pas sans intérêt, pour ceux qui aiment à étudier la marche des idées et les formes qu'elles prennent dans l'art, de faire connaître la description qu'un auteur liégeois nous a laissée de ce monument.

Voici comment s'exprime, sur le compte du moine artiste et sur son œuvre, le baron de Villenfagne (1) : « Si nos
» bibliographes, dit-il, n'ont pas remarqué qu'il (Jean de
» Stavelot) avait un goût particulier pour le dessin, la pein-
» ture et la poésie, c'est qu'ils n'ont pas connu et examiné
» comme moi un superbe manuscrit in-folio qui a appartenu
» au monastère de Stavelot, et que j'ai actuellement sous
» les yeux.

» Ce manuscrit est l'autographe de Jean de Stavelot, et
» l'on ne peut douter que, de même, les vignettes,
» dessins ou peintures qui y sont en très-grand nombre,
» ne soient de la même main. »

En effet, ce volume précieux commence par ces mots :

Iste liber fuit scriptus ac depictus per manus fratris Johannis de Stabulis, Sancti Laurentii Leodiensis monachi. Anno MCCCCXXXVII. Orate pro eo (2).

Jean de Stavelot a divisé en deux parties ce livre, consacré

---

(1) Voir *Essais critiques sur différents points de l'histoire civile et littéraire de la ci-devant principauté de Liége*. Liége, 1808, tome II, p. 256 et suiv.

(2) Quelques pièces peu étendues se trouvent au commence-

entièrement à la glorification de St Benoît. La première partie contient la vie du saint avec ses miracles, composée en latin par St Grégoire et traduite en français, tel qu'on le parlait alors à Liége, par notre chroniqueur artiste. Cette première partie est ornée d'un très-grand nombre de miniatures illustrant les actes de la vie et les miracles du saint fondateur de l'ordre, dont Jean de Stavelot avait pris l'habit. Elle est complétée par deux opuscules ayant également pour objet l'histoire de St Benoît et ses miracles ; l'un est composé par le moine Adrevalde et l'autre a pour auteur Aymoyn, religieux du monastère de Fleuri-sur-Loire.

Ces deux opuscules, toutefois, ne sont ni traduits en langue vulgaire, ni historiés par le pinceau de Jean de Stavelot.

La seconde partie du manuscrit, et la plus importante au point de vue de l'art, a pour titre : *Vita beati Benedicti in veteri lege figurata, et per doctores nove legis luculenter approbata; in latino, gallico, teutonico et pictura per manus fratris Johannis de Stabulis, S^{ti}-Laurentii Leodiensis monasterii monachi, scripta ac depicta. Anno MCCCCXXXII.*

Ce titre est traduit en français de la manière suivante : *La vie de Sains Benoit, abbeit, figureit en la vielhe loy, et par les docteurs del nouveilh loy cleirement aproueit, en latin, romans, tierche et en pointure.*

Par la date, on voit que la seconde partie du manuscrit avait été composée cinq ans avant la première. Il s'y trouve 72 miniatures de 165 millimètres de haut sur 133 de large, c'est-à-dire prenant toute la hauteur et la largeur de la

---

ment du volume sous le titre : *De Exemplis sanctorum Patrum imitandis.* Le baron de Villenfagne cite, entre autres, ces vers :

> *Monache, ad quid venisti,*
> *Quare mundum reliquisti ?*
> *Cur cappam istam induisti*
> *Et pompam mundi despexisti ?*
> *Nonnè ut Deo servires*
> *Et cor tuum custodires ?*
> *Cur ergo sic vagaris*
> *Et vana meditaris ?*

page, ne réservant que l'espace nécessaire pour y écrire les textes explicatifs en trois langues.

On voit qu'il s'agit ici d'un cycle de miniatures importantes et auxquelles le moine artiste avait sans doute consacré tout son talent. L'auteur auquel nous empruntons ces renseignements ajoute, d'ailleurs, que les peintures de cette seconde partie étaient traitées avec beaucoup plus de soin que celles de la première. « Le dessin, dit-il, est moins défec-
» tueux et plus pittoresque, quoique souvent très-inexact ;
» les couleurs sont très-agréables et ont conservé une partie
» de leur fraîcheur. »

Pour bien comprendre l'esprit dans lequel ces compositions ont été conçues, il faut se rappeler les images ingénieuses par le rapprochement des sujets et habiles par la composition de ces Bibles connues sous le nom impropre de « *Biblia Pauperum*, » en vogue longtemps avant le travail de Jean de Stavelot, et que, peu d'années après sa mort, la xylographie allait répandre dans toutes les régions du monde chrétien. Dans les Bibles historiées à cette époque à l'usage des pauvres de la science, et qui ne sont pas toujours lues couramment par les lettrés de notre temps, l'artiste représente d'ordinaire une série d'actes de la vie du Christ, mis en parallèle avec les faits empruntés à l'Ancien Testament, qui ont préfiguré ces actes. A ces deux compositions sont jointes, le plus souvent, des figures de prophètes, d'apôtres ou d'autres personnages de l'Écriture-Sainte, tenant des banderoles sur lesquelles sont inscrits les textes servant à l'intelligence de ce parallélisme des faits de l'ancienne et de la nouvelle loi.

Jean de Stavelot, pénétré des traditions de l'art dont était issue la génération de peintres à laquelle il appartenait, porté par le courant des idées qui animaient son siècle, chercha à mettre la vie du saint fondateur de son ordre en parallèle avec les exemples donnés par les figures les plus vénérables de la Bible, et c'est en mettant son talent de miniaturiste et de calligraphe au service de cette pensée qu'il avait créé les nombreuses illustrations de *la vie de sains Benoit abbeit, figureit en la vielhe loy*. Les descriptions que nous a laissées

Villenfagne de quelques-unes de ces compositions prouvent que, tout en adoptant le plan si populaire alors de la *Biblia Pauperum*, l'esprit du peintre s'était cependant abandonné à toute son originalité, et que rien dans ce cycle, si étendu et de conceptions si différentes, ne tient de la copie.

Au début de ce livre se trouvent deux compositions qui n'ont, d'ailleurs, rien de commun avec la *Biblia Pauperum*. L'une porte pour inscription : *Figura religionis*, et représente Judith victorieuse d'Holopherne qu'elle tient terrassé ; elle est accompagnée du grand-prêtre Ozias. Au-dessus de la seconde on lit la légende « *Imago religionis,* » et l'on y voit la Religion, représentée sous la figure d'une femme belle et austère, tenant à la main gauche une banderole, sur laquelle se lit un texte tiré de l'évangile selon St-Mathieu, et de la droite un livre ouvert, sur lequel se lisent les mots : *Precepta, Statuta, Ceremonie*. La Religion est élevée sur un soubassement d'architecture et foule aux pieds une femme qui, dans la pensée de l'artiste, représente sans aucun doute la Vanité du monde. Aux deux côtés de la Religion sont figurées les quatre vertus cardinales, la Prudence et la Justice à sa droite, la Tempérance et la Force à sa gauche. Ces figures tiennent des banderoles avec des textes qui les caractérisent, et au bas des compositions on lit les vers composés par Jean de Stavelot, en latin, en bas-allemand et en français.

Par une disposition adoptée par l'artiste dans toute cette suite, il a peint dans les angles de la composition des personnages de l'ancien et du nouveau Testament, ou des figures de saints, tenant des cartels avec les textes relatifs au sujet principal. Dans l'un des angles se retrouve souvent un moine bénédictin tenant un phylactère, sur lequel se lisent les rimes en trois langues dont ces peintures sont accompagnées. A côté de ce clerc on lit les mots écrits à l'encre rouge : *frater Johannes*, par lequel l'auteur s'est désigné lui-même.

Dans la première miniature où Judith est représentée, cette femme forte est mise en parallèle avec la figure de la Religion ; cette sorte de parallélisme est suivi dans toute la série de peintures, et c'est ainsi que les principales scènes de la vie de St-Benoit sont toujours mises en regard des scènes empruntées à l'ancien Testament (1).

Tout en cultivant les humbles fleurs de l'art de l'enlumineur sous le toit du cloître où il devait abriter sa laborieuse vie, frère Jean était cependant, comme nous l'avons dit, à un haut point l'enfant de son siècle. C'est aux grands thêmes fécondés alors par l'iconographie chrétienne que son imagination s'en prenait de préférence. Nous allons en trouver d'autres preuves.

Heureusement la vie de St-Benoit n'est pas le seul manuscrit historié de la main de Jean de Stavelot qui soit parvenu jusqu'à nous. Parmi plusieurs textes transcrits par lui, la Bibliothèque royale de Bruxelles possède un volume remarquable comme calligraphie, où se trouvent bon nombre de productions du crayon et une miniature due au pinceau de notre artiste. Ce volume, où plusieurs manuscrits sont reliés ensemble, comprend un traité de la vie de saint Laurent, le patron du monastère, en latin; des sermons et des homélies dans la même langue; la vie de Volbodon et de Reginard; les gestes des abbés de St-Laurent de Liége, par Renier, le *Libellus lacrimarum*, et enfin le *Speculum humane salvationis*.

De ces différents manuscrits, seuls le premier et le dernier ont de l'intérêt au point de vue de l'œuvre de l'artiste. La vie de saint Laurent débute par une initiale où l'on voit la figure du saint, peinte dans un style excellent, dont nos lecteurs peuvent être juges, puisque nous reproduisons cette initiale. Nous ajouterons que, très-habilement peinte, elle dénote chez l'artiste un sentiment très-distingué de la couleur. Le style et la coloration n'ont rien de commun avec l'école des

---

(1) Ce volume, d'un si haut intérêt pour l'histoire de l'art dans notre pays, est resté en Belgique jusqu'en 1860. Il a fait en dernier lieu partie de la bibliothèque du peintre Jos. Paelinck, et c'est à la vente mortuaire de celui-ci que *la vie de saint Benoit* fut adjugée, le 20 novembre 1860, au prix de 2,250 fr., à un libraire anglais. Voyez le *Journal des Beaux-Arts*, tome II, p. 195, n° 24.

Van Eyck, mais ce petit travail suffit pour faire connaître un homme de talent. C'est ce que nous avons vu de mieux de Jean de Stavelot.

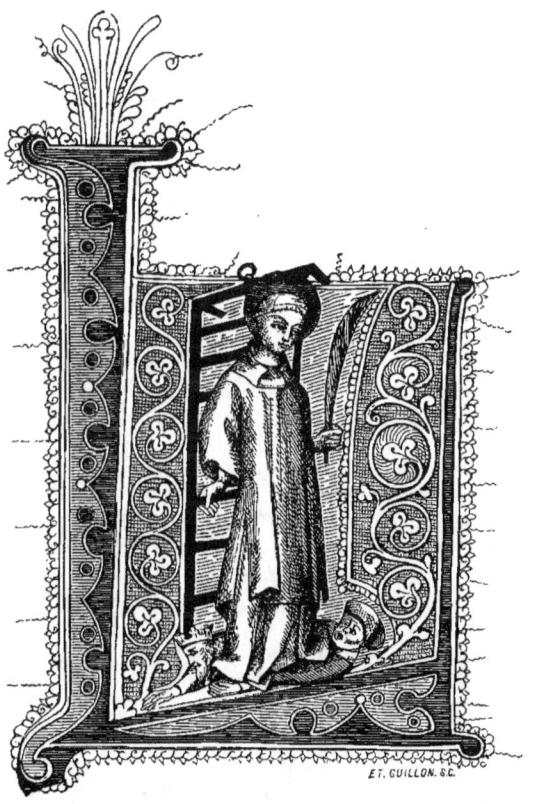

Dans le *Speculum humanæ salvationis*, on trouve l'artiste en présence d'une tâche toute différente. Il s'agit ici encore, comme dans la vie de saint Benoît, d'un cycle de compositions conçues, comme le livre dont elles forment les illustrations, dans l'esprit de la *Biblia Pauperum*.

En effet, le *Speculum humanæ salvationis* est un vaste poême, dû à un auteur inconnu, très-probablement un religieux qui vivait au XIVe siècle, et qui, de même que dans la Bible des pauvres, a pris pour thême de son épopée l'histoire moralisée du genre humain. L'auteur a puisé à la fois dans la Bible, dans les littératures grecque et latine, et dans les traditions populaires du moyen-âge. Le livre jouissait d'une très-grande popularité au commencement du XVe siècle, et celle-ci allait grandir encore par l'invention de l'imprimerie, qui devait répandre bon nombre d'éditions nouvelles dans le monde lettré d'alors.

Jean de Stavelot a transcrit pour l'abbaye de St-Laurent ce livre si populaire, et, pour donner plus de prix à son manuscrit, il l'a orné d'une série de 196 figures, dont la première représente Dieu précipitant dans les enfers Lucifer et les anges rebelles, et dont les dernières sont consacrées aux sept joies de la Ste Vierge. Ces compositions, très-simplement dessinées au trait, sont de véritables improvisations faites au courant de la plume pour fixer les sujets du long poème graphique entrepris par le dessinateur. La plupart de ces illustrations sont rehaussées de légères teintes au lavis, rouges pour les chairs, jaunes pour les terrains, les arbres, les cheveux, etc. Les textes sont en rubrique et en noir. Dans beaucoup de ces croquis on trouve du mouvement et de la vie, mais en général ils sont d'un crayon assez gauche; les fautes de dessin y sont fréquentes et souvent grossières. Toutefois, même dans ces premiers jets d'une pensée qu'il n'a pas voulu mûrir, on trouve chez l'auteur de l'abondance, et il sait intéresser par la manière savante et ingénieuse avec laquelle il trouve les rapprochements qui sont le but principal de son travail. (1)

On ne saurait contester la paternité de ces différents travaux, Jean de Stavelot ayant eu soin de la constater lui-

---

(1) Nous reproduisons, planche III, un calque pris sur l'un des dessins illustrant le *Speculum humanæ salvationis*.

même par une note qui se trouve au commencement du volume, après la table des matières, et dont voici le texte :

Anno ab incarnatione Domini M°CCCC°XXVIII° nonnus Johannes de Stabulis, coenobii sancti Laurentii juxta Leodium sacrista et monachus, ad Dei sanctaeque Mariae virginis honorem ac ipsius ecclesiae patroni venerationem, hunc librum in diversis codicibus dispersum recollegit scripsitique ac DEPINXIT.

> *Pro cujus, precor, anima*
> *Omnis oret ecclesia,*
> *Ut eam cœlestis curia*
> *In sua recipiat habitacula*
> *Amen dicant omnia.*

Jean de Stavelot avait aussi calligraphié et peint, pour les frères prêcheurs de Ste Barbe, à Liége, un livre de la passion, dont nous n'avons pu retrouver de traces.

Un de ses frères de l'abbaye de St-Laurent nous a conservé quelques détails sur la mort du moine artiste.

L'année 1449, après avoir passé dix-sept semaines à l'infirmerie du couvent, et malgré les soins de ses deux médecins, Jean de Tongres et Nicolas de Voecht, chanoine de St-Pierre, Jean succomba aux atteintes d'une hydropisie et à d'autres infirmités. Il rendit son âme à Dieu le 15 octobre, *in crastino Calixti*, entre la première et la seconde heure de l'après-midi.

Aussitôt après sa mort, on alla prévenir les pères Bénédictins de l'abbaye de St-Jacques et ceux de St-Gilles ; après les vêpres, le corps de Jean de Stavelot fut porté au chœur de l'église de l'abbaye, où l'on chanta solennellement les vigiles et les vêpres des morts. Le lendemain, après des obsèques les plus solennelles, il fut placé dans sa sépulture.

Le même frère qui rapporte ces détails consacre au défunt la courte oraison funèbre suivante, dont les éloges ne sembleront pas exagérés, et dont la dernière partie, dans son sens un peu mystérieux, contient une accusation contre les confrères de Jean de Stavelot.

« *Ipse licet in aliquibus fuit negligens, tamen multas*

» *bonas conditiones habeat in se, et ad honestatem multa*
» *ordinaverat similiter et ad divinum officium pro quibus*
» *sepius a suis confratribus passus fuerat.* »

Un siècle et demi après sa mort, on plaça dans l'abbaye l'inscription suivante en l'honneur de Jean de Stavelot :

Cui natale solum Stabulaus dixere Joannem
Hic sacro placuit subdere colla jugo.
Cuius posteritas memor ut sit tempore longo
Iconem vivens hanc statui voluit.
Anno 1584 (1).

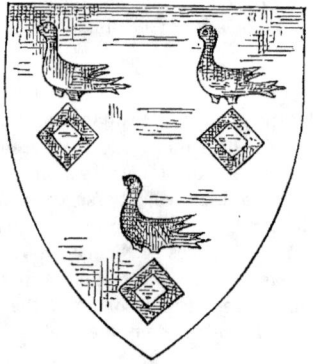

Seize années après la mort de Jean de Stavelot naissait au pays de Liége un homme qui devait reprendre la plume du chroniqueur, et cultiver dans le même monastère l'art de la peinture avec plus de renom que ne l'avait fait son prédécesseur.

---

(1) Manuscrit de Vandenberg, p. 178. Nous empruntons à la même source le dessin des armoiries de Jean de Stavelot. D'après le texte de cette épitaphe, il est probable que Jean de Stavelot avait fait placer d'avance une peinture à la place désignée pour sa tombe. Les auteurs ne disent rien quant au sujet que cette peinture pouvait représenter.

Jean Beeck est né dans la petite ville de Looz, l'an 1457. Il annonça fort jeune des dispositions heureuses et un goût très-vif pour la peinture ; il était laborieux d'ailleurs et se forma lui-même, étudiant, dit-on, quelques-unes des œuvres des frères Van Eyck. Bientôt le jeune artiste vint à Liége dans le désir de se perfectionner et de vivre de son art, mais ce projet ne devait pas se réaliser ; il ne tarda pas à prendre en dégoût la vie du monde, et, le 15 juillet 1477, jour de la séparation des apôtres, il vint se présenter au monastère de St-Laurent, près de Liége, avec l'intention de revêtir l'habit de St-Benoit et de finir ses jours dans l'abbaye ; il avait vingt ans alors et passait déjà pour très-habile dans l'art de la peinture.

Il fut reçu comme frère convers, et pendant un an il vécut à l'abbaye chargé des soins de la domesticité. Pendant ce noviciat, on y utilisa cependant son aptitude au maniment de la brosse ; le père abbé lui fit peindre sa chambre, différentes salles et même la porte extérieure donnant du côté de la petite abbaye de St-Gilles.

L'année révolue, le jour de la fête de St-Jacques le majeur, le jeune peintre prit l'habit, et une année plus tard, le jour de la fête de St-Michel, le 29 septembre 1479, il fut unanimement reçu religieux, la communauté ayant reconnu en lui un homme doué de talents, adonné à l'étude, mais surtout un frère pénétré de l'esprit d'obéissance, toujours disposé à soumettre sa volonté à celle de ses supérieurs, sans jamais se rebuter, toujours animé d'une grande douceur.

Sous l'habit de bénédictin, Jean Beeck s'adonna à l'étude des lettres et aux recherches de l'historien ; il devint le continuateur de la chronique de Jean de Stavelot ; mais il n'en persévéra pas moins à cultiver l'art auquel il s'était adonné dès son enfance. Il travailla beaucoup pour le monastère et y peignit successivement: *la Passion de N. S. J. C.*, les tables de la fondation de l'abbaye et *l'Arbre de Jessé*. Dans l'église de St-Laurent, il fit un *Jugement dernier* et *la Chûte de Lucifer*.

Dom Théodoric de Sarto, prieur de St-Laurent, dit que

Érard de la Marck, prince-évêque de Liége, qui alors résidait au château de Huy, pria, en 1507, Dom Henri, abbé de St-Laurent, de lui envoyer frère Jean de Looz, pour peindre la chapelle du château. Frère Jean s'acquitta de cette tâche à la grande satisfaction du prince, qui passait à juste titre pour très-entendu en matière d'art. Pendant trente ans, il continua à orner l'abbaye de ses peintures, alors très-estimées.

L'abbé D. Henri d'Oreye étant mort la veille de la fête de St Jacques, le 25 juillet 1508, après cinq années d'administration, tous les religieux, lorsqu'il s'agit de le remplacer, jetèrent les yeux sur Jean de Looz. Celui-ci, en effet, avait depuis longtemps su gagner les cœurs de ses frères, autant par ses talents que par son humilité chrétienne. Ils l'élurent abbé, et ce fut Érard de la Marck qui non-seulement lui annonça son élection, mais qui voulut encore le consacrer de ses propres mains, prouvant ainsi la haute estime en laquelle il tenait un religieux aussi exemplaire. Cette cérémonie eut lieu le 31 janvier 1509.

L'abbé Jean agrandit assez considérablement la maison de St-Laurent. Il fit rebâtir l'habitation abbatiale, la compterie et plusieurs autres locaux; il consacra particulièrement ses soins à la construction d'un oratoire en l'honneur de Sainte Anne, à côté de celui qui, dans l'église, était dédié à Sainte Gertrude. Enfin, il fit faire une pierre tombale qui fut posée vis-à-vis de l'entrée du chœur, à la place où Jean Beeck désirait être enterré. A la fin de sa carrière, il fut atteint d'une consomption, dont il mourut le 15 juillet 1516. Il avait souffert pendant six ans avec une résignation qui n'avait cessé d'édifier tous les religieux de l'abbaye; aussi sa mort fut pour eux un sujet de profonds regrets. Son administration, pendant la durée de ses fonctions comme abbé, avait été douce, charitable et fidèle, de même que sa vie avait été édifiante.

Toutes les peintures qu'il a faites dans son propre monastère, ainsi que dans différentes églises de la ville de Liége, ont été détruites. En 1790, il en existait encore quelques-unes dans l'abbaye de St-Laurent; mais, après la suppression de cette maison, les murs de la plupart des locaux furent reblanchis et les peintures effacées. Depuis lors, il a été pourvu, par la démolition de l'église et d'autres bâtiments, d'une façon radicale aux recherches que l'on aurait pu tenter pour retrouver sous le badigeon les peintures de l'ancien abbé.

Nous avons dit que Jean de Looz était historien et qu'il est le continuateur de la chronique de Jean de Stavelot et de Dom Théodoricus de Sarto, prieur de la même abbaye. Quelques auteurs ont avancé que Jean de Looz avait été le maître de Lambert Lombard et l'avait initié à l'art de la peinture; mais cela n'est pas admissible, ce dernier étant à peine âgé de dix ans lors de la mort de Jean de Looz.

Le dernier religieux de l'abbaye de St-Laurent dont il soit fait mention comme peintre est Pascal de Bierset. — Après lui, les bénédictins de ce couvent firent encore exécuter d'importantes peintures, mais nous cesserons de les voir manier eux-mêmes le pinceau, glorifiant Dieu par les œuvres de leur talent, en même temps que par la prière et la vie intérieure du cloître.

Pascal était fils d'un commissaire de la ville de Liége; il est né vers l'an 1480(1), à Bierset, village situé à l'ouest et à quelques kilomètres de cette cité. Le 2 juillet 1501, il prit l'habit dans la maison de St-Laurent, où il devait passer le reste de ses jours, dans l'accomplissement des devoirs de son ordre et les labeurs de l'étude. Ceux-ci avaient toute sa prédilection. Sa cellule était encombrée de livres, et il s'y était formé une bibliothèque assez considérable, à côté de celle de la communauté; il profitait d'ailleurs de toutes les circonstances qui s'offraient à lui pour augmenter ses connaissances: un jeune lettré, ayant reçu l'hospitalité à l'abbaye, pendant un mois, en 1517, Pascal s'empressa d'apprendre de lui les éléments de l'hébreu. L'un des hommes les plus distingués de son temps, — Jérôme Alexandre, secrétaire d'Érard de la Marck, et qui devait plus

(1) V. Paquot: *Mémoires pour servir à l'histoire littéraire des XVII provinces des Pays-Bas*, t. II, p. 353. Éd. in-f°.

tard devenir successivement chancelier de ce prince, chanoine de Saint-Lambert, et, à la suite d'un séjour à Rome, cardinal, — ayant aussi vécu à Saint-Laurent pendant quelque temps, Pascal de Bierset apprit de lui le grec. Il avait ainsi fait des progrès considérables dans les belles lettres, correspondant avec Érasme, écrivant des vers latins dans le goût du paganisme renaissant de l'époque, publiant des livres et vivant d'ailleurs dans les bonnes grâces du cardinal, prince de Liége, Érard de la Marck.

Mais ce qui donne à Pascal un titre pour être cité à la suite de ses frères en religion dont nous venons de retracer la vie, ce sont ses travaux dans l'art de la peinture. L'autel où chaque jour il offrait le saint sacrifice de la messe se trouvait dans une chapelle consacrée à Saint-Denis, et que dans l'année 1523 notre moine artiste avait fait restaurer. Il entreprit d'orner des œuvres de son pinceau ce sanctuaire; et, s'étant appliqué à l'art de la peinture qu'il aimait, il avait également fait placer les figures des docteurs de l'Église, peintes dans des médaillons, à côté de la crypte du monastère; pour chacune de ces figures, il avait composé un distique latin.

Quel était le mérite de ces travaux? Nous l'ignorons, et il serait téméraire de se livrer à cet égard même à des conjectures. Il est permis toutefois de supposer que Pascal de Bierset, dont l'intelligence était animée du goût du savoir, au moins autant que de celui du beau, fut plutôt écrivain et lettré qu'artiste inspiré.

Il a laissé quelques écrits latins, notamment des poésies; il mourut, d'une hydropisie, en 1535, âgé d'environ 54 ans.

CHAPITRE V

La peinture au pays de Liége du temps des frères Van Eyck et jusqu'à la fin du XVe siècle.

Pendant que la famille des Van Eyck introduisait dans l'art un principe et des procédés nouveaux, développant les talents éclatants de ses membres loin de leur pays natal, celui-ci était le théâtre de luttes acharnées et des guerres les plus sauvages. Les révoltes et les hostilités entreprises par les Liégeois contre leurs princes, commencées sous le règne de Jean de Bavière, aboutissaient à une catastrophe sous celui de Louis de Bourbon. Maestricht, assiégée en 1407 par les Liégeois révoltés, ceux-ci battus à Othée, humiliés et cruellement châtiés à la suite de cette défaite; la ville de Dinant brûlée et dévastée par Philippe-le-Bon en 1466; enfin, Liége, la ville populeuse et opulente, détruite, pillée, réduite en cendres en 1468, telles sont les étapes douloureuses qui marquent successivement, pendant les trois premiers quarts du quinzième siècle, la marche de l'histoire dans la principauté.

Lorsqu'on lit ces récits de sang, de pillage et de haines, on comprend aisément qu'une situation semblable n'était pas de nature à encourager la culture des arts, et ne pouvait promettre l'éclosion d'œuvres nombreuses et remarquables. Les artistes étrangers se tenaient éloignés d'un pays aussi agité; ceux qui y étaient nés et qui auraient pu l'honorer par leurs travaux, devaient préférer habiter des contrées moins profondément troublées. Nous avons vu qu'aucun des Van Eyck, qu'aucun de leurs disciples, ne vint se fixer à Liége, et ces peintres, qui eurent une influence si marquée sur la direction des arts en Europe, n'en eurent presque pas sur le développement de la peinture dans leur propre patrie. D'autres artistes liégeois trouvèrent de l'emploi à l'étranger. En même temps que Hubert Van Eyck allait se fixer à Gand, on voit un sculpteur, Hennequin de Liége, chargé, en 1380, de l'exécution du tombeau de Charles V, dans la cathédrale de Rouen, travail important, à en juger par la somme, considérable pour le temps, qu'il coûta (1).

Cependant, malgré les circonstances les moins favorables à un épanouissement véritable des arts, ce serait faire erreur d'en croire les travaux suspendus; l'état de guerre était devenu en quelque façon la situation normale, et, malgré les troubles et les combats incessants, on trouve au quinzième siècle bien des traces de l'activité des artistes au pays de Liége. Les maisons religieuses étaient d'ailleurs généralement respectées, et les arts y trouvaient encore un asile. Nous avons suivi, dans un chapitre spécial, les travaux des peintres bénédictins de l'abbaye de St-Laurent, près Liége. Alors plusieurs monuments s'agrandissent, sont restaurés ou s'achèvent. C'est l'époque où les cathédrales et les grandes collégiales brisent en quelque

---

(1) Voici l'ordonnance de payement, datée de 1368, citée par M. DE LA BORDE, dans les *Ducs de Bourgogne* :

« A Hennequin de Liége, Ymaginier, la somme de trois cenz franz, en rabat de la somme de mil franz d'or, en laquelle nous sommes tenus à lui à cause d'une tumbe d'albatre et de marbre, que nous lui faisons faire pour nous, laquelle nous avons ordenné estre mise en cueur de l'église de Rouen, où nous voulons que notre cueur soit enterré, quand il plaira à Dieu que nous irons de vie à trespassement. » (Introduction, p. XXII.)

sorte les parois de leurs nefs latérales, pour ouvrir de nombreuses chapelles qui viennent se loger entre leurs contreforts, répondant à des besoins nouveaux créés par la dévotion des corporations et des familles puissantes. Les belles collégiales de Notre-Dame de Tongres et de St-Paul, à Liége, sont reconstruites en grande partie. Les chapelles latérales de cette dernière église, de la cathédrale de St-Lambert, ainsi que sa grande tour, la grande nef de la collégiale de Notre-Dame, de Saint-Trond, sont bâties au XVe siècle. Des peintures murales sont exécutées dans beaucoup d'églises, entre autres dans la dernière que nous venons de citer, dans l'église du Béguinage de la même ville, dans le chœur de la collégiale de Tongres, dans la chapelle du Cornillon, à Liége. Si la plupart de ces peintures ont disparu, quelques noms d'artistes cependant nous ont été conservés, et font connaître qu'alors encore le travail du peintre venait compléter l'œuvre de l'architecte. La peinture était appelée souvent à consacrer les souvenirs des défunts, à rappeler ceux de l'histoire et à rehausser la décoration intérieure des édifices civils et religieux.

A cette époque, des tableaux étaient appendus dans l'intérieur des églises, véritables épitaphes, indiquant la tombe des personnages marquants ou des simples bourgeois qui y étaient enterrés, faisant connaître la date de leur décès et sollicitant pour leur âme les prières des fidèles. Au nombre des rares peintures antérieures au sac de Liége de 1468, nous possédons encore un monument de cette nature. Sa description fera connaître la disposition que l'artiste adoptait généralement dans ces sortes d'épitaphes.

Au centre du tableau, la Ste-Vierge est assise sur un trône de marbre blanc à haut dossier, dont les deux montants sont terminés par des clochetons historiés de quatre figures, qui, dans l'intention de l'artiste, représentent peut-être les quatre grands prophètes. Le fond du haut dossier est en drap d'or, orné d'un diaprage noir. Au-dessus de la Vierge Marie, on voit un joli groupe d'anges à mi-corps. Celui du milieu tient un livre ouvert et semble, de même que les deux anges plus rapprochés de lui, chanter les louanges de la mère du Sauveur; les deux autres anges en aubes, qui se trouvent aux deux extrémités, posent sur sa tête une couronne de roses rouges.

La Vierge Marie, dont la chevelure blonde descend sur les épaules, est vêtue d'un manteau couleur de laque pourprée et d'une robe bleu foncé. Le manteau, qui est orné d'une élégante bordure d'or, est enrichi de plusieurs inscriptions; au bord supérieur, près des épaules, se lit la légende : *Salve Regina*. Au bord inférieur se trouvent les paroles de la salutation angélique : *Ave Maria : gratia plena : Dominus tecum : benedictus in mulieribus : et benedictus fructus vent : tui : JhesuXtu*. De la main droite elle présente un papillon à l'Enfant Jésus, qu'elle soutient de la main gauche. Celui-ci a la tête ornée du nimbe cruciforme. Il est représenté nu, posé sur un drap blanc, mettant la main sur la poitrine.

Aux pieds de la Ste Vierge, agenouillée sur un terrain couvert de végétation, on voit Ste Madeleine; elle est vêtue d'un manteau couleur bleu intense et d'une robe rouge garnie de fourrure blanche, laissant paraître les manches d'une robe de dessous couleur laque, ornée de dessins d'or. Elle avance le corps pour baiser les pieds de l'Enfant Jésus, dans une attitude pleine de respect et de tendresse; à côté d'elle se trouve son attribut distinctif : la boîte à parfums, sur laquelle on lit en lettres d'or le nom de *Madelena*. A gauche de la Ste Vierge est représenté, dans des proportions fort inférieures à celles des autres figures, le doyen Van der Meulen. Il est à genoux, revêtu d'un ample manteau blanc, bordé d'un galon noir, en-dessous duquel on voit une soutane bleue garnie de fourrure brune. Il porte la tonsure, et a les mains jointes dans l'attitude de la prière; sur le bras gauche, il tient l'aumusse en fourrure grise. De sa bouche sort une légère banderole sur laquelle on lit la prière qui se retrouve assez souvent sur les pierres tombales de cette époque : *O mater dei memento mei*.

Aux deux côtés de la composition se trouvent les figures des apôtres SS. Pierre et Paul. A gauche de la Sainte Vierge est Saint Paul tenant un livre de la main droite et le glaive, son attribut, de la main gauche. Il est revêtu d'un manteau couleur terre de Sienne naturelle et d'une tunique bleue. Saint Pierre se trouve à droite; il est vêtu d'un manteau couleur de laque foncée et d'une tunique verte. De la main gauche il tient un livre et de la droite il porte une puissante clef en or. Toutes les têtes de Saints sont nimbées et les bords de leurs vêtements sont ornés de riches broderies en or exécutées avec beaucoup de soin. Les figures de ce tableau se détachent sur un fond d'or décoré d'un diaprage lozangé noir, dont les angles sont marqués par des ornements à quatre lobes.

Le panneau a conservé son cadre original; il est décoré de chaque côté d'un écu armorié; celui de droite porte d'or à la double aigle éployée de sable; celui de gauche, de sable au chef d'argent, chargé de trois fleurs de lis de gueule. Le cadre est peint en rouge sang de bœuf, semé de rosettes jaunes. Dans la partie inférieure, on lit en caractères tracés en couleur blanche l'inscription suivante :

Hic est sepult^s Egregi^s d$\overline{ms}$ Petrus de Molendino leg$\overline{u}$ doctor decan' et can$\overline{o}$ eccl$\overline{is}$ S. Pauli leodien et Sci Salvatoris Traiecten qui obijt anno D$\overline{ni}$ millesimo CCCCLIX menso mai die XXIII cui^s $\overline{aia}$ requiescat in pace (1).

Cette peinture n'est pas une œuvre de premier, ni même de second ordre; toutefois, elle est loin d'être sans mérite. Le dessin, à la vérité, manque souvent de correction; les figures des deux apôtres sont trop trapues; les types laissent à désirer sous le rapport de la noblesse, et dans le ton des chairs la transparence et la délicatesse des teintes font également défaut. Mais, en revanche, les draperies sont d'une couleur intense et vigoureuse, et le style de la composition

---

(1) Bois : Haut., 1,01; larg., 92. Cette peinture est assez bien conservée dans son ensemble; cependant elle a souffert dans quelques endroits, et des retouches sont particulièrement sensibles dans la tête de sainte Madeleine. — Elle provient de l'église Saint-Paul, de Liége, et appartient à M. Ed. Morren, professeur à l'Université de Liége.

a une véritable ampleur. Le petit groupe d'anges est fort bien conçu, et le mouvement comme le sentiment de sainte Madeleine est plein de délicatesse. La partie la mieux réussie de la peinture est le portrait du doyen Van der Meulen, dont la figure est très-bien traitée et drapée avec beaucoup de goût. Le mérite principal de l'œuvre est toutefois dans la clarté de la composition et dans son ordonnance toute monumentale.

Comme nous venons de le rappeler, l'usage de placer des tableaux du genre de celui-ci au-dessus de la tombe de personnages de distinction était assez général. Au-dessus du tombeau de Thierry de Nieuwensteen, successeur immédiat de Van der Meulen au décanat de St-Paul, existait une peinture sur laquelle on voyait les images de la Ste Vierge et de St Martin. (Nieuwensteen, mort le 15 octobre 1460, était aussi chanoine de St-Martin.) (1)

Pierre Van der Meulen, auquel ce tableau servait d'épitaphe, a été enterré dans la collégiale de St-Paul, à côté de la trésorerie, devant l'autel de S. S. Germain et Nicolas, où il disait habituellement la messe. Il était né à Nimègue et fut reçu chanoine à St-Paul au mois de juillet 1409, alors qu'il n'était guère qu'un enfant de dix ans. Élu doyen en 1444, il occupa cette dignité jusqu'à sa mort, survenue en 1459, comme nous venons de le voir. Il était savant; il aimait les arts et la splendeur de son église. Sous son décanat, des travaux considérables se firent à St-Paul. L'église fut agrandie, et Van der Meulen fit restaurer plusieurs vitraux du chœur; il contribua aux frais d'une statue de la Ste Vierge en argent, placée sur le maître-autel l'année

---

(1) On trouve encore d'autres exemples de ce pieux usage, qui exista, au surplus, jusqu'à la fin du XVIIe siècle. En voici un tiré du testament d'un bourgeois de Huy, Jehan de Heren de Griengene, fait en 1438 : *Je veule et ordine qu'il soit fait ung tableal la ens soient figurees N. D. et St-Jacques et ma personnaige et mon nom pour etre attache en l'enclosure a l'opposite de ma sepulture en l'Eglise des freres Mineurs a Huy etc.*
(Testaments conservés aux Archives de la province de Liége.)

de sa mort. D'autres chanoines avaient aussi donné des sommes considérables pour ce travail. (1)

Nous avons décrit minitieusement, avec un détail que le lecteur aura peut-être trouvé excessif, la peinture servant d'épitaphe au tombeau de Van der Meulen, non-seulement parce que ce travail porte une date précise, mais encore parce que ce tableau prouve un fait remarquable : en effet, la manière dans laquelle il est traité nous semble établir à l'évidence que, tandis que les travaux des Van Eyck et de leurs élèves, par une imitation de la nature très-exacte et souvent admirablement réussie, poussaient l'art de la peinture dans une voie entièrement nouvelle, au pays de Liége, — dix-neuf ans après la mort du plus jeune et du plus célèbre des Van Eyck, — les artistes travaillaient encore en continuant les traditions et la simplicité monumentale de la peinture des siècles passés. La disposition symétrique, la diversité des proportions, les fonds d'or, l'absence de modelé et de naturalisme, tout dans cette peinture rappelle encore une phase de l'art dont l'école des Van Eyck est sortie depuis longtemps.

Les documents conservés dans les archives du royaume établissent à diverses reprises l'existence d'un maître Antoine, vivant à Liége au quinzième siècle, et y faisant un certain nombre de travaux qui ne paraissent pas avoir été sans importance. Ainsi les comptes du chapitre de St-Pierre constatent que l'année 1454, ce peintre fit plusieurs tableaux pour cette ancienne collégiale ; en 1458, il reçoit le prix de

(1) A sa mort, Van der Meulen légua au trésor de cette église des vêtements sacerdotaux, une belle coupe en argent dorée intérieurement et extérieurement, contenant des reliques ; un petit tableau sur lequel était peint avec beaucoup d'art la Tour de Babel : « *Tabulam parvam in qua pulchre et magistraliter depicta est turris Babel, quam caram habeo,* » comme s'exprime naïvement le testament. Par ce même document, il légua aussi un assez grand nombre de livres à la bibliothèque de la collégiale.

V. *Essai historique de l'église St-Paul ci-devant collégiale, aujourd'hui cathédrale de Liége.*

la peinture sur toile d'une image de Ste-Apolline, payée 96 livres, et, deux années plus tard, il restaure un St Christophe placé dans la même collégiale. En 1478, le peintre Antoine fit pour le chapitre de St-Martin, de Liége, deux peintures, l'une représentant l'Assomption, l'autre la Purification de la Ste Vierge. Enfin, le même artiste a fait, deux ans avant cette dernière date, un tableau important, représentant le Jugement dernier, destiné à orner la salle du Conseil de justice de l'église de St-Aubin, à Namur. Cette œuvre fut, par experts, estimée un prix supérieur à celui qui avait d'abord été fixé par une convention avec l'artiste (1).

Il est à regretter qu'il n'existe plus une seule peinture que l'on puisse, avec quelque vraisemblance, attribuer à ce maître. Celle que nous venons de décrire a été faite au temps où le peintre Antoine vivait et travaillait à Liége. Nous connaissons un tableau d'un ordre beaucoup supérieur, qui doit avoir été peint vers le milieu du quinzième siècle, et que nous croyons pouvoir rattacher à l'histoire de la peinture au pays de Liége, bien que l'artiste et le lieu de provenance soient également inconnus. Ce tableau, que nous avons vu il y a quelques années à Londres, représente, si nous ne nous trompons, l'exhumation du corps de St-Hubert dans l'église de St-Pierre, de Liége, et les préparatifs de sa translation (2).

On y voit le corps du saint retiré de son tombeau, en grand cérémonial, au milieu d'une réunion nombreuse,

---

(1) V. sur les mentions faites, dans les documents conservés aux archives du royaume, sur le peintre Antoine, de Liége, la notice publiée par M. Pinchart, dans le *Messager des sciences historiques*, année 1861, p. 85, et année 1868, p. 313.

(2) Nous avons vu ce tableau important en 1864. Il faisait alors partie de la collection de Sir Charles Eastlake, président de l'Académie de Londres. Nous ne prîmes, lors de notre visite, que des notes très-superficielles sur cette peinture, ayant l'intention de lui consacrer une étude plus approfondie. Des circonstances particulières abrégèrent notre séjour à Londres et ne nous permirent pas de compléter notre examen. Depuis lors, Sir Charles Eastlake est mort, et aujourd'hui ce tableau fait partie de

— 89 —

dans laquelle on remarque deux évêques, un prince d'un âge avancé, portant un manteau bleu semé de fleurs de lis, et un personnage de rang élevé, revêtu du costume que l'on voit souvent porté par les princes de la maison de Bourgogne. L'action se passe devant un autel de construction assez riche et sur lequel se trouve, très en évidence, une châsse somptueuse. Par les ajours de la clôture du chœur de l'église, on aperçoit le peuple qui cherche à voir la cérémonie et semble y prendre un vif intérêt. L'architecture de l'église et les détails de sculpture, dont les chapiteaux des colonnes, l'autel et ses accessoires, etc., sont dorés, occupent une place considérable dans cette peinture, et ont été, sans aucun doute, peints alors que l'artiste avait le monument sous les yeux. Le caractère des têtes, énergiques et intelligentes, appartient à la race wallonne, et nous avons cru y reconnaître des types liégeois. Le pinceau, dans cette œuvre, est un peu sec; le coloris est vigoureux, et l'ensemble dénote un maître d'un ordre élevé.

Ce maître était-il liégeois? Serait-il le peintre Antoine dont les archives mentionnent les travaux? — Des suppositions seules sont permises à cet égard. Mais le sujet de la composition, la précision des détails du monument dans lequel la scène se passe, semblent établir que le tableau a été peint à Liége.

la Galerie nationale, à Londres. Que d'œuvres d'art transportées et fixées à jamais de l'autre côté du canal, et qui ont cependant seulement dans le pays où ils ont été créés leur véritable signification et toute leur valeur historique! V. sur ce tableau : *Geschichte der deutschen Kunst, von Ernst Förster*, vol. II, p. 82.

CHAPITRE VI

Le XVIe siècle.

A la fin du XVe siècle et dans la première moitié du siècle suivant, les évêques, comme les bourgeois de la principauté, s'imposèrent la tâche de relever les ruines que, dans tout le pays, les guerres sanglantes et la catastrophe de 1468 avaient laissées à leur suite. Après ces désastres, il restait tout à faire. Les arts avaient un champ étendu ouvert devant eux, tandis que leurs adeptes étaient en présence de difficultés peu communes pour leur apprentissage et pour reprendre les traditions déjà interrompues de leurs prédécesseurs.

Cependant, grâce à l'activité et à l'énergie des habitants, secondés par un prince intelligent, éclairé, très-ami des arts, de grands travaux s'accomplissent avec succès. Au XVIe siècle, Érard de la Marck peut être regardé comme le restaurateur des arts au pays de Liége. Sa capitale se releva rapidement de ses cendres ; elle s'orna de monuments nouveaux et grandioses, et bientôt il s'y forma une réunion d'artistes remarquables. Lambert Lombard est la figure dominante de ce groupe ; il établit autour de lui une école de peinture et de gravure, à laquelle des artistes étrangers se formèrent. Dans le domaine de ces deux arts, il exerça une autorité qui se fit sentir au-delà des limites du pays de Liége. Il fut au nombre de ces peintres qui, les premiers, franchirent les Alpes pour étudier et s'approprier les principes de la renaissance italienne. Depuis, son exemple fut souvent suivi, et l'on peut dire que Lombard est l'un de ceux qui apportèrent dans les Pays-Bas un goût exotique, et donnèrent à l'art une impulsion qui devait le faire sortir de ses voies propres, en lui enlevant l'originalité nationale.

Avant lui cependant, un autre artiste, né sur les bords de la Meuse, Henri Blès, de Bouvignes, avait fait un séjour assez prolongé en Italie, mais c'était moins pour y apprendre son art que pour l'y exercer. Il sut conserver sa physionomie particulière et un style qu'il semble emprunter aux paysages des contrées où il a vu le jour; lui et Joachim Patinier, né à Dinant, forment, dès les premières années du XVIe siècle, avec leurs élèves et imitateurs, un groupe intéressant, dont le talent n'appartient ni à l'Italie, ni à l'Allemagne, ni aux Flandres. Ils apportèrent à la peinture des éléments nouveaux, et, étendant les conséquences des principes établis par les Van Eyck, ils furent les créateurs du paysage. Cependant eux aussi s'éloignèrent du pays qui les avait vus naître, et ils vécurent principalement à Anvers et à Malines.

Lambert Lombard était architecte, et, comme on le verra dans sa biographie, il chercha également à faire prévaloir à Liége ce qu'il avait appris de cet art comme disciple de la renaissance en Italie; mais ici il se heurta au bon goût et au bon sens national; il eut des admirateurs, sans doute, mais il n'eut pas d'imitateurs. Tous les grands monuments liégeois du XVIe siècle, et même le dernier d'entre eux, l'église de St-Martin, construite par l'architecte de Rickel, sont encore bâtis dans l'ancien style ogival du pays. Dans leur décoration même, on resta longtemps fidèle aux traditions consacrées par les siècles. La peinture murale semblait indispensable lorsqu'il s'agissait d'achever et d'orner l'intérieur d'un édifice; elle est alors beaucoup plus en usage dans la principauté de Liége que dans d'autres pays. Les peintures gracieuses décorant l'église abbatiale de St-Jacques, qui aujourd'hui ne subsistent plus que dans les voûtes de ce monument remarquable, portent la date de 1536; les peintures des voûtes de l'ancienne collégiale de St-Domitien, à Huy, sont datées de la même année; les peintures des voûtes de l'ancienne collégiale de St-Paul, qui, par leur élégance, semblent appartenir à un siècle antérieur, et qui ne sont peut-être, du moins en partie, que la restauration de celles qui furent exécutées au commencement du XVᵉ siècle, portent la date de 1557. Cette église conserve encore d'autres peintures que celles de ses voûtes; il existe, dans une pièce qui se trouve entre le chœur et le trésor de l'ancienne collégiale, un crucifiement où le style de Lombard nous semble évident. Cette influence est également sensible dans les restes des peintures qui décoraient autrefois l'une des chapelles de l'église Ste-Croix, où étaient représentées sur les parois des figures d'apôtres sur fond rouge (1), et dans les voûtes les figures des quatre principaux Pères de l'Église d'Occident, mises en regard avec les quatre grands prophètes. Dans le haut du mur oriental de cette chapelle, un cartel est encore visible portant la date de 1543.

Ce n'est pas seulement dans les grandes villes que l'on ornait les monuments de peintures murales. Ainsi, en 1518, les paroissiens du village de Rykel firent exécuter dans leur église une série de peintures murales, dont l'inventaire a été conservé (2).

(1) L'une de ces figures subsiste encore presque en entier; c'est celle de saint Pierre.
(2) Nous devons à MM. James Weale et C. de Borman la communication des comptes de ce travail, qui renferment des renseignements intéressants et prouvent combien, en ce qui concerne la peinture murale des églises, les traditions des siècles antérieurs étaient encore vivaces alors. Voici ce document:
Diit hebben wy doen moelen tot Rykel in ons kerck, anno XVᵒ XVIII, in die sprockylle (février) ende merte ende april, *ultima aprilis erat finis.*
In den eersten dat werdige crucifix met Maria, Johannes ende ordel. T'samen seven gulden. Den luminaris hevet betaelt.
   Item, *Annunciacio Marie* ende sinte Anthonis, teen scellynghen.
   Item, die vyr ewangelisten, X l s.
   Item, die vyr doctoren, X l s.
   Item, ons Here gegeiselt, X s.
   Item, ons Here geersent, X s.
   Item, ons Here buten ghelsent, teen s.
   Item, onder der boge ynden coer, twe engelen met den

Il est une autre application de l'art de la peinture qui, dans la première moitié du seizième siècle, est fort en honneur dans la principauté : c'est la peinture sur verre, considérée également comme le complément nécessaire d'un édifice achevé. La plupart des églises que nous venons

wapenen ons Here, ende die canten betrocken aen den boge ende vynsteren, teen s.

Item, ons Heren maeltiit, teen s.

Item, Betlyem, teen s.

Item, dat Sacrament huysken ende die canten yn den boeck, X s.

Item, syntte Hubrecht X s. (cinq sous furent payés par Hubert Zuetten).

Item, syntte Joris, twelf s.

Item, syntte Cornilis, VI s.

Item, syntte Loeye, X s.

Item, syntte Lenart, IIII s.

Item, syntte Adriaen, VIII s.

Item, syntte Job, vyr s.

Item, Maria Magdalena, vyf s.

Item, Martinus.

Item, Appollonia.

Item, Lucia sancta, vyf s.

Item, syntte Jacob, teen s.

Item, syntte Franciscus, acht s.

Item, virga Yesse, dertich s.

Item, ons Heren Dopsel, teen s.

Item, syntte Quillyn, vyf s.

Item, syntte Rochus, vyf s.

Item, syntte Peter, vyf s.

Item, syntter Voes, vyf s.

Item, syntte Quyryn, vyf s.

Item, syntte Blasius, vyf s.

Item, syntte Lauwereins, vyf s.

Item, syntte Geilis, vyf s.

Item, syntte Vyve, vyf s.

Item, syntte Aehte (Agathe) acht s.

Les noms des donateurs sont inscrits dans ce document. Ce sont tous habitants du village.

Ainsi, pour environ trois mois de travail, le salaire a été de

de nommer, où l'on a respecté les peintures des voûtes, après avoir enlevé celle des parois, n'étaient pas dépourvues de cette décoration; plusieurs d'entre elles ne l'ont reçue que sous le règne d'Érard. Pour donner un aperçu de l'activité qui régnait au commencement du siècle dans les ateliers de peinture sur verre, il suffit de rappeler quelques faits et quelques dates. Ainsi, en 1530, Léon d'Oultres, chanoine de St-Lambert et prévôt de St-Paul, donna à cette collégiale la belle verrière que, malgré les détériorations nombreuses de la partie inférieure, l'on admire encore actuellement au transept méridional. Deux ans plus tard, le doyen Jean de Stouten donnait à la même église la verrière du transept opposé. Le sujet principal représentait la nativité et l'adoration des bergers; le vitrail était peint par deux artistes liégeois, Jean Nivar et Flémalle (1).

Une verrière qui jouissait d'une grande réputation, représentant l'Adoration des Mages, fut placée en 1544, aux frais du chanoine Gérard Chevalier, dans la fenêtre de la chapelle qui se trouvait à côté de la grande tour, à St-Lambert, où le donateur fut enterré. Peu de temps auparavant, les familles de de Horne et de la Marck d'Aremberg avaient fait don

---

24 florins 5 sous, en supposant que les figures de saint Martin et de sainte Appolline, qui ne sont pas cotées, aient coûté chacune 5 sous.

Est-ce un artiste liégeois qui a exécuté ce travail? Ce qui pourrait en faire douter est la mention suivante :

Anno XVe XXVII in novembri tot Antwerpen hebben wy ghecoeft onse tafel op den hoghen altair hondert Brabants gulden.

Remarquons que le prix de ce tableau n'est pas en rapport avec le prix des peintures murales. Ces dernières n'étant sans aucun doute que de simples et rapides improvisations, comme les artistes les faisaient souvent dans les siècles antérieurs.

(1) Ce vitrail fut détruit lors de la seconde invasion française, le 17 juillet 1794. Il fut mis en pièces, et le plomb servit à fondre des balles. Voir *Essai historique de l'église Saint-Paul*, p. 198. L'auteur de cet ouvrage dit que l'un des peintres de ce vitrail était Renier Flémalle, père de Bertholet. Mais on ne peut admettre que l'artiste qui a exécuté ce travail en 1532 ait eu un fils né en 1614.

des beaux vitraux qui ornent encore actuellement le chœur de l'ancienne collégiale de St-Jacques (1). Robert, comte de la Marck, donna des vitraux à l'église des Croisiers de Liége, en 1539, et les verrières qui ornent encore aujourd'hui le chœur de l'église de St-Martin furent placées en 1527. L'église de Ste-Croix aussi avait au transept méridional une verrière, représentant les Sibylles; toutefois, nous ne savons à quelle époque elle a été exécutée (2).

Il ne serait pas difficile d'étendre cette liste des peintures sur verre exécutées à Liége dans la première moitié du seizième siècle; elle suffit à démontrer qu'à cette époque il devait s'y trouver plusieurs ateliers de peintres verriers. Le petit nombre de leurs travaux respectés par les guerres, les révolutions et surtout par cette catégorie d'iconoclastes qui, à la fin du XVIIe et au XVIIIe siècles, remirent les anciennes églises à la mode du jour, prouve à quel point ces peintres avaient l'intelligence de leur art et combien étaient vivaces encore les principes raisonnés de la peinture sur verre. Si, après la destruction de tant de monuments, elle pouvait encore se faire, l'histoire de la peinture sur verre au pays de Liége mériterait une étude à part.

Pendant tout le règne d'Érard de la Marck, et quelque temps après lui, il régna une grande activité dans le domaine des arts. Nous rappellerons dans la biographie du peintre Lombard quelques-uns des travaux qui se firent alors.

L'absence de centralisation est à cette époque l'un des caractères de l'histoire de l'art qui lui est transmis par les siècles passés. L'art est encore en toutes choses, non un

---

(1) Ces vitraux ont beaucoup souffert d'une restauration récente.

(2) La même année (1581), par un jour de Pâques, la ville de Liége fut battue et comme enveloppée d'un ouragan si furieux, accompagné de pluies et de grêles, que quantités de toits des églises et des maisons furent emportés, les arbres déracinés, et beaucoup de monde accablé dans les ruines; la grande vitre de l'église collégiale de Ste-Croix, où les Sibylles étaient peintes, fut entièrement fracassée. V. BOUILLE, *Hist. de la ville et du pays de Liége*, tome III, p. 3.

luxe, mais une nécessité. On voit bon nombre de peintres dans les villes peu importantes ; ils y trouvent des travaux et les conditions d'une existence honorable.

Nous venons de voir qu'il s'exécutait des peintures murales dans l'église du village de Rickel. Le registre du métier des fèvres, à Saint-Trond, — corporation importante renfermant les peintres, et où plusieurs personnages considérables des environs, entre autres l'abbesse d'Orienten et même le célèbre Raes de Heers, se sont fait inscrire, — renferme les noms de bon nombre d'artistes (1). On en trouve également dans d'autres localités secondaires de l'ancien pays de Liége.

(1) St-Trond a été pendant plusieurs siècles un centre d'activité pour les arts dont les traces nombreuses subsistent. Nous avons à différentes reprises eu l'occasion de parler des peintures murales dont les restes ont été découverts dans presque toutes les anciennes églises de cette ville. Il se trouve à la bibliothèque de l'Université de Liége (fond Capitaine) un manuscrit de la corporation des fèvres qui commence par ces lignes :

« *Dit is des ambachts boeck van den Smeden der stat van Sintruden, ende wairt ghescreven in den jare ons Heren MCCCC ende LXI in october in tyden Rut van Elesyen als deken ende Peter Greelmeker als raetsman des ambachts voirscreven.* »

Voici les noms des peintres reçus dans le métier pendant le XVIe siècle :

1524, *Peter Vermer Scilder*

1528, *Peter Ymas van Zyrichrer, der Schilder.*

1573, *Rombout van Mechelen der Schilder dat vol ambacht gecocht.*

1580, *Henrick van Dermonde, Schilder.*

A ces noms, il convient d'ajouter la note suivante :

1523, *Heynken van Vechoven natuerlyck, dat ambacht geiont overmits wille dat Joes van Vechoven die legende van Sinte Loy op die Smede camer sal doen schilderen.*

« Le métier a été promis à Henri van Vechoven, bâtard, à condition que Jean van Vechoven fasse peindre la légende de St Éloi dans la chambre du métier des fèvres. »

Nous devons ce renseignement à l'obligeance de M. le ch. Camille de Borman.

CHAPITRE VII

Joachim Patinier.

Joachim Patinier, son contemporain, Henri Blès, et leurs imitateurs, forment un groupe d'artistes dont les œuvres ont une physionomie, un style à part, et qui eut sur le développement de l'art, dans le sens de l'imitation de la nature, une grande influence. Déjà les frères Van Eyck, en supprimant dans leurs peintures les fonds d'or, les surfaces couvertes de diaprages, en faisant agir les figures de leurs tableaux religieux au milieu de paysages aux horizons lointains, où une succession de plans va se perdant sous les yeux du spectateur, inaugurèrent une voie nouvelle. L'art se transforme sous leur puissante impulsion ; ce que ces artistes, nés sur les bords de la Meuse, dans un pays où ses rives s'étendent sans accidents, au milieu de sites monotones, avaient créé, fut repris et développé par d'autres peintres nés sur les bords du même fleuve, mais au haut de son cours, au milieu d'une nature variée, montagneuse, et qui alors surtout offrait un aspect tour à tour grandiose et aimable, sauvage et gracieux. Pour Patinier de Dinant, et son confrère de Bouvignes, le paysage souvent cessa d'être le cadre où se déroule une action, où se meuvent les personnages de l'histoire dont ils retracent les scènes ; il devient l'objet principal de leur étude et appelle à lui toute l'attention du spectateur. Les figures que souvent on y voit ne sont plus là que pour animer, pour étoffer le site reproduit. Peu importe que ces figures soient empruntées aux récits de la Bible ou à l'histoire des Saints, ce sont les montagnes boisées, les eaux limpides réflétant l'azur du ciel, les accidents des rochers, le jeu des lumières et des ombres sur les espaces étendus à perte de vue qui préoccupent surtout le peintre et sont l'objet de tous ses soins. Le paysage tel que l'entendra l'art moderne est créé.

On a bien peu de renseignements historiques sur Patinier. Il est né à Dinant, vers la fin du XVe siècle. On ignore quel fut son maître et où il fit son apprentissage. Ce que l'on sait d'une manière certaine, c'est qu'il habitait Anvers en 1515, et que cette année il fut reçu franc-maître de la confrérie de St-Luc. Il habita longtemps cette ville, et lorsque Albert Durer, lors de son voyage dans les Pays-Bas (1520 à 1521), visita Anvers, il se lia avec Patinier, dessina son portrait (1) et assista à ses noces. Celles-ci eurent lieu en 1521. Patinier fut marié deux fois. Il épousa en premières noces Françoise Buyst et contracta une seconde union avec Jeanne Noyts. Il doit être mort en 1524, avant le 5 octobre, sa veuve et ses enfants ayant vendu à cette date une maison sise courte rue de l'Hôpital, à Anvers, que le peintre avait achetée le 30 mars 1519. Quintin Metsys fut tuteur de l'une de ses filles (2).

Selon l'un de ses plus anciens biographes, Carl Van Mander, la vie de Patinier fut irrégulière. Il était adonné à l'ivrognerie, et hantait plus volontiers le cabaret que son atelier. François Mostaert, son élève, l'aurait quitté à cause des désordres de la vie du maître. Ces renseignements ne semblent pas faciles à concilier avec le soin que le peintre dinantais mettait dans ses travaux, la gravité et la dignité de plu-

(1) Ce portrait a été gravé par Cornélius Cort.
(2) On doit ces renseignements aux découvertes de M. le chevalier Léon de Burbure.

sieurs des figures qu'il a peintes, et enfin avec le nombre assez considérable de ses peintures parvenues jusqu'à nous.

Patinier semble avoir peu ou point exercé son art dans l'ancien pays de Liége. Peut-être y est-il revenu quelquefois. Ce qui donnerait quelque poids à cette supposition, c'est qu'un tableau qu'on peut lui attribuer a été découvert, il y a peu d'années, dans la chapelle de l'hospice des aliénés, à Liége.

Ce tableau, peint légèrement, facilement, et qui ne peut appartenir qu'à la dernière manière du peintre, représente St-Roch assis dans un paysage boisé. Un petit ange se trouve à côté de lui et bénit la plaie du patron des pestiférés. Le chien, attribut spécial de St-Roch, lui apporte le pain traditionnel.

Il existe des tableaux de Patinier dans plusieurs des musées les plus importants de l'Europe. Le musée du Belvédère, à Vienne, en conserve trois des plus achevés, et qui font connaitre le talent du maître sous l'un de ses aspects les plus graves. Le musée d'Anvers possède également un fort joli panneau de ce maître ; nous les décrivons au chapitre des *Indications et Recherches*.

RECHERCHES ET INDICATIONS SUR LES TABLEAUX DE JOACHIM PATINIER.

St Jérôme. — St Jérôme, couvert d'une sorte de tunique sans manches, est à genoux, en prière devant un autel en pierre reposant sur quatre colonnes de jaspe rouge dont les piédestaux et les chapiteaux sont en cuivre brillant. Un tabernacle de forme bizarre, sur lequel repose un crucifix, se trouve derrière l'autel. Derrière le saint on voit le livre, son attribut, et, accroché à un tronc d'arbre du premier plan, on voit le manteau rouge et le chapeau de cardinal.

Le saint se trouve dans un paysage fantastique et grandiose. Derrière lui, au second plan, un grand rocher, couvert en partie d'arbres, laisse voir à travers une excavation à jours une contrée agreste égayée par des fabriques de formes diverses. A gauche du tableau, une ville s'étend entre des rochers et la mer qui forme le dernier plan ; des vaisseaux paraissent sur la mer.

Le tableau est en quelque façon coupé en deux par un arbre

du premier plan fort bien peint, dont la cime se perd dans la partie supérieure du cadre. Le site est animé par différentes petites figures. Au second plan, on voit des voyageurs avec des chameaux, un bûcheron avec un âne, etc. Sur le rocher, un bouc, différents oiseaux et, entre autres, deux chouettes.

Ce tableau est d'une belle couleur; il est d'ailleurs peint d'un pinceau fin et facile. Les draperies du saint, à plis un peu anguleux, sont supérieurement traitées.

Bois : H., 66. L., 76.

(Galerie du Belvédère, à Vienne.)

Le Baptême du Christ (1). — Pendant du tableau précédent comme dimensions et comme tonalité.

Sur le premier plan, J.-C. est jusqu'aux genoux dans le Jourdain. Il a les reins ceints d'un linge blanc. Sur les rochers, formant les bords escarpés de la rivière, St Jean, vêtu d'une tunique couleur cuir, appuyant la main gauche sur le gazon qui couvre les rochers, répand de la droite les eaux sacramentelles du baptême sur la tête du Christ. Un grand manteau bleu est étendu par terre derrière le saint.

Au-dessus de ce groupe principal, Dieu le Père apparaît dans les nuages du ciel. Il tient un globe de cristal, et étend la droite sur son fils. Entre le Père et le Fils plane le St-Esprit, sous la forme d'une colombe.

Au second plan, St Jean est représenté de nouveau prêchant devant un groupe assez nombreux, composé de femmes, d'enfants et d'hommes, les uns assis, les autres debout, revêtus de costumes variés.

Plus loin, on aperçoit un rocher percé de plusieurs grottes, et dont la cime se perd dans les nuages. On peut, dans ce plan, suivre le cours du Jourdain, dont les bords escarpés sont hérissés de rochers aux formes fantastiques et déchiquetées, rappelant *la roche à Bayard*, près de Dinant; l'une d'entre elles est couverte d'une ruine.

Enfin, dans le fonds du tableau, un paysage étendu, dont les lignes sont accidentées par des rochers, des collines, des bois et des édifices, ferme l'horizon. Ce paysage est étoffé çà et là de petites figures; un bateau, un pêcheur à la ligne, un cerf, etc. Tout cela est touché avec facilité et délicatesse.

Jésus et St Jean sont deux figures remarquables comme

---

(1) Notre planche VI reproduit avec fidélité ce beau tableau.

sévérité d'expression; d'un dessin châtié, elles sont peintes avec beaucoup de talent et de finesse; en général, on peut regarder ce tableau comme l'un des meilleurs du maître. Aussi il est signé:

OPVS IOACHIM D (Dionatensis?) PATINIER.

Bois: H., 66. L., 76.   (Même galerie que le précédent.)

Le Martyre de Ste Catherine. — Les figures sont très-petites et ne sont destinées qu'à étoffer le paysage. La sainte est à genoux, en prière devant la roue, instrument de son martyre. Un ange apparaît au-dessus d'elle; il tient deux glaives et met le feu à la roue, renversant et dispersant une nombreuse troupe de bourreaux qui s'enfuit dans toutes les directions.

Cette scène se passe dans un paysage accidenté de rochers et couvert de végétation. Au second plan, une jolie ville, très-détaillée, s'étend sur les bords de la mer, qui forme un golfe entre des rochers. Sur la plage, on voit des figures microscopiques. Ce sont des militaires formant cercle autour d'un bûcher, probablement celui de la sainte.

Un château, un môle, des églises et des tours s'aperçoivent dans la ville. Sur la mer naviguent des vaisseaux. Le ciel est clair; quelques nuages y paraissent à l'horizon.

Dans ce charmant petit tableau, le paysage seul est remarquable.

Bois: H., 28. L., 45.   (Galerie du Belvédère.)

La Fuite en Égypte. — La Sainte-Vierge, vue de profil, est vêtue d'une robe bleue et d'un manteau blanc. Elle tient entre ses bras l'Enfant Jésus et est assise sur un âne que conduit Saint-Joseph, lequel est revêtu d'un pourpoint rouge laqué. Le fond du paysage est assez insignifiant. Tableau médiocre et assez lourd; authenticité très-douteuse.

Bois: H., 60. L., 49.   (Pinacothèque de Munich.)

La Fuite en Égypte. — Paysage accidenté. A droite se dresse une crête de rochers escarpés, et du côté opposé on voit, situées dans un vallon onduleux et boisé, des habitations rustiques. Au centre du paysage, un étang est animé par quelques cygnes. Au premier plan, on aperçoit un groupe de petites figures: c'est la Sainte Famille fuyant en Égypte les persécutions d'Hérode. Le fond du paysage est formé par des montagnes dont le pied est baigné par un lac.

Bois: H., 17. L., 25,5.

Provenant du musée Van Ertborn.
(Musée d'Anvers.)

La Vierge aux sept douleurs. — Voyez sur ce tableau une notice bien faite dans le *Catalogue descriptif et historique du Musée royal de Bruxelles*, par E. Fétis, p. 155.

Bois : H., 1,80. L., 1,80.

St Jérôme en prière. — A l'ombre des arbres séculaires d'une forêt, à droite du tableau, St Jérôme, accompagné de son attribut caractéristique, un lion, est en prière devant un crucifix attaché à un tronc d'arbre. Vers le centre de la composition, un peu à gauche, un grand rocher aux formes bizarres domine le site. Le sommet est couronné par les bâtiments d'un couvent avec son église. Plus bas, d'autres constructions, très-détaillées, sont attachées au flanc du rocher. Le paysage est traversé par un cours d'eau qui fait mouvoir un moulin, et dont les bords sont garnis de plantes aquatiques et de broussailles. Tout cela est étoffé de figures d'animaux et animé de détails intéressants de toute nature. Dans un chemin passent des dromadaires; plus loin, sur un pré, s'ébat un troupeau de chèvres; sur les eaux, on voit des oiseaux, etc. Ces petits épisodes sont achevés avec amour et peints avec esprit. Couleur intense et lumineuse, touche ferme, absence de perspective aérienne.

Bois : H., 25. L., 53.

(Provient de la collection Essing, à Cologne; appartient aujourd'hui à M. l'avocat Henkart, à Liége.)

Le musée de Madrid possède une série de peintures du maître fort remarquables et très-importantes; en voici les indications, que nous empruntons au catalogue de ce musée :

Repos en Égypte. — La Ste Vierge, assise au milieu d'un paysage boisé, allaite son divin fils. Au second plan, on voit St Joseph apportant un vase plein d'eau. Dans le lointain, des campagnards et des soldats qui paraissent à la poursuite de la Ste Famille. Quelques idoles brisées et des temples en ruines indiquent le triomphe de la grâce.

Ce tableau provient de l'Escurial.

Bois : H., 4 pieds 4 pouces. L., 6 pieds 4 pouces.

St Jerôme et le lion. — Dans un paysage accidenté de montagnes, de lacs, on aperçoit le saint dans une grotte qui se trouve au premier plan, occupé à retirer l'épine de la patte du lion qui devait rester le compagnon de sa solitude.

Ce tableau provient également de l'Escurial.

Bois : H., 2 pieds 7 pouces 8 lignes. L., 3 pieds 3 pouces.

Tentation de St Antoine. — Les démons, sous la forme séduisante de femmes jeunes et belles, entourent le saint et lui prodiguent les caresses et les séductions. L'une d'elle lui présente une pomme. Au second plan, sur un lac sombre et délicieux, on voit voguer une barque portant des nymphes assises à une table richement servie. Aux autres plans, dans le lointain, on aperçoit d'autres épisodes des mêmes tentations.
Escurial.
Bois : H., 3 pieds 6 pouces 6 lignes. L., 6 pieds 2 pouces 6 lignes.

Caron conduisant une âme aux enfers. — Pendant que Caron conduit dans sa barque le damné à sa destination suprême, on voit l'ange gardien du réprouvé seul et triste sur la rive. — Dans le paysage boisé qui forme le cadre de l'épisode principal apparaissent d'autres humains accompagnés encore de leurs anges gardiens.
Bois : H., 2 pieds 3 pouces 6 lignes. L., 3 pieds 8 pouces.

Fuite en Égypte de la Ste Famille.
Bois : H., 2 pieds 5 pouces. L., 4 pieds.

St François d'Assise et un autre religieux — Le premier est en méditation ; le second est agenouillé en prières.
Bois : H., 1 pied 8 pouces. L., 1 pied 3 pouces 6 lignes.

Ce maitre a été très-productif ; bon nombre de ses tableaux se trouvent encore en Angleterre dans les collections particulières.

CHAPITRE VIII

Henri Blès (1).

Henri Blès est né à Bouvignes, près de Dinant, à en croire les écrivains les plus anciens qui, comme Lampsonius et Van Mander, se sont occupés de ce peintre. On ignore la date de sa naissance, mais on admet généralement qu'elle doit être fixée vers 1480. Ce qui est certain, c'est qu'un de ses tableaux importants est daté de l'an 1511 (2). Bien que ce panneau soit traité dans la première manière du peintre, il dénote qu'à cette date il était déjà dans toute la possession de son talent.

---

(1) Van Mander croit que *Blès* est un surnom donné à l'artiste à cause d'une touffe de cheveux blancs qu'il avait sur le front. Les Italiens le nomment *Civetta*, à cause de la chouette qui sert en quelque façon de signature à la plupart de ses tableaux; *une Adoration des Mages*, conservée à la Pinacothèque de Munich, est signée: *Henricus Blesius*.

(2) M. A. Bequet a le premier appelé l'attention sur cette date dans une excellente notice insérée dans les vol. VIII et IX des *Annales de la Société archéologique de Namur*.

On possède très-peu de détails biographiques sur Henri Blès ; il semble s'être formé seul, inspiré par les beautés de la nature qu'il avait sous les yeux et initié à l'art par l'étude des sites riants et agrestes au milieu desquels il est né, — probablement aussi par quelques-unes des peintures de Patinier, qui, au début, ont pu stimuler sa jeune imagination. Plus encore que ce peintre, avec lequel il a cependant des affinités nombreuses, Blès peut être regardé comme le fondateur de la peinture de paysage, tel que l'entend l'art moderne.

Il a voyagé en Italie, et, au rebours d'Antonello de Messine, venant d'Italie pour étudier auprès de Jean Van Eyck ou plutôt de Jean Memling, Blès est peut-être le premier peintre des bords de la Meuse qui ait franchi les Alpes pour se perfectionner et pour exercer sa profession dans la terre classique des arts. Lanzi rapporte qu'il habita longtemps Venise. Il peignit, dit-il, pour l'église San Nazaro de Brescia, une nativité de J.-C., dans un style qui, en ce qui concerne la composition, se rapproche de celui de Bassano. Plus tard, revenu au pays natal, Blès habita alternativement Anvers et Malines. Dans cette dernière ville, Albert Durer, lors de son voyage dans les Pays-Bas, visita le peintre bouvignois et reçut l'hospitalité chez lui (1).

Blès s'essaya dans des genres très-différents : histoire religieuse, scènes de genre, paysages fantastiques étoffés d'animaux fabuleux ou de la faune de nos contrées, historiés de figures bibliques ou animés des bourgeois tels que l'artiste les voyait chaque jour ; il y a dans ses tableaux un singulier mélange de réalité et d'imagination, de poésie et de trivialité. Imitant parfois les maîtres italiens, dont il a été l'un des premiers à importer le style dans son pays, il ne semble jamais avoir oublié les bords de la Meuse familiers à son enfance, les collines boisées, les horizons vaporeux de sa patrie. Il en a même étudié les industries ; dans plusieurs de

---

(1) Voici comme s'exprime ce journal : *Jch bin zu Mechel zu Herberg gwest zum Gulden Haupt bei Maister Heinrich Maler*. Journal d'Albert Durer, p. 135.

ses tableaux, il a peint des forges, et il a su trouver un côté pittoresque aux différents traitements du minerai de fer, faisant voir le travail de l'homme au milieu de l'œuvre de la création, et rachetant la banalité de l'action par l'aspect grandiose et varié de la nature au milieu de laquelle elle se produit.

Ses peintures, presque toujours de petites dimensions, d'une couleur vraie, mais d'un bleu trop uniforme dans les horizons éloignés, enlevées à la pointe d'un pinceau élégant et fin, animées par une fantaisie riche et naïve, furent très-goûtées par les amateurs et les délicats de son temps. La vie du peintre — comme celle de beaucoup d'artistes — est tout entière dans ses travaux. De même qu'il fut le premier des peintres du pays wallon qui visita l'Italie, il est aussi le premier qui ait, après les frères Van Eyck, rendu son art aussi complètement indépendant de l'architecture. Sa peinture n'a rien de monumental; il peint pour satisfaire à la fantaisie de l'amateur et fait de ses petits panneaux un article de commerce destiné à l'exportation. Aussi ses tableaux se retrouvent-ils dans presque toutes les galeries publiques de l'Europe, comme dans les cabinets des collectionneurs les plus célèbres. Blès eut des élèves et des imitateurs. Ses peintures sont encore en assez grand nombre en Allemagne, en Italie, en Espagne, en Suisse, en Angleterre, en Hollande et en France; quelques-unes, et généralement ce ne sont pas les plus remarquables, sont encore en Belgique.

Van Mander cite comme l'une des œuvres les plus marquantes de Blès un tableau appartenant alors à Martin Papenbroeck, à Amsterdam, dans lequel on voit, au milieu d'un paysage fort achevé, un colporteur endormi sous un arbre, dévalisé par des singes qui emportent un à un les bijoux, les chapelets et les différents articles de trafic du dormeur, se jouant à la fois et du porte-balle et des objets de son commerce. L'auteur du livre des peintres ajoute que certains contemporains croyaient voir dans ce tableau une satyre contre le pape, et prétendaient reconnaître dans les singes les disciples de Luther dépouillant le Saint-Siége du prestige de son autorité et de ses prérogatives. Dans l'opinion de Van Mander, toutefois, c'est là une interprétation qui n'existait pas dans la pensée du peintre (1). — Quoi qu'il en soit, le tableau est encore aujourd'hui l'une des œuvres les plus souvent citées du maître, et il figure actuellement au musée de Dresde (2).

Blès habitait Malines en 1521. Il est mort, paraît-il, à Liége, mais on ignore la date de son décès.

INDICATIONS ET RECHERCHES SUR LES TABLEAUX DE HENRI BLÈS.

1. Jésus-Christ marchant au Calvaire. — L'aspect de ce tableau est entièrement fantastique. Au centre de la composition se dresse un grand rocher, couleur de bistre, aux formes déchiquetées, partiellement couvert de végétation, creusé par des

---

(1) Van Mander ne se trompe point. La scène comique formant le sujet du tableau de H. Blès n'appartient pas entièrement à l'imagination du peintre, et elle a été inventée longtemps avant l'époque de Luther. Dans une sorte de pantomime jouée à Bruges pour égayer les fêtes célébrées à l'occasion du mariage du duc Charles-le-Téméraire avec Marguerite d'Angleterre, au mois de mai 1468, cette scène fut mise en action. En voici le récit, suivant un document contemporain :

« *Item, y ot fait la forme et figure d'une grosse thour que* » *M. D. S. fait faire à Gornichem, toutte de charpenterie, qui* » *estoit de XLVI piez de hault, et de grosseur à l'avenant,* » *couverte de toille painte et de machonnerie d'argent, et* » *escalle d'azur, et les fenestres, vitraux et les pomeaulx tout* » *doré d'or, la cappe richement estoffée d'or et d'azur, ayans* » *bannières sur chacune fenestre armoriés de M. D. S., laquelle* » *avoit des brayes y appartenans, et sur l'allée de pourtour* » *d'icelle, avoit six habiles compaignons, habilliez comme* » *singes, qui trouvèrent un merchier endormi sur le dit pour-* » *thour emprès sa mercherie, qu'il avoit là mise avant pour* » *vendre emprès la porte, qu'ilz derobèrent et lui prinrent* » *primes, miroirs, aiguillettes, huves et semblable, et en firent* » *plusieurs singeries, et l'unprint la flutte et tambourin du dit* » *merchier et joua, et adont les autres se prinrent tous à danser* » *la morisque sur et au long du dit pourthour.* » — *Les Ducs de Bourgogne*, par M. le comte DE LA BORDE, tome II, page 327.

(2) Notre planche VII reproduit ce tableau intéressant.

grottes et des ouvertures à jour, dont deux permettent de voir le lointain. Entre ce rocher et les premiers plans, qui sont également d'un ton de bitume, se meut une foule de figurines trop petites pour l'échelle du paysage : c'est le funèbre cortége conduisant le Christ au Golgotha. J.-C. est tombé sous le poids de la croix ; des bourreaux le frappent pour l'obliger à se relever et à continuer sa marche. Le groupe principal est suivi et précédé par une multitude de petites figures, parmi lesquelles on distingue les saintes femmes, des cavaliers, des enfants et des chiens. Sur le premier plan sont des paysans et des paysannes chargés de paniers, vêtus des costumes du XVIe siècle. Ils regardent passer le cortége.

Dans le fond du tableau, à droite et à gauche du rocher qui divise la composition en deux, on aperçoit, d'un côté, une ville avec de nombreux et riches monuments se confondant avec les rochers dont les cimes se découpent en silhouette sur le ciel, et, de l'autre, un château bâti également sur des rochers, au pied desquels on aperçoit une foule de figures microscopiques représentant le crucifiement. Tous ces fonds sont peints dans un ton bleuâtre et traités très-légèrement, comme au lavis. Le ciel est couvert de nuages. Au premier plan, à la droite du spectateur, on aperçoit la chouette qui sert ordinairement de signature à l'artiste.

Bois : H., 55. L., 70. (Galerie de l'Académie, à Vienne).

2. St Jean prêchant.—La contrée dans laquelle prêche le saint est loin d'être un désert. C'est, au contraire, un site fort riant, dans lequel on aperçoit à droite du saint des arbres d'une riche végétation, et, de l'autre côté, une rivière qui, coulant sous des rochers aux formes fantastiques, va se rendre à la mer, que l'on aperçoit au dernier plan du tableau. Au bord de la mer est une ville et un port peuplé de vaisseaux. Au premier plan, saint Jean prêchant devant un assez nombreux auditoire, composé de riches bourgeois avec leurs femmes et leurs enfants, et de quelques militaires portant les armes du XVIe siècle. Ils sont groupés pittoresquement autour du prédicateur. Derrière celui-ci, sur un plan un peu plus éloigné, marchant sous les arbres du bois à la lisière duquel se passe la scène principale, on aperçoit le Christ.

Sur les bords de la rivière qui coule à gauche du tableau, le Christ est représenté de nouveau au moment où il est baptisé par St Jean. Tout en haut, sur la cime des rochers, d'un côté du ableau, le Christ est encore représenté tenté par le démon ;

tandis que, de l'autre, on le voit une quatrième fois, au moment où il vient de triompher du tentateur. Il est entouré d'une Gloire, et dans le ciel on voit deux anges qui viennent pour le servir.

A droite, au second plan, le peintre a représenté Ste Madeleine priant à genoux dans une grotte.

Ce tableau est encore peuplé d'animaux de différentes catégories. Des chèvres grimpent sur les rochers, au pied desquels on voit une licorne, un ours, un cerf et une biche; au premier plan sont deux autruches; dans un autre coin se trouve un chien; enfin, sur un arbre mort, on voit grimper un singe qui agace une chouette, la marque du peintre.

Ce tableau est d'un ton vrai et peu éclatant; il n'a aucunement les tons bleuâtres dont l'artiste est prodigue. Les figures nombreuses sont plutôt étranges que belles, et parfois elles sont très-gauchement dessinées. La touche de ce tableau est assez lourde.

Bois : H., 66. L., 82.

(Galerie de l'Académie, à Vienne.)

3. La fuite en Égypte. — Dans un délicieux paysage, qui n'a de fantastique que deux rochers rappelant beaucoup la forme de la *roche à Bayard*, que l'on voit au second plan, se trouve le groupe de la Ste Vierge voyageant sur un âne, tenant l'Enfant Jésus et accompagnée de St Joseph. La sainte famille se présente de face au spectateur; la perspective permet de voir des fonds très-étendus; sur le premier plan, une prairie et des rochers.

Ce petit tableau est d'une charmante coloration, claire et lumineuse. Les figures, de très-petite dimension, sont aussi mieux traitées que ne le fait le peintre habituellement. On n'y aperçoit pas la chouette.

Bois : H., 25. L., 15.7.

(Galerie du Belvédère, à Vienne.)

4. St Jean prêchant. — St Jean, assis dans le creux d'un gros arbre à droite du tableau, prêche une foule assez nombreuse réunie autour de lui. Derrière ce groupe se trouve une forêt ombreuse, et plus loin un rocher aux formes bizarres, comme les aime le peintre. Une rivière limpide coule au milieu du tableau, et, sur un plan très-éloigné, on aperçoit, représenté par des figures microscopiques, le baptême du Christ. Au bord de cette même rivière se trouve un moulin se détachant sur un petit bois, et, plus loin encore, une ville monumentale avec un port dans lequel des vaisseaux sont à l'ancre. La ville est dominée par un château-fort. Au dernier plan, des rochers se détachent à l'horizon sur un ciel bleu légèrement nuageux.

Dans un trou de l'arbre qui abrite St Jean, on voit la chouette.

Ce tableau est d'une jolie couleur, vigoureuse et transparente. Il appartient à la meilleure manière du peintre.

Bois : H., 29. L., 58.

(Galerie du Belvédère, à Vienne.)

5. Le Christ se rendant à Emmaüs avec ses deux disciples. — Pendant du tableau précédent. Les trois figures historiques sont de très-petites proportions. Elles se meuvent dans un joli paysage très-accidenté de rochers, en partie nus, en partie couverts de végétation.

Ce site est arrosé par une rivière transparente, au bord de laquelle s'élèvent de pittoresques fabriques, tandis que ses eaux servent aux ébats d'une troupe de cygnes, d'oies et de canards; une nacelle y flotte également. Au fond du tableau apparaît une jolie petite ville assise sur des rochers et surmontée d'une citadelle. Dans un ciel serein flottent quelques nuages bleus.

Ce tableau, d'une belle couleur transparente et forte, est de la valeur de son pendant.

Bois: H., 29. L., 38. (Même collection.)

6. Paysage. — Site fantastique dans lequel domine un rocher élevé surmonté d'un château-fort. A gauche, une rivière coule entre des bords fleuris. Sur le premier plan s'étend une forêt, dans laquelle on voit des figures très-petites représentant la parabole du bon Samaritain. De l'autre côté, d'autres petites figures se promènent entre les habitations d'un hameau pittoresque.

Ce petit tableau n'est pas aussi heureux que les deux précédents.

Bois : H., 29. L., 42. (Même galerie.)

7. Ce tableau représente les travaux d'une forge et le traitement que doit subir le minerai de fer. — A gauche du tableau on voit deux puits d'extraction dont les ouvriers font sortir le minerai au moyen de treuils. A côté d'eux se trouve un chariot chargé, attelé de quatre chevaux; un peu plus loin, un ruisseau traverse le premier plan; le pont qui y est jeté conduit à une forge où le minerai subit les différentes transformations qui en font du fer. On y voit un ouvrier travaillant devant un four, dont la forme rappelle celle d'un four à cuire le pain. Plus loin encore, auprès d'un four du même genre, un ouvrier pose un morceau de fer rouge sur une enclume, en-dessous d'un marteau mis en mouvement par le ruisseau dont il vient d'être question.

Au second plan, on voit une seconde forge, et sur le grand chemin qui traverse le tableau se trouvent différents personnages ; des paysans, un ménétrier avec une vielle, un gardeur d'oies marchant avec son troupeau vers une ville que l'on aperçoit à la droite du tableau, située sur une rivière dont les bords sont formés par des rochers, et sur laquelle apparaissent des vaisseaux. Une citadelle est sur l'un de ces rocs. Au milieu du tableau s'étagent les rochers fantastiques si familiers au peintre. A leur pied s'étend un bois ombreux et frais dont les arbres sont touchés avec une grande délicatesse. Enfin, au dernier plan, s'étendent à perte de vue d'autres rochers, des campagnes lointaines entrecoupées de bois, animées par de riants villages qui apparaissent au milieu des arbres. A gauche, le second plan est animé par des cavaliers suivis d'un chien, d'un porcher avec son troupeau, et d'autres figures. Ce tableau est très-bien conservé ; il est traité avec beaucoup de soin.

Bois : H., 48. L., 80.

(Galerie du prince de Lichtenstein, à Vienne.)

8. L'Adoration des Mages. — La sainte Vierge, tenant l'enfant Jésus, est assise sous une sorte de portique en ruines, du style de la renaissance, au-dessus duquel brille l'étoile prophétique. Derrière ce groupe se trouve saint Joseph, un rosaire à la main. Devant la sainte Vierge, le plus vieux des mages est à genoux tenant son offrande, tandis qu'à la gauche de ce groupe le mage noir offre un vase en or, et que, de l'autre côté, le troisième roi présente également ses dons en ôtant son couvre-chef.

A droite du tableau, trois jeunes seigneurs, revêtus de costumes élégants, accompagnés d'un lévrier, causent entre eux ; plus loin, on voit un groupe de cavaliers, un page avec des chiens, et, du côté opposé, deux autres jeunes gens, un blanc et un nègre. Tout est animé dans ce tableau ; dans le fond, une foule de petits personnages, touchés avec une délicatesse exquise, animent un paysage montagneux, boisé, arrosé de rivières, orné d'édifices somptueux et de châteaux crenelés. Des oiseaux volent autour des arbres et sur la ruine qui abrite le groupe principal.

Les figures, plus grandes que Blès ne les peint ordinairement, sont peintes avec beaucoup de recherche, mais elles sont trop allongées comme proportion, maniérées comme pose, affectées dans les caractères. Elles sont accoutrées de ces costumes fantasques que l'on voit souvent dans les peintures néerlandaises du commencement de la renaissance ; en revanche, le paysage et l'architecture des lointains sont traités avec une délicatesse de pinceau remarquable. Les ruines et les figures du premier plan sont fort noires dans les ombres. On n'y voit pas la chouette, monogramme du maître, mais il est signé : *HENRICVS BLESIVS*.

Bois : H., 73. L., 63. (Pinacothèque de Munich, n° 91.)

9. Un colporteur dépouillé par des singes (1). — Au premier plan on remarque, à gauche, une forêt de haute futaie ; la lumière se joue sous les grands arbres, où l'on aperçoit une troupe de singes grotesquement affublés qui dansent en rond sur le gazon. Un colporteur est endormi au pied d'un gros arbre qui occupe au bord du cadre toute la hauteur du tableau. Sa hotte est placée à côté de lui ; un singe allonge le bras pour en tirer le restant du contenu. Une foule d'objets de toilette sont déjà éparpillés sur le sol ; des singes s'en sont emparés et s'en amusent avec cet air narquois et malin que nous leur connaissons. Deux d'entre eux ont saisi le pauvre chien du colporteur et s'occupent, avec le plus grand sérieux, de leur chasse favorite. Au milieu de ce tableau arrive, en courant, un personnage, sans doute le compagnon du colporteur, qui s'arrache les cheveux de désespoir en apercevant cette scène de désordre. Le reste du premier plan est occupé par un terrain raviné, semé encore, çà et là, de quelques singes. Un grand arbre dans le coin du tableau, à droite, le termine de ce côté.

Au second plan, à gauche, de hautes montagnes sont découpées de la façon la plus bizarre ; ainsi on voit, indépendamment de nombreuses cavernes, des blocs de rochers placés horizontalement sur d'autres à la façon des dolmens druidiques. Un roc élevé est couronné d'un château fortifié. Un ruisseau, aux bords duquel s'étendent de vertes prairies plantées d'arbres, coule aussi au second plan. Sur ce ruisseau est un moulin, et sur le

---

(1) La description de ce tableau, comme de ceux qui suivent, est extraite de la notice de M. Al. BEQUET, insérée dans les *Annales de la Société Archéologique de Namur*. Nous avons été à même de vérifier l'exactitude de ces descriptions en étudiant nous-même quelques-uns de ces tableaux.

chemin qui y conduit on voit quelques figures très-petites, un mendiant, un homme avec une brouette.

Le premier plan de ce tableau est très-largement peint, mais dans un ton bistre trop uniforme. La forêt est charmante; dans cette végétation, tout respire la vie; on sent le soleil percer le feuillage, et si ces arbres sont peints avec une finesse extrême, l'artiste a su éviter les détails minutieux. Les rochers de Blès pêchent, avons-nous dit, par leur bizarrerie; c'est là le côté faible du peintre; il a plus consulté son imagination que la nature; certains de ces rochers sont néanmoins d'une grande justesse de ton.

Dans le trou du gros arbre, au pied duquel repose le colporteur, se voit la chouette qui est le monogramme du peintre. Un singe guette une seconde chouette placée à terre sous l'abri d'une grosse pierre.

Bois: H., 2 p. 1 1/4 p. L., 3 p. (Galerie royale de Dresde.)

Tiré en 1725 de la Kunstkammer.

10. Paysage représentant les travaux d'une minière. — Ce panneau est de plus grande dimension que le précédent. Sur le premier plan, à gauche, se trouve une forge abritée sous de grands arbres. Au centre du terrain, l'artiste a représenté les différents travaux qui se rattachent à l'industrie du fer, extraction et lavage du minerai, etc. Une femme à cheval, un chariot, achèvent de donner une certaine animation à ce premier plan. Au centre du tableau, au milieu des arbres, s'élève un joli moulin; le ruisseau qui l'alimente va se perdre dans une grande rivière qu'on aperçoit à droite. Un sentier passe près du moulin et disparaît dans un bois au-dessus duquel un château montre ses toits aigus et ses tours élancées. Le fond du tableau est occupé par des rochers couronnés de ruines; à droite, au bord du fleuve, l'artiste a peint une jolie petite ville entourée de hautes murailles.

Ce tableau a un cachet de nature locale qui frappe tout d'abord; il a été peint évidemment lorsque Blès n'avait pas encore quitté les bords de la Meuse; on n'y voit, en effet, aucun caractère étranger aux sites, aux mœurs de son pays. Il nous paraît que l'embouchure du Bocq, à Yvoir, a été le motif dont s'est inspiré notre artiste en peignant ce tableau.

Bois: H., 82; L., 1,12. (Galerie degl'Uffizi, à Florence.)

11. Paysage où se trouvent représentées différentes scènes de la parabole du Samaritain. — A gauche, une forêt qui se termine au bord du cadre par un gros arbre creux ; un terrain raviné et semé de blocs de rochers, enfin un grand chemin qui se dirige vers un village, tel est l'aspect général du premier plan. Plus loin, nous trouvons les motifs favoris de Blès, le ruisseau, le moulin et le sentier qui va se perdre sous les grands arbres du verger qui l'entoure. Ces arbres, parfaitement groupés, recouvrent une colline qui s'étend jusqu'à un village situé à droite dans le tableau. Au sommet de la colline s'élève un haut rocher aux formes bizarres ; il est couronné de constructions d'un aspect un peu étrange : c'est la Ville sainte ; elle semble inaccessible; des défenses nombreuses en rendent l'approche très-difficile. L'artiste s'est plu à en hérisser le chemin, qui s'aperçoit au milieu des roches, d'obstacles de toutes sortes ; tantôt c'est un pont jeté sur des précipices, tantôt il faut gravir des échelles, pénétrer dans des gorges, passer sous des portes défendues d'une façon formidable. Quelques petits personnages semblent néanmoins lutter contre toutes ces difficultés du chemin. Au fond du tableau, on aperçoit une large rivière ; elle coule d'abord entre des collines peu élevées, semées de quelques habitations, puis les rives se rétrécissent, le fleuve serpente entre de hauts rochers, et, tout dans le fond, une petite ville fortifiée, dominée par un château-fort, dessine sa pittoresque silhouette dans l'horizon vaporeux du tableau. Il est impossible de ne pas reconnaître ici, de même que dans le tableau de Florence, le caractère, l'aspect général de Bouvignes.

Différents épisodes de la parabole du Samaritain animent ce paysage, en formant pour ainsi dire une triple image. Au premier plan, le bon Samaritain verse le baume sur les blessures du voyageur étendu sur le sol et dépouillé de ses vêtements. A gauche, sous les arbres de la forêt, on voit deux soldats armés portant les dépouilles du voyageur ; puis le prêtre et le lévite qui s'éloignent. Un grand nombre d'animaux peuplent, en outre, la forêt : ce sont des licornes, des hippopotames, des ours, etc. On aperçoit dans le grand chemin le bon Samaritain emmenant le blessé sur sa mule ; il se dirige vers le village. Là se trouve le troisième épisode : il a déposé le voyageur dans une hôtellerie sur la place, et il fait, avant de s'éloigner, ses dernières recommandations à l'aubergiste. D'autres petites figures animent encore çà et là le paysage.

On retrouve dans ce tableau les mêmes qualités et les mêmes défauts que dans les précédents, c'est-à-dire un grand sentiment de poésie dans certaines parties, une perspective parfaitement comprise, des arbres bien groupés. D'un autre côté, ce sont toujours les rochers bizarres de Blès et une verdure trop noire. Mais ici un défaut plus important frappe de prime-abord : ce défaut est le manque d'unité, la multiplicité des scènes, des détails, sans lien entre eux. Il semble, en effet, que l'on trouverait trois ou quatre jolis paysages en découpant ce grand panneau.

Bois : L., 1,10 ; H., 83.

(Collection de M. Perpète, Henri, à Dinant.)

12. La pêche miraculeuse. — La mer est sillonnée de navires ; l'un d'eux nous donne une idée assez complète de la manière dont était construit un vaisseau dans la première moitié du XVIe siècle. Au premier plan, deux petites barques sont montées par des pêcheurs qui tirent leurs filets ; le Sauveur est assis à l'extrémité de l'une d'elles. Une grande ville, placée au bord de la mer, occupe tout le côté droit du tableau ; de nombreuses églises, des tours, enfin une vaste enceinte en ruine donnent à cette ville un aspect assez pittoresque. Le groupe du Sauveur et des pêcheurs forme le sujet principal du tableau. Ici Blès, se dépouillant de son originalité, a voulu chercher une imitation des grands maîtres italiens ; mais, ignorant complètement l'étude des raccourcis et le dessin de la figure, il n'a peint que des personnages dont l'exécution incorrecte et triviale nous fait sourire. Au total, le ton général de ce tableau, la silhouette de la ville, les petites figures rappellent seuls Blès le paysagiste. Nous croyons que cet artiste fit très-peu de marines ; M. Michiels n'en cite qu'une dans le catalogue qu'il a donné des œuvres de Blès. Le monogramme du peintre, la chouette, est placé sur un récif au premier plan de ce tableau.

Bois : H., 1.65 ; L., 1,10. (Musée de Namur.)

13. St Hubert. — A gauche, une forêt peuplée d'un certain nombre d'animaux, comme cerfs, loups, etc. St Hubert, accompagné de ses chiens et revêtu d'un costume de chasseur, est agenouillé au centre du tableau. Derrière le saint est un groupe de trois valets de chasse ; l'un tient un cheval blanc, un autre sonne de la trompe. Le fond du tableau est disposé dans la manière habituelle du peintre ; on y voit une large rivière coulant entre des rochers escarpés, une petite ville entourée de murailles, et, en face d'elle, sur les rochers, un château-fort. Ce tableau, comme le précédent, n'offre aucun mérite. Une chouette est perchée sur un arbre au premier plan.

Bois : H., 40 ; L., 60. (Musée St Maurice, à Nuremberg.)

14. Tentation de St Antoine. — Ce tableau est conçu dans le même esprit que *l'Enfer du Dante* ; il ne lui cède point en inventions burlesques. Saint Antoine, agenouillé au pied d'un gros arbre, au centre du tableau, tient un Christ dans la main ; une sorte de matrone, le chef orné de puissantes cornes de cerf, lui présente deux femmes qui ont pour tout vêtement des coiffures indescriptibles. Entre les branches de l'arbre au pied duquel repose le saint est une chaumière remplie de diables qui lutinent de pauvres animaux, compagnons ordinaires de Saint Antoine. On voit encore à droite, sur le devant du tableau, une cuisine alimentée de membres humains. Une grande oreille, à la broche, a été détachée, sans doute, d'une tête frappante d'horreur qui est posée sur le sol. Celle-ci occupe le tiers de la hauteur du tableau ; d'affreux lézards entrent par la bouche et les yeux, tandis qu'une fracture du crâne nous montre, au lieu de cervelle, une nichée de chouettes. A gauche est l'entrée des enfers au milieu d'une ville en flammes ; un animal monstrueux en sort : c'est une espèce de phoque coiffé d'un capuchon ; des diables vont et viennent par sa bouche et ses oreilles en faisant les cabrioles les plus comiques. On aperçoit dans les branches de l'arbre, au centre du tableau, une tête plantée au bout d'une longue perche, et, sur un autre arbre, au bord du cadre, à droite, le monogramme de Blès, la chouette.

Bois : H., 0,80 ; L., 1 mètre.

(Musée Correr, à Venise, n° 161.)

15. La Tour de Babel. — La tour de Babel s'élève au centre du tableau. Un large chemin, construit en spirale, va se perdre au sommet de cette tour, dans le fond bleu du ciel ; des ouvriers, des chariots et des chameaux sont jetés çà et là sur cette voie. Partout règne la plus grande activité : les travailleurs préparent les matériaux et les transportent ; la plupart sont drapés à l'antique ; un petit nombre porte des costumes du temps. Quelques groupes de tailleurs de pierres sont parfaitement dessinés ; les figures ont généralement un caractère étrange qui ne peut se rattacher à aucune école. Un géant entièrement nu est assis au milieu de cette foule, à laquelle il montre du doigt la tour ; le dessin en est mauvais, sauf la tête, qui est très-énergique et peinte avec soin : le pinceau de Blès se reconnaît au seul aspect de cette tête. Dans le fond du tableau, on voit, à droite, une rivière aux bords escarpés et une île couverte de quelques habitations ; à gauche, un paysage montueux avec des ruines. Le fond du tableau est bleuâtre, tandis que les premiers plans sont d'un bistre très-foncé. Bien que nous n'ayons pas trouvé le monogramme du peintre, l'authenticité du tableau ne nous paraît pas douteuse.

Bois : H., 0,50. L., 0,75.

(Académie des Beaux-Arts, à Venise, n° 370.)

16. Sainte Famille dans un paysage. — Ce tableau est la plus jolie production que nous ayons rencontrée dans toute l'œuvre de Blès. La Vierge est assise au premier plan; elle tient sur ses genoux son divin fils, qui bénit saint Jean-Baptiste enfant. Ce groupe est tout classique : le dessin des figures et l'agencement des draperies dénotent une étude consciencieuse des grands maîtres italiens. Saint Joseph est assis au pied d'un arbre au second plan; il tient les mains l'une dans l'autre; sa figure, assez triviale, contraste avec le profil si régulier de la sainte Vierge. A l'arrière-plan, nous trouvons des vergers et une large rivière avec un moulin d'un aspect très-pittoresque. Cette rivière, encaissée entre des rochers, va se perdre à l'horizon; là on aperçoit une petite ville remplie de somptueux édifices; mais le souvenir de Bouvignes est bien effacé dans la mémoire de l'artiste, car on y chercherait vainement une ressemblance avec sa ville natale.

A gauche, au-dessus des vergers, Blès a placé des rochers aux formes bizarres; ils sont, comme toujours, couronnés de vieux châteaux. Le bistre domine encore dans la couleur des terrains; les arbres y sont aussi d'un vert foncé; enfin, le fond du paysage est d'un bleu trop uniforme. Nous n'avons pas trouvé le monogramme du peintre.

Le cadre qui entoure ce tableau mérite une mention spéciale. Il se compose d'un fronton supporté par deux riches colonnes qui reposent sur un large soubassement. Au centre du fronton, on a sculpté en demi-bosse le Père éternel entouré d'anges; la frise et le soubassement sont chargés d'ornements et de petites figures dorées qui se détachent sur un fond noir. C'est, nous a-t-on assuré, le cadre primitif du tableau. Sa richesse et son élégance nous prouvent l'estime dont jouissait cette peinture à l'époque où elle fut faite. Ajoutons que ce tableau provient de la collection Amerbach, fondée par le jurisconsulte badois Amerbach, ami d'Érasme et contemporain de Holbein et de Blès. Augmentée considérablement par son fils, cette collection fut achetée par la ville de Bâle en 1661, après la mort du petit-fils de son fondateur.

(Musée de la ville, à Bâle, n° 161.)

CHAPITRE IX

Lambert Lombard (1).

On ignore la date précise de la naissance de Lambert Lombard. Il est né en 1505 ou 1506 (2). Son père s'appelait

---

(1) On a donné à Lombard les noms de Suavius, Zutman, Sustris, Subterman, Suster, Zustris ou Susterman. Ce dernier nom est encore donné comme étant celui du père du peintre dans le catalogue du musée de Bruxelles publié en 1863. C'est sous les différents noms que nous venons d'indiquer que sont cataloguées les œuvres de Lombard dans les musées d'Allemagne et d'Italie.

L'origine de cette confusion s'explique par la signature de Suavius, le beau-frère de Lombard, qui portait également le le nom de Lambert, lequel se trouve comme graveur, et peut-être comme éditeur, sous plusieurs estampes reproduisant les compositions du peintre liégeois. Vasari, qui lui consacre une mention très-flatteuse, parle aussi de Suavius et établit ainsi la dualité de ces artistes. Mais la meilleure autorité en cette matière est celle de Lombard lui-même, dont on a des dessins et une lettre signés *Lambert Lombard*. En réalité, il n'a jamais porté d'autre nom.

(2) Abry donne la date de 1505; cette date n'est pas infirmée par le portrait gravé qui se trouve en tête de l'opuscule de Lampsonius, et qui, daté de l'an 1551, dit de Lombard, *anno ætatis 45*. Si Lombard est né en 1505, il avait, en effet, en 1551, quarante-cinq ans accomplis.

Grégoire Lombard; il était bourgeois de Liége et avait épousé la fille de Léonard de Sart. Ils habitaient hors de la porte d'Avroy, alors quartier indépendant de la ville de Liége.

Le jeune Lambert apporta en naissant des aptitudes à toutes choses, un goût très-décidé pour les arts et particulièrement pour la peinture. Malgré la condition peu fortunée de ses parents et les circonstances moins favorables encore au milieu desquelles devait se développer son génie naissant, il ne tarda pas à acquérir un talent marquant. Né trente-sept à trente-huit ans après la catastrophe qui avait détruit la ville de Liége et anéanti presque toutes les œuvres d'art dont la vue aurait pu stimuler le peintre, son enfance touchait à cette époque sanglante où les guerres des d'Aremberg et des de Horne ne semblaient plus devoir laisser de place à la culture des arts. L'énergie et les dons naturels du jeune artiste lui permirent cependant de suivre, au milieu des ruines de sa patrie, avec succès sa carrière.

Il fut mis en apprentissage chez un maître qui non-seulement devait lui permettre d'obéir à ses goûts, mais encore assurer le gagne-pain qui lui serait bientôt nécessaire. Il fit des progrès rapides dans l'étude des arts; mais en même temps qu'il s'initiait à la pratique de la peinture, il se prit aussi d'un goût très-vif pour les lettres. Il s'efforça de réparer de son mieux les lacunes qu'une éducation insuffisante avaient laissées dans son instruction.

Lambert Lombard se maria de bonne heure; dès sa jeunesse, il fit plusieurs voyages et d'assez longs séjours à Middlebourg (1). C'est dans cette ville qu'il connut Jean Gossaert, dit Jean de Maubeuge ou Mabuse, qui y était alors occupé à des travaux importants. Lombard devint son élève. Bientôt le jeune artiste se lia d'amitié avec Michel Zagrius, greffier de la ville, homme d'un esprit cultivé et grand amateur des arts, qui stimula encore le zèle de Lombard

---

(1) Van Mander le fait voyager en France et en Allemagne avant d'aller en Italie, mais il ne dit pas sur quelle autorité il appuie cette assertion.

pour l'étude de l'antiquité, véritable passion de tous les érudits de l'époque. Sentant de plus en plus ce qui lui manquait sous le rapport de l'instruction, il se mit à étudier avec ardeur les langues grecque et latine; malheureusement sa position peu fortunée, qui l'obligeait à pourvoir à ses besoins et à ceux de sa famille, ne lui permit pas de pousser ses études linguistiques bien loin. Il se contenta alors de chercher à connaître les auteurs classiques par la lecture des traductions françaises et italiennes. Il lut ainsi les anciens poètes et même les philosophes, surtout ceux qui traitent de la morale. Son biographe, d'ailleurs juge compétent, dit que, pour un homme dépourvu de la connaissance des langues anciennes, le jeune peintre pouvait passer pour un prodige d'érudition ; il assure que l'on rencontrait peu d'hommes, même dans les rangs élevés de la société, ayant autant de lecture que lui.

Son goût pour les lettres et les arts de l'antiquité devait cependant recevoir un nouvel aliment et une satisfaction réelle; il put entreprendre un voyage en Italie sous les auspices les plus favorables. Le cardinal anglais Reginald Pole, fuyant sa patrie alors en proie aux dissensions religieuses et à la réforme que le roi Henri VIII faisait prévaloir, vint chercher un refuge à Liége; après y avoir fait quelque séjour, il quitta cette ville pour se rendre à Rome. A cette même époque, Érard de la Marck, prince-évêque de Liége, cherchait à rétablir dans la principauté le règne de la paix et des lois, tout en relevant de ses ruines la capitale de ses états. Plusieurs grands édifices s'élevaient à Liége; parmi les plus considérables, il faut citer l'église de St-Jacques et le somptueux palais de l'évêque. Érard suivait avec un intérêt particulier cette dernière construction, dont il était le promoteur, et qui portait les armoiries des la Marck sur ses nombreuses façades animées de reliefs et historiées de sculptures. A l'intérieur, il comptait orner les vastes étendues des murailles par les œuvres du pinceau de Lombard et d'autres artistes du pays. Il profita du départ du cardinal Pole, qui, comme lui, aimait les arts, pour lui faire connaître et lui recommander son peintre favori, le priant de le recevoir parmi sa suite dans le voyage qu'il allait entreprendre. Pole accueillit cette demande, et ce fut avec lui que Lombard partit pour Rome. Une pension d'Érard de la Marck pourvut aux besoins de l'artiste pendant le séjour qu'il allait faire en Italie.

Arrivé à Rome, il chercha à compléter ses notions sur l'architecture, dont déjà il s'était occupé, guidé par les conseils d'Arnold Ursus et de Jean Gossaert. Cependant il fut loin de négliger la peinture, son art de prédilection. Indépendamment d'autres travaux, il fit pour le cardinal Pole un tableau peint en grisaille, représentant une scène tirée des dialogues du philosophe Cebès, qui lui attira les suffrages des connaisseurs de Rome. Chose étrange, cette peinture est la seule œuvre de Lombard dont on trouve, avec l'indication du sujet, la mention dans un document contemporain.

La vue des travaux des grands maîtres de la renaissance exerça naturellement une puissante influence sur la direction des études du peintre liégeois. Admirant Raphaël pour la beauté des lignes et la grâce de la forme, le Titien pour la puissance et le charme du coloris, il paraît avoir éprouvé une prédilection particulière pour les œuvres de Baccio Bandinelli, et surtout pour celles d'André Mantegna. Lombard, dans les peintures et les dessins qu'il a faits longtemps après son retour d'Italie, rappelle souvent le style distingué de ce dernier maître.

Il s'appliqua particulièrement à étudier, à dessiner et à mesurer les statues antiques, dans lesquelles les artistes de cette époque cherchaient à trouver une sorte de canon pour les proportions et les différents types du corps humain. L'art, sous l'influence de la renaissance italienne, était devenu savant et même un peu pédant. C'était l'époque des traités de peinture, des dissertations étendues et surtout des règles de proportion pour le corps de l'homme. Léonard de Vinci, en Italie, Albert Dürer, en Allemagne, Jean Cousin, en France, avaient chacun fait un travail de ce genre. Lombard suivait trop le courant des idées de son temps pour échapper à cette influence. Esprit méthodique et clair, il fit une sorte de grammaire de l'art dans laquelle il consigna tout ce qu'il regardait comme des principes au-dessus de la controverse, comme des règles fixes et des préceptes rigoureux. Cette conception d'une bonne grammaire de l'art le préoccupa même jusqu'à la fin de ses jours ; dans une lettre qu'il écrivit en 1565, un an avant sa mort, à Vasari, il suggère au peintre historien la pensée d'enrichir la postérité d'un semblable travail (1). A cette occasion, il développe quelques-unes de ses propres vues sur la manière de composer une grammaire de ce genre, et les mesures à prendre sur les différents types consacrés par la statuaire antique. Il désigne comme les meilleurs modèles à suivre, quant aux proportions, les colosses du Monte-Cavallo, le Laocoon, l'Apollon, la Venus, etc. Cette méthode a depuis été mise en usage dans l'enseignement des beaux-arts par la plupart des Académies.

L'artiste était dans toute l'ardeur de ses études lorsque survint un événement regrettable pour la principauté de Liége, mais surtout de l'importance la plus fâcheuse pour le développement du talent de Lombard et l'avenir de ses travaux. Le 16 février 1538, Érard de la Marck mourut. Ce prince, doué d'un goût très-vif pour les arts, avait donné, comme nous l'avons vu, un essor marqué aux travaux de l'architecture et de la sculpture. A Liége, il avait édifié le palais somptueux qui, malgré l'incendie de la façade principale, malgré de nombreuses mutilations et des restaurations inintelligentes, est encore dans nos régions l'un des monuments civils les plus intéressants de la première moitié du XVIe siècle. Sous son règne, les voussoirs du porche de la cathédrale St-Lambert avaient été historiés de nombreuses statues dues au ciseau de Susterman, que l'on admirait encore au moment de la démolition de ce monument. Il fit placer au milieu du chœur de sa cathédrale son propre tombeau, et, si ce travail ne donnait peut-être pas une haute idée du goût du temps, il se distinguait au moins par une grande richesse et cette simple inscription :

Erardus a Marka, mortem præ oculis habens, vivus posuit.

(1) GAYE, *Carteggio inedito d'artisti*, tome III, p. 173.

Il donna, enfin, au trésor de la cathédrale un magnifique reliquaire de St-Lambert, en argent repoussé et doré, dont la tête est, dit-on, le portrait d'Érard lui-même, et dont le soubassement représente six scènes en haut relief de la vie du saint. Le ciseleur H. Zutman y travailla depuis l'année 1505 jusqu'à l'année 1513, et l'évêque y consacra la somme, alors très-considérable, de cent mille couronnes. L'œuvre, quoique dépouillée d'une grande partie de ses joyaux, et très-probablement d'un dais supporté par des colonnettes qui surmontait la tête, est restée le monument le plus populaire de la cathédrale de Liége. Si le règne d'Érard se fut prolongé, il n'est pas douteux que Lombard eût été chargé de ces importants travaux qui lui firent défaut sous les successeurs d'Érard, et à l'accomplissement desquels ses études en Italie n'étaient d'ailleurs qu'une préparation. La mort du protecteur de Lombard, en supprimant la pension dont il jouissait, l'obligea à revenir à Liége en 1539.

Il n'existe aucun renseignement sur la suite des travaux entrepris par Lambert Lombard après son retour dans sa patrie. On sait seulement que, agréable de sa personne aux différents princes-évêques qui se succédèrent après la mort d'Érard de la Marck, il fut reçu, non sans distinction, par Corneille de Bergh, par Georges d'Autriche et Robert de Bergh; il ne fut cependant employé à aucun travail qui eût pu donner à son pinceau tout l'essor dont il était capable.

Lombard semble avoir eu cette honnête fierté qui, dit-on, convient à l'honnête homme. Tout en se considérant comme le client des évêques, se tenant en quelque façon à leur disposition, il attendait qu'on vînt demander son travail, ne voulant pas solliciter des commandes. Artiste actif, laborieux, exerçant des talents divers, porté à cultiver son esprit, à augmenter sans cesse son savoir et à acquérir des connaissances, il ne fut pas peintre très-productif. Il le parut d'autant moins que, se conformant au goût de son époque, il peignit presque toujours des triptyques, des tableaux d'autel, dont les volets, peints des deux côtés, réclament naturellement un double travail. Dans son art, il semble avoir poursuivi un idéal difficile à atteindre, et souvent il a changé de manière; aussi ses tableaux ne sont-ils pas faciles à déterminer, d'autant que les points de comparaison d'une authenticité incontestable sont rares.

Il fit beaucoup de dessins qu'il exécutait facilement, soit à la plume, soit au lavis à l'encre de Chine, quelquefois rehaussés de sanguine. Il s'en est conservé un grand nombre, et ils donnent bien l'intelligence de sa manière et de son style. Contrairement à ses tableaux, ces dessins sont souvent signés et datés. Il était généreux de ses compositions et en faisait fréquemment pour des confrères moins bien doués sous le rapport de l'imagination. Il dessinait ainsi pour les peintres, les peintres verriers, les sculpteurs, les graveurs et les orfèvres. Bien qu'il n'ait pas lui-même manié le burin, il avait, comme Raphaël d'Urbin et d'autres peintres, organisé un atelier où il initiait des jeunes gens à l'art du dessin et de la gravure. Lorsqu'il reconnaissait des aptitudes particulières à l'un de ses disciples, il le patronait et lui facilitait le voyage en Italie, qui alors semblait indispensable à l'éducation d'un artiste, en obtenant des subsides sollicités auprès de ses amis, et auxquels il contribuait quelquefois de ses propres deniers.

Dans la peinture, il forma plusieurs élèves distingués. Le plus brillant, celui qui conserva le plus fidèlement les traditions du maître, était Franc Floris. Guillaume Caïus, d'Anvers, et Hubert Golzius, de Venloo, lui firent également honneur. A ces noms, il faut ajouter celui de Jean Ramey, dont nous ferons connaître quelques travaux, et Dominique Lampson, de Bruges, le secrétaire de plusieurs évêques de Liége, l'ami et le biographe de Lombard.

Une trentaine de compositions de Lombard ont été reproduites par la gravure. Il était également architecte; mais, s'il n'est pas facile d'établir son œuvre comme peintre, il est plus difficile encore de faire connaître ses travaux dans le domaine de l'architecture. Les écrivains et la tradition cependant lui attribuent différentes constructions dans sa ville natale.

Il est certain qu'il a bâti, pour le seigneur hollandais Jean Oems de Wyngaerde, chanoine écolâtre de St-Lambert, une maison importante, située vis-à-vis du beau portail de la cathédrale. C'était un hôtel d'ordre corinthien composite, orné de sculptures et des armoiries de son propriétaire, encastrées dans l'attique de la corniche. Il fut achevé en 1548, et eut un si grand succès qu'on regretta à cette époque de voir le palais épiscopal construit dans le style ogival. Il serait difficile aujourd'hui de s'associer à ces regrets. Quoique le palais d'Érard de la Marck soit bâti à la dernière période de la décadence, d'un style qui, à Liége, était national depuis bien des siècles, comme il l'était d'ailleurs dans toute l'Europe chrétienne, cette décadence même avait encore une poésie et une vitalité qui a toujours fait défaut aux importations de la renaissance italienne. La maison d'Oems de Wyngaerde fut démolie en 1829 pour faire place à la maison connue sous le nom de Pavillon Anglais.

Lombard avait également construit pour Liévin Vanderbecke (Laevinus Torrentius), vicaire-général du diocèse, fort connu de son temps comme poète, une maison spacieuse, richement ornementée, située dans un lieu élevé et ouvert, au dire d'Ortélius (1).

La tradition, enfin, lui attribue la construction d'une maison existant encore rue Haute-Sauvenière, à Liége (2) (c'est peut-être la maison citée par Ortélius?), et celle de la façade du portail de l'église St-Jacques, à Liége. Cette façade, du style de la plus élégante renaissance italienne, dont elle est

(1) *Cuius quidem rei vel solœ fidem faciant, pulchrae aedes quas Dⁿ Laevinus Torrentius vir eximius, et nostro hoc saeculo Lyrici princeps carminis, suo sumptu extruxit, in quibus ut loco ab omni ea parte aperto, quae ad salubritatem requiritur, adiutus : ita singulas earum partes congrué disponendo (ut in eo Lamberti Lombardi pictoris quondam et philosophi celeberrimi inter Eburones, felicem in architectura manum agnoscas) singulisq. sua aptando ornamenta est adsequutus, ut his amoenius nihil esse possit, nec quamvis non ita amplo in spatio laxitatem desideres.*

Itinerarium per nonnullas Galliae Belgicae partes, Abrahami Ortelii et Joannis Viviani. MDLXXXIV.

(2) Appartenant actuellement à M. le général de Wittert.

un exemple presque unique dans l'ancien pays de Liége, pourrait bien être de Lombard. Prise en soi, comme œuvre isolée, elle ferait honneur à son talent; comme annexe d'une église d'un style très-différent, elle est un témoignage de l'ardeur novatrice de cette époque, qui, en brisant avec les meilleures traditions, prétendait tout régénérer. Il convient cependant de remarquer qu'aucun document ancien ne désigne Lombard comme l'architecte de cette façade.

Lambert Lombard était antiquaire; il faisait collection de dessins, de pierres gravées et surtout de médailles. Il avait une science particulière pour déterminer ces dernières et en déchiffrer les inscriptions. Dans nos contrées, il peut être considéré comme le fondateur de la numismatique, et il avait initié non-seulement à ses goûts, mais encore à ses connaissances spéciales son élève Goltzius, qui s'acquit une grande renommée par ses publications sur les médailles grecques et romaines. Ce qui est plus remarquable, c'est que le peintre liégeois n'est pas resté indifférent à l'étude des antiquités de son pays et s'est occupé des œuvres de l'art du moyen-âge.

Il fut pendant longtemps échevin de la justice d'Avroy et se maria trois fois. Sa seconde femme était sœur du graveur Suavius. Il eut cinq filles, dont plusieurs épousèrent des artistes.

Lombard mourut au mois d'août de l'an 1566 (1).

Les nombreux portraits gravés et peints qui existent de Lambert Lombard — il s'en est conservé un fort beau de la

---

(1) *Moritur Leodii, hoc tempore Lambertus Lombardus pictor percelebris, qui ultra artem pictoriam architectus quoque fuit proestantissimus, ac simul peritissimorum pictorum magister, etc., etc.*

CHAPEAUVILLE, t. III, p. 424. A la fin des événements de l'an 1566.

HERMAN DE WACHTENDONCK a ajouté en note à son exemplaire: *1566 in augusto.* V. le *Bulletin de l'Institut archéologique liégeois*, notice de L. M. Polain sur un évangéliaire de l'église Saint-Jean, à Liége, tome I, page 343 et suivantes.

main même du peintre — font de sa physionomie un type de la race wallonne dans ce qu'elle a de meilleur. L'énergie, l'intelligence, la loyauté se lisent dans ses traits. Son biographe Lampsonius ne dément en rien l'idée que l'on peut se faire de l'homme d'après sa physionomie. Lombard ne paraît pas seulement avoir été un artiste sachant ce qu'il devait à son art : c'était un homme pénétré de ce que l'homme doit à soi-même, à la culture de son esprit, à ses semblables. Il vivait en relations avec beaucoup d'hommes distingués de son temps. Dans une lettre à Vasari écrite en italien, bien qu'il s'exprime dans une langue qui lui était étrangère depuis vingt-cinq ans, comme il le fait observer lui-même, on reconnaît l'homme habitué à chercher les grâces du style et qui n'est pas fâché de montrer quelque peu de cette érudition si prisée au seizième siècle.

La légende, qui a dénaturé l'histoire de beaucoup d'artistes, a cherché à répandre de la poésie sur la fin de Lombard, en le faisant mourir pauvre à l'hospice du mont Cornillon. Il serait difficile de dire où cette fiction a pris naissance.

L'opuscule de Lampson, publié un an avant la mort du peintre, le représente comme un homme se livrant à quelque dépense pour ses collections d'antiquités et aidant de sa bourse ses élèves qui se rendaient à Rome. La lettre que nous venons de citer, et qui est écrite le 26 avril 1565 (l'année qui a précédé la mort de l'artiste), demande à Vasari des dessins de Margaritone, de Gaddi et de Giotto, pour comparer les compositions de ces anciens maîtres italiens avec des vitraux et des œuvres d'art du moyen-âge se trouvant dans les monastères de l'ancien pays de Liége. Écrite d'ailleurs sur un ton enjoué, cette lettre montre l'artiste occupé de ses études archéologiques, et ayant, malgré ses soixante ans, le désir de refaire un voyage en Italie. Peut-on admettre qu'un homme dans cette situation dût, peu de mois après, se réfugier dans un hôpital pour y mourir ?

Le baron de Villenfagne est d'ailleurs le premier auteur qui fasse mention de cette légende, et c'est pour la révoquer en doute. Il est donc permis de ranger l'histoire de la mort de Lombard à l'hôpital du mont Cornillon avec celle de la retraite de Memling à l'hospice de Saint-Jean, à Bruges, et quelques autres récits de ce genre (1).

INDICATIONS ET RECHERCHES SUR LES TRAVAUX DE LAMBERT LOMBARD.

Les peintures de Lombard sont rares, même dans sa patrie. Un siècle après sa mort, elles étaient déjà peu nombreuses dans sa ville natale; voici cependant l'indication de quelques-unes des œuvres de ce peintre que l'on voyait encore au dix-septième siècle dans les églises de Liége.

A St-Barthélemy, à l'entrée du chœur, se trouvait un triptyque de petite dimension. Le tableau principal représentait sainte Barbe. A ses pieds se trouvait un roi, le père et le persécuteur de la sainte. Dans le fond du tableau, on voyait le martyre de sainte Catherine. La figure du roi passait pour n'être pas de la main de Lombard.

A la cathédrale de St-Lambert, chapelle des Oranus, se trouvait l'une des meilleures peintures du maître. C'était le tryptique d'un retable d'autel. Le tableau central, arrondi par le haut, représentait le crucifiement. Les volets étaient peints des deux côtés; la face de l'un d'eux représentait David tuant Goliath; le sujet du second de ces volets était le sacrifice d'Abraham; sur le revers étaient sans doute peints les portraits de la famille des donateurs (2).

Cette peinture avait déjà, vers le milieu du dix-septième siècle, été éloignée de la chapelle des Oranus, sous prétexte que les fonds, préparés à la colle, s'endommageaient par l'humidité. On l'avait remplacée par un autel en marbre donné par le sire de Selys.

Dans le vestiaire de la cathédrale, il y avait également un triptyque du peintre dont le panneau central représentait la sainte Cène.

Dans l'église du Séminaire se trouvaient plusieurs tableaux du maître dont les sujets sont inconnus.

---

(1) Selon ABRY, dont les phrases sont souvent inintelligibles, il est probable que Lambert Lombard a été enterré dans l'église de l'hôpital du petit Saint-Jacques. Voyez les *Hommes illustres de la nation liégeoise*, p. 166.

(2) Lors de la démolition de la cathédrale, ce tableau a été vendu 40 francs en assignats, soit 12 francs en numéraire.

Deux triptyques avec des volets peints des deux côtés, datés de l'an 1560, se trouvaient dans la petite chapelle dite du *chevalier*, à Notre-Dame-aux-Fonts.

A l'église St-Jean-l'Évangéliste, à la chapelle des Tornaco, les membres de cette famille firent placer, en 1553, une déposition de la croix de Lombard, œuvre importante renfermant de grandes beautés, selon le témoignage d'un auteur. C'était également un triptyque ; sur les volets étaient peints des sujets dont on n'a pas conservé l'indication.

A Saint-Denis, les volets du beau retable en bois de chêne sculpté qui se trouve encore dans cette église étaient en partie peints par Lombard, en partie exécutés sous sa direction. Ces volets, peints des deux côtés, représentaient des sujets de la vie de N. S. J.-C., des actes des apôtres et de Saint-Denis. Ils ont été enlevés dans ce siècle et les fragments vendus. Trois panneaux ont été rachetés par la fabrique de l'église en 1865. Un panneau se trouve au musée de Liége, qui l'a acquis en 1860.

A la collégiale St-Paul, dans une chapelle latérale, on voyait un *Crucifiement* de Lombard servant d'épitaphe au mausolée du baron de Mérode. Dans une autre chapelle, du côté de l'épître, se trouvaient deux volets d'un triptyque, dont l'un représentait *St-Paul fouetté par ses bourreaux*, et l'autre, *Job sur le fumier*. Les voûtes de ces chapelles, peintes en arabesques, avaient été décorées sur les dessins de Lombard en 1560.

Enfin, il se trouvait dans la même église un tableau de ce peintre, représentant le *Christ à la colonne*.

Le manuscrit auquel nous empruntons ces renseignements ajoute que les voûtes de l'église de l'abbaye St-Jacques, peintes en 1535, ont été également exécutées sur le dessin du même maître ; et c'est encore à lui que l'on doit les dessins des trois vitraux de l'église St-Servais, du côté de la rue (1).

ŒUVRES DU MAÎTRE EXISTANT ENCORE ACTUELLEMENT.

Portrait du peintre. — L'artiste s'est représenté à mi-corps, regardant le spectateur et tenant une loupe de la main gauche. C'est le type énergique et intelligent que reproduit la gravure

---

(1) Mémoire pour servir à l'*Histoire des Artistes de la province de Liége*, par H. Hamal.

figurant en tête de la notice de Lampsonius. A l'époque où ce portrait a été peint, Lombard pouvait être âgé de cinquante ans. Il s'est représenté vêtu d'une sorte de tunique noire, sur laquelle sont rabattus les grands cols blancs de la chemise. Le costume paraît fort négligé; la barbe et les cheveux sont abondants et incultes.

Ce portrait, de grandeur naturelle, est bien dessiné; d'une couleur chaude et vigoureuse, il est peint largement. C'est sans doute l'original d'un certain nombre de copies de plus petite dimension qu'on lui attribue également. Cette peinture, fort bien conservée, est la même dont parle Villenfagne comme appartenant au chanoine Hamal.

Bois : H., 78. L., 63.

(Appartient à Mme la vicomtesse de Clerembault, qui en a hérité de son père, M. F. Desoer.)

La Nativité. — Esquisse assez terminée. La composition se divise en deux régions. Dans la partie inférieure, la Vierge Marie est à genoux devant l'Enfant Jésus, qu'elle pose sur une crèche. Derrière elle St Joseph désigne de la main droite le Messie aux bergers qui viennent pour l'adorer. Dans la région supérieure apparaît Dieu le Père, entouré d'une gloire de six anges.

Cette peinture a souffert, notamment dans la figure de la Ste Vierge, et a été restaurée avec soin. La partie supérieure du panneau est trilobée et peut avoir été la pièce centrale d'un triptyque.

Bois : H., 86. L., 56.

(Appartient aux Hospices civils de Liége et se trouve à l'hôpital de Bavière.)

La Ste Cène. — Le Christ est vu de profil, et sa tête, entourée d'un léger nimbe, se détache sur une draperie verte. Le Seigneur est revêtu d'une tunique blanche et d'un manteau rouge; il étend la main droite, et le moment choisi par l'artiste est celui où J.-C. dit à ses disciples : « L'un de vous me trahira. » St Jean a la tête appuyée sur la poitrine du Divin Maître. Les personnages de ce groupe sont assis à une petite table, de l'autre côté de laquelle on voit deux autres apôtres. L'un d'entre eux, vêtu d'une tunique blanche, est debout, les mains croisées sur la poitrine, tandis qu'un autre disciple, plus rapproché du premier plan, est à genoux devant la table, dans l'attitude d'un homme qui s'apprête à recevoir la Ste Communion. Sur le devant du tableau, quittant son siége et tournant le dos à la table, on voit Judas, s'éloignant la tête baissée, le regard oblique, serrant dans la main droite la bourse qui contient le prix de sa trahison. Sa tête, dont l'expression tient de la bête fauve, est couverte d'une épaisse chevelure rousse. Il est vêtu d'une tunique bleu foncé et d'un manteau rouge tendre. Toute cette figure est excellente d'expression et de couleur.

Au premier plan, on voit l'escabeau que le disciple infidèle vient de quitter et une grande amphore ; sur la table, devant le Christ, est un plat, deux pains et un verre contenant du vin rouge.

Contre cette première table, on en voit une seconde, placée en équerre, à laquelle sont assis les huit autres apôtres ; plusieurs d'entre eux expriment la surprise dans laquelle les jettent les paroles qu'ils viennent d'entendre. Cette partie du tableau est traitée fort légèrement, presque comme une ébauche. Parmi les têtes des apôtres, on en remarque une dont les traits rappellent ceux de Lombard lui-même ; sur cette table, on voit un plat contenant un agneau. Plus loin sont deux serviteurs, dont l'un apporte un met ; enfin, au dernier plan, s'ouvre la perspective d'une colonnade avec quelques figurines peu distinctes.

Ce tableau, largement peint, est d'une belle coloration ; il est moins arrêté de dessin, et les têtes sont plus faiblement caractérisées que ne le sont d'autres œuvres du maître. Le Christ a un profil antique et assez froid. Il est permis d'attribuer cette peinture aux dernières années de Lombard.

Elle est assez bien conservée et figurait autrefois à la chapelle du Cornillon ; elle orne aujourd'hui l'autel de la chapelle de l'Hospices des femmes aliénées, à Ste-Agathe.

Toile : H., 2,15. L., 1,43. — Figures de grandeur naturelle.

(Appartient aux Hospices civils de Liége.)

Déposition de la Croix. — La sainte Vierge et saint Jean soutiennent le Christ mort, et au-dessus de ce groupe plane le Saint-Esprit sous la forme d'une colombe. Les figures, de grandeur naturelle, sont vues à mi-corps. Le coloris de cette peinture, dont l'authenticité nous paraît douteuse, est assez clair.

Ce tableau provient de la collection Krüger, de Minden, et a été vendu en 1854 à son propriétaire actuel :

(La galerie nationale de Londres.)

L'Adoration des Bergers. — Au milieu du tableau, l'enfant Jésus est posé sur un coussin placé sur le chapiteau renversé d'un pilier cannelé. Au-dessus de lui, la sainte Vierge, les mains croisées sur la poitrine, est en adoration. A sa gauche, deux bergers, dont l'un est un vieillard à barbe vénérable, viennent contempler le Messie. Le plus vieux des bergers est accompagné d'un petit chien noir dont il tient la laisse. A gauche, un berger plus jeune est en adoration, les mains jointes. Au-dessus de celui-ci, un bœuf allonge sa tête velue et son naseau luisant. Derrière ce groupe, on aperçoit un fond d'architecture et quelques branches d'arbres qui se trouvent en-dehors de la construction.

Ce tableau est d'une couleur vigoureuse, mais plus faible de dessin que ne le sont les meilleures œuvres du peintre. Dans les têtes, on ne reconnait pas les types ordinaires, ni l'énergie des caractères que l'on rencontre parfois dans les peintures de Lombard.

Figures de grandeur naturelle, vues jusqu'aux genoux.
Bois : H., 1,13. L., 1,52.

(Galerie du Belvédère, à Vienne, où il est indiqué sous le nom de Lambert Susterman, *Gennant* Lombard.)

Tête d'un joueur de flûte. — Tête de profil, de grandeur naturelle, grimaçante et grotesque. Le musicien avance ses lèvres vers la flûte, au point de les mettre sur la même ligne que son nez crochu. De rares poils grisonnants couvrent la lèvre supérieure, le menton saillant et les mâchoires. La tête est couverte d'une sorte de toque brune, ornée de deux petites plumes jaunes. La chemise est ouverte sur le devant, ainsi que le pourpoint, laissant à découvert la poitrine de ce personnage débraillé. La tradition dit que c'est le portrait d'un fou nommé Filoguet, fort populaire à Liége du temps de Lombard.

Cette peinture est d'une couleur harmonieuse et d'un pinceau facile. Il en existe plusieurs répétitions ou copies.

(Provient de la collection du docteur Lombard et appartient au musée communal de Liége).

Bois : H., 52. L., 42.

La Ste Cène. — Jésus-Christ est assis à la table pour célébrer la Pâque, au milieu de ses disciples. Devant lui est un plat dans lequel on voit des hosties. Le Christ est représenté au moment où il dit : « En vérité, en vérité, je vous le dis, l'un de vous me » trahira. » St Jean, XIII, 21. Judas, que l'on voit sur le devant de la table, et qui, par un geste très-vif, se soulève de son siége, semble répondre aux paroles du Divin Maître. De sa main droite, l'apôtre infidèle montre sa poitrine, tandis que la gauche, encore appuyée sur l'escabeau sur lequel il était assis, tient la bourse traditionnelle. Les apôtres les plus rapprochés du Christ paraissent seuls attentifs à ses paroles. Au fond, à la droite du tableau, un serviteur apporte une amphore.

Au milieu du fond, derrière le Christ, on voit une fenêtre ouverte donnant sur la campagne, et dans le lointain du paysage on aperçoit la porte d'une ville flanquée de deux tours massives, et, plus loin encore, une contrée montagneuse. Dans le chemin conduisant à la porte de la ville, l'œil découvre des figures microscopiques représentant l'entrée de Jésus-Christ à Jérusalem.

Dans le haut de la fenêtre, les châssis sont garnis de vitraux décorés d'ornements du style de la renaissance, et en-dessous de deux médaillons vides se trouvent deux cartels sur lesquels on lit *anno 1530*. Cette date est répétée sur deux plus grands médaillons en grisaille, couverts en partie par les figures des apôtres. Au-dessus de ces médaillons inférieurs on en voit deux autres, sur lesquels sont peintes des grisailles. Celle qui est à droite du Christ représente David au moment où il vient de trancher la tête de Goliath. De l'autre côté, faisant pendant à cette grisaille, est représenté Caïn tuant Abel.

La composition de ce tableau est claire et bien disposée; la couleur agréable et vraie. La tête du Christ, comme celles de plusieurs apôtres, manque de noblesse. Plusieurs figures ne semblent pas prendre part à l'action. Souvent aussi les extrémités y sont mal dessinées; les mains du Christ, entre autres, sont trop courtes.

La date de cette peinture prouve qu'elle est l'œuvre de la jeunesse de Lombard, qui en a fait plusieurs répétitions avec de légers changements. Il en existe aussi une gravure de Henri Goltzius, offrant quelques variantes, notamment dans les accessoires, qui sont considérablement simplifiés. Traitée avec un burin assez ferme, elle est signée : *A. Goltzius, sculptor et excud. Aº 1585*.

Ce tableau a été acquis en 1862 à la vente de la collection Weyer, à Cologne, et appartient aujourd'hui au

Bois: H., 60. L., 75. (Musée de la ville de Liége.)

La Sᵗᵉ Cène. — Répétition du tableau précédent, mais offrant quelques variantes dans les accessoires. La grisaille représentant Caïn tuant son frère est remplacée par Samson tuant les Philistins. Les médaillons sont dénués de légendes. En revanche, les médaillons des fenêtres, dont le champ est vide dans le tableau qui vient d'être décrit, sont ici ornés de deux compositions peintes très-finement, représentant d'un côté Adam et Ève sous l'arbre de la Science, et, de l'autre, les deux mêmes personnages chassés du Paradis terrestre.

La date inscrite sur les médaillons inférieurs est: *Anno 1531*.

Le livret du musée de Bruxelles dit que le tableau provenant de la collection Weyer est une répétition ou plutôt une copie de celui-ci. Il suffit de lire les dates des deux peintures pour s'assurer du contraire.

Ce tableau provient, si nous ne nous trompons, de la galerie du cardinal Fesch. En 1857, il a été vendu par Et. Leroy au

Bois: H., 62. L., 80.　　　　　　　(Musée de Bruxelles.)

Les Israélites s'apprêtant à sacrifier l'agneau pascal. — Un vieillard habillé de rouge pose l'agneau sur l'autel, tandis qu'un prêtre, vêtu du costume qu'on donne souvent à Aaron, étend les mains au-dessus de la victime. Différents personnages entourent l'autel; d'un côté les hommes, parmi lesquels on remarque un jeune homme coiffé d'un bonnet phrygien, et, de l'autre, un groupe de quatre femmes. La scène se passe dans un temple d'architecture italienne très-ornementé. Au fond, un riche portail dans le cintre duquel se trouve un médaillon représentant Jehovah les bras étendus et soutenus par des chérubins, les pieds posés sur le globe du monde. Dans les écoinçons du cintre, on voit deux vieillards qui peuvent être des prophètes. Cette peinture est assez faible. Les types des têtes, le style des draperies et l'aspect général de la composition sont cependant bien dans le goût de Lombard; pour juger de cette peinture, il convient de se rappeler qu'elle avait souffert assez notablement, et qu'elle a été retouchée avec soin par le peintre Brüls.

De l'autre côté du panneau on voit encore les fragments d'une *Annonciation* peinte en grisaille.

Cette peinture est un fragment détaché des volets du beau retable de St-Denis, démembrés et vendus dans la première moitié de ce siècle. En dernier lieu, elle a fait partie de la collection du docteur Lombard, dont le fils l'a vendue au

　　　　　　　　　　(Musée de la ville de Liége.)

Bois: La partie supérieure arrondie; dans sa plus grande H., 1,12. L., 0,80.

(1) TABLEAUX VENDUS AVEC LA GALERIE DE FEU S. M. GUILLAUME II
DE HOLLANDE.

1º Une vision allégorique. — Sur une plate-forme, un saint personnage est représenté profondément endormi. La vision suivante lui apparait : L'archange Michel, revêtu d'un riche costume de guerrier, est entouré de trois autres anges armés, dont l'un porte l'épée de la justice. De la plate-forme la vue s'étend vers un jardin; au loin on aperçoit une rivière avec un pont. Ce paysage offre un ensemble agréable et pittoresque.
Bois : H., 1,43. L., 58.

2º Passage de la mer Rouge. — Moïse, entouré des Israélites, après le passage de la mer Rouge, est poursuivi par Pharaon et ses troupes. Celles-ci sont sur le point d'être englouties par les eaux.
Bois : H., 1,45. L., 58.

(Ces deux tableaux formaient, sans doute, les volets d'un même triptyque.)

3º Les fléaux de Dieu. — Ce tableau, divisé en deux parties, réunit beaucoup de qualité supérieures. La partie de gauche représente un naufrage avec divers accidents. La partie de droite offre l'aspect d'une ville ravagée par la peste; partout on voit des cadavres, des bières et d'autres attributs funèbres. Deux anges, dont l'un plane au-dessus d'une procession et dont l'autre se trouve au-dessus d'une tour, dans le lointain, semblent indiquer, par leur présence, que la colère céleste est apaisée.

DESSINS DE LOMBARD.

Figures de femmes drapées dans des attitudes variées. Probablement des études pour un tableau. Croquis à la plume avec une encre bistrée, lavé dans les ombres d'une teinte verdâtre, signé *Lambertus Lombard*, 1557.
H., 21. L., 29.

(Collection de dessins de l'Académie de Dusseldorf.)

(1) Ces indications sont tirées du catalogue de la vente des tableaux de la galerie précitée; ils se sont vendus : le 1er. . . . . 1,425 florins.
2e . . . . 1,158 id.
3e . . . . 1,450 id.
Nous n'avons pu savoir à qui ils avaient été adjugés.

Les Israélites recueillant la manne au désert. — Croquis légèrement ébauché à la sanguine et ombré au crayon noir ; contours arrêtés à la plume. Composition en hauteur qui semble être faite pour le volet d'un triptyque.

H., 36. L., 20.   (Même collection.)

Résurrection de Lazare. — Dessin de 27 figures terminé à la plume, ombré au lavis d'une teinte bistrée. Il y a des repentirs et des groupes ajoutés au moyen de morceaux de papier collés. Les repentirs sont dessinés à la sanguine.

Ce dessin a été gravé, d'un burin assez dur, par H. Cock. La planche ne reproduit pas toutefois un groupe ajouté au dessin original au moyen d'un morceau de papier collé après coup.

H., 28. L., 38.   (Même collection.)

Évanouissement de la Ste Vierge au pied de la croix. — Composition de quinze figures ébauchées à la sanguine, ombres lavées à l'encre de Chine, contours fixés à la plume. Signé *Lambertus Lombard fecit et inventor 1552*. (Même collection.)

Ces quatre dessins proviennent de la collection Krahe, lequel les tenait probablement de la collection de Carl Maratte.

Descente de la croix (1). — Composition divisée en deux régions. Dans la partie supérieure, le corps du Christ descendu de la croix par un groupe de cinq figures. A droite, un vieillard assis et un jeune homme à cheveux bouclés (St-Jean?) semblent engagés dans une controverse. Dans la région inférieure, la Vierge Marie évanouie ; les saintes femmes et d'autres personnages s'empressent autour de la Mère de Douleur. Composition de dix-sept figures sur deux morceaux de papier collés ensemble. Il est signé au bas : *Lambertus Lombard fecit et inventor 1553*.

Beau dessin lavé au bistre et à l'encre de Chine, contours accusés à la sanguine et retouchés à la plume. La partie supérieure de la composition est cintrée.

H., 51. L., 41.

(App. à M. H. Duval, à Liége, et provient de la collection du docteur Lombard.)

A ces dessins il faut ajouter encore un portefeuille ne conte-

---

(1) Notre planche VIII donne au moyen de l'héliographie une reproduction très-fidèle de ce dessin, qui, sans aucun doute, est la composition du tableau exécuté en 1553 par le maître pour la chapelle des Tornaco, à l'église St-Jean-l'Évangéliste, à Liége.

nant pas moins de 79 dessins, croquis et études de ce maitre, qui ont été réunis, à la fin du siècle dernier, par le chanoine Hamal.

La plupart des dessins de cette intéressante collection sont faits à la plume et ombrés à l'encre de la Chine ou au bistre.

Bon nombre d'entre eux sont le premier jet d'une composition présentée parfois de deux ou trois manières différentes. Les croquis les moins achevés se distinguent encore par la sûreté du crayon, la vérité des attitudes et une abondance souvent excessive. Lombard aimait à multiplier les figures dans ses compositions, quelquefois beaucoup plus que le sujet ne le comporte, et à présenter la même pensée sous des aspects différents.

Quelques-uns de ces croquis semblent des études faites pendant son séjour en Italie, et deux dessins ont été conçus pour être exécutés en sculpture. Plusieurs compositions sont signées: *L. Lombard* ou *Lambertus Lombard*; d'autres sont datées des années 1553, 1557, 1559, 1560, 1561 et 1562.

Les plus importants et les plus achevés représentent les sujets suivants:

J. C. au jardin des Oliviers. — Jolie composition dont la partie supérieure est malheureusement déchirée. Dessin assez achevé à la plume; il parait avoir été fait pour un tableau.

H., 20. L., 20.

Le sacrifice d'Abraham. — Dessin daté de l'année 1561.

David sacré roi. — Dessin portant la date de 1557.

Intérieur d'une école. — Joli dessin assez terminé à la plume, ombré à l'encre de la Chine. Il est signé.

Job sur le fumier. — Dessin très-important, achevé avec beaucoup de soin.

H., 38. L., 26.

Le crucifiement. — Beau dessin qui parait l'étude assez terminée d'un tableau; il porte les traces des carreaux qui ont servi au transport.

Le Christ descendu de la croix. — Très-beau dessin à la sanguine, terminé avec beaucoup de soin; les draperies sont dans le style de Mantegna. C'est le plus joli dessin de la collection.

H., 29. L., 23.

Israélites recueillant la manne. — Composition très-riche, renfermant une multitude de groupes très-variés.

Cette collection appartient à Mme la vicomtesse de Clerembault.

CHAPITRE X

Les Élèves de Lambert Lombard.

Nous avons vu que les traces de l'école de Lambert Lombard se retrouvent dans quelques-unes des peintures murales dont on voit encore les restes dans les églises de Liége. De son temps, un assez grand nombre de peintres vivaient et exerçaient leur art dans le chef-lieu de la principauté. On a conservé les noms de Jean de Moeuse, Jean Lambert, Léonard Ornis, Jacques de Libermé, Gilles Hardy (1) et Nicolas Quentin. A la fin du dix-septième siècle,

---

(1) Il y eût encore un autre peintre de ce nom qui, à cette époque, vivait à Liége. On trouve aux archives de la province les traces de son existence dans un document dont voici la teneur : L'an 1537, le 9 janvier, *Lambert Hardi* fait un contrat avec Arnold Herlen, pasteur à Lousen (Loncin), par lequel le peintre s'engage à fournir à ce dernier un tableau représentant Saint-Hubert avec un cerf et deux bâtons pastoraux, dont l'un doit être peint simplement et l'autre doré. Le tableau devait avoir 5 1/2 pieds de long.
(Cri du Péron, n° 264, f° 27, 1537, 9 juin.)

on voyait encore des tableaux de ces peintres à la cathédrale et dans d'autres églises. Leurs travaux ont disparu depuis.

A ces noms il convient d'ajouter ceux de plusieurs élèves de Lombard dont les peintures ont eu le même sort, ou du moins auxquels on ne peut, dans l'état actuel des études sur l'art, attribuer avec certitude aucune œuvre connue. Il en est cependant parmi eux qui ont été très-productifs; mais lorsque l'histoire constate la perte de la plupart des œuvres du maître, il n'y a pas lieu de s'étonner si l'on ne retrouve plus celles des disciples.

Au nombre de ceux-ci Jean Ramey se distingua par l'analogie de sa manière avec celle du maître. On sait peu de chose sur sa vie. Il paraît être né à Liége, vers 1530, et, dès son enfance, il fut mis à l'école de Lombard. Lorsqu'il commença à jouir de quelque réputation, il épousa Marie de Lymbourg, et bientôt on lui commanda des travaux pour plusieurs églises de Liége. En 1576, il fit une *sainte Cène* pour l'une des chapelles de la collégiale de St-Pierre. Ce tableau fut peint aux frais des héritiers de Jean Hubar, doyen de cette collégiale, pour servir d'épitaphe à son tombeau. Cette peinture passait pour être l'une des meilleures de l'artiste.

En 1585, Ramey fut élu doyen du métier des orfèvres, qui, à Liége, ne formait qu'une même corporation avec les peintres, les peintres verriers, les brodeurs, et en général, croyons-nous, avec les artistes et les artisans dont la profession avait pour base l'étude du dessin.

Beaucoup de peintures de Ramey semblent avoir passé pour l'œuvre de Lombard, et ont été vendues sous son nom. Toutefois le dessin du disciple n'eut ni la correction ni la fermeté de celui du maître, mais, comme lui, il avait de l'invention et un sentiment très-juste de la couleur. Ses travaux sont exécutés sur panneaux préparés à la colle, ce qui a compromis la durée de plusieurs d'entre eux.

Lorsqu'il était déjà dans un âge assez avancé, en 1599, il fit un tableau représentant *la conversion de saint Paul* pour la collégiale de ce nom. En 1602, il exécuta pour la même église une série de douze médaillons représentant les *douze apôtres* de grandeur colossale. Ces tableaux étaient suspendus aux colonnes de l'église et y figurèrent jusqu'à la révolution française.

A la fin de sa carrière, il fut appelé à Paris pour orner de ses peintures le palais du Luxembourg, à ce que l'on assure. En revenant au pays natal, il tomba malade et mourut sur les frontières de France, dans les premières années du dix-septième siècle.

A la cathédrale St-Lambert, dans la quatrième chapelle du côté méridional, on voyait de lui un *Christ au jardin des Oliviers*; il avait également dessiné les vitraux placés en 1597 dans les chapelles de la collégiale de St-Paul.

INDICATIONS ET RECHERCHES SUR LES ŒUVRES DE JEAN RAMEY.

Les travaux de ce peintre sont devenus fort rares, et ce n'est qu'à la suite de recherches persévérantes que nous avons retrouvé les tableaux suivants :

L'Adoration des Bergers. — Au centre de la composition l'Enfant Jésus est couché nu sur des langes. A la droite du spectateur, la sainte Vierge, agenouillée, les mains croisées sur la poitrine, est en contemplation devant son divin fils. Elle a la tête couverte d'un voile blanc; elle est revêtue d'une robe bleu-verdâtre et d'un manteau rouge laque. Du côté opposé, un berger s'incline profondément devant ce groupe. Derrière la sainte Vierge, on voit deux autres bergers, à genoux, dont l'un tient une sorte de musette à la main. Enfin, au centre de tout le groupe, mais au second plan, un vieillard, qui, dans l'intention du peintre, représente St Joseph, semble montrer le Messie aux visiteurs de l'étable de Bethléem. Fond d'architecture.

Fig. de grandeur naturelle.
Bois : H., 1-20. L., 1-70.

Se trouve à l'église de Ste-Marie-des-Lumières, en Glain, près Liége.

Ce tableau, largement peint, est de beaucoup le meilleur que nous connaissions du maître. L'enfant Jésus est, à la vérité, assez médiocrement dessiné; la tête notamment est trop petite; mais la peinture est d'une couleur transparente et forte dans les ombres, vraie et très-heureuse dans les lumières. L'artiste a rendu avec beaucoup de talent la variété des carnations, et le profil de la sainte Vierge est non-seulement modelé et coloré avec une habileté remarquable, mais il y a même un peu d'expression, qualité qui fait trop défaut dans les autres têtes de ce tableau. Les draperies sont intenses de ton et très-harmonieuses.

Ce tableau, qui appartient probablement à la meilleure époque de l'artiste, a malheureusement souffert. Les ais du panneau tendent à se disjoindre, et au bas il y a de nombreuses soufflures. Dans l'un des coins se trouve, presque oblitérée, la signature de : *Ramey*.

La Résurrection de Lazare (1). — A la droite du spectateur Jésus-Christ, revêtu d'une tunique grise et d'un manteau couleur laque rouge, se tourne vers le centre du tableau en élevant légèrement la main pour ordonner à Lazare de sortir de sa tombe. Celui-ci apparait levant la main droite vers le ciel; il est soutenu au bras gauche par un apôtre, dont la tête rappelle le type que les artistes donnent d'ordinaire à St-Pierre. Derrière ce groupe on voit un juif se bouchant le nez, suivant l'épisode traditionnel de ce sujet. Devant ce groupe, Madeleine, couverte en partie d'un manteau bleu, la main gauche sur la poitrine, regarde avec impassibilité cette scène; elle est suivie de Marthe, dont les yeux sont dirigés hors du tableau. Plusieurs figures d'apôtres se voient autour du groupe principal.

Sur le premier plan, du côté opposé au Christ, on voit émerger du cadre, à peu près à la hauteur de la ceinture, un homme en surplis, tenant les mains jointes, dans lesquelles se trouve un rosaire. C'est un prêtre, évidemment le donateur du tableau. A côté de lui, une autre tête, également un portrait, mais cette fois un laïc, est peinte dans des proportions infiniment inférieures à celles de toutes les figures de la composition. Il porte la moustache et la mouche au menton et de larges cols couvrent les épaules. Cette petite tête parait ajoutée après coup. Le tableau est peint largement, facilement, un peu mollement; il est d'une couleur harmonieuse. Le dessin en est lourd; les têtes sont généralement vulgaires, d'une absence complète de sentiment et d'expression. C'est une œuvre appartenant à

(1) Évang. selon St Jean, XI, 43, 44.

l'époque de la sénilité du maître, comme le constate d'ailleurs la date qu'elle porte.

Cette peinture a souffert; dans beaucoup d'endroits, elle s'est soulevée et le fond de craie s'est écaillé. La tête du donateur, notamment, est entièrement perdue.

Sur une pierre, près la tombe de Lazare, on lit distinctement :
IO. RAMEY. PINGEB.
1602.

Bois : H., 1,13. L., 1,3.

(Appartenait, au moment où cette note a été écrite, à Mme de Favereau de Grand Han.)

Il existe encore deux portraits attribués, avec raison selon nous, au même artiste : ce sont les portraits de Jacques Herlet, bourgmestre de Liége en 1583, et de sa femme, Gertrude Hock.

Ils sont peints sobrement et avec facilité, d'une bonne couleur d'ailleurs. L'homme est revêtu d'un pourpoint noir, dont les manches de damas gris sont ornées de dessins noirs. La tête est énergique. Les cheveux sont courts, ainsi que la barbe et les moustaches, qui sont peints avec une grande habileté.

Sur le fond brun, sur lequel la tête se détache, on voit les armoiries du bourgmestre Herlet, et, d'un côté, on lit les mots *ÆTATIS-SVE 45*, et, de l'autre, A° *1585*.

De la main gauche il tient des gants; la droite est appuyée sur la garde de son épée.

La dame est revêtue d'une robe noire; la tête et les mains, comme dans le portrait d'homme, sortent d'un col et de manchettes en fraise. La tête est couverte d'un bonnet en dentelle; une grosse chaîne en or, dite châtelaine, semble lui enserrer la taille, et les bouts apparaissent entre ses mains.

Sur le fond du portrait on lit la même date que sur le pendant avec *ÆTATIS-SVE 41*.

Ces deux portraits, de grandeur naturelle, sont peints jusqu'à mi-corps. Ils sont conservés par un membre de la famille de la dame, M. Aug. Hock.

Le bourgmestre Herlet, mort un an après la date indiquée sur son portrait, a été, ainsi que sa femme, morte en 1598, enterré dans l'église St-André. Ils y avaient fait peindre un retable d'autel qui portait leurs armes, et sur les volets duquel on voyait leurs portraits (1). Il est probable que ce travail était également dû au pinceau de Ramey.

(1) Voy. LOYENS, *Recueil des Bourgmestres de la noble cité de Liége*, p. 325.

Au nombre des artistes qui ont suivi l'école de Lombard, il convient encore de citer Lambert Suavius, peintre et graveur dont les écrivains ont si souvent confondu le nom avec celui de Lombard. D'autres, peu connus, et dont il ne nous est pas possible de citer un seul travail : N. Pesser, Henri d'Yseux, Pierre Balen, Louis Hach, tous deux élèves et gendres de Lombard, et Pierre Dufour, dit Salzea.

Ce dernier appartenait à une famille assez distinguée. Né vers 1545, il fut admis fort jeune à l'école de Lombard, et, après la mort du maître, on lui confia différents travaux importants. C'est lui qui exécuta les tableaux du maître-autel de la collégiale de St-Jacques.

On cite d'autres de ses peintures. Il avait fait en 1578, pour la cathédrale St-Lambert, dans la dernière chapelle du côté de Notre-Dame-aux-Fonts, un grand triptyque. Sur le tableau central était représenté *le Christ au jardin des Oliviers*, et sur les volets les portraits de Jean de Staff, chanoine de la cathédrale et abbé d'Amay, et celui de Wilthem, également chanoine et archidiacre d'Ardenne, sans aucun doute les donateurs de cette peinture.

Dans la même cathédrale, Dufour avait peint pour le mausolée du prince-évêque Gérard de Groisbeck, mort en 1581, un triptyque dont le panneau central représentait *la Résurrection* et l'un des volets le portrait du prince défunt, et le second un autre personnage entouré de ses enfants ; ce personnage était sans doute parent de Gérard de Groisbeck.

Enfin, on voyait encore du même artiste, à la collégiale de St-Barthélemy, un *saint Michel*, et à l'église St-Etienne, une *Déposition de la Croix*, peinte en 1610.

Pierre Dufour a joui de son vivant d'une grande réputation ; mais, ayant manqué d'économie, il semble avoir été réduit, à la fin de ses jours, à accepter la place de concierge de l'hospice du petit St-Jacques, sur Avroy. Il eut à son tour pour élève Jean de Bologne ou Jean Bologne (1).

---

(1) Nous avons trouvé dans le manuscrit déjà cité du chanoine Hamal, juge compétent en matière d'art, la note suivante relative à Dufour :

« Je puis assurer que les ouvrages de ce peintre sont fort

Enfin, Dominique Lampson ou Lampsonius, fut élève de Lombard; l'intimité des rapports qu'il eut avec ce peintre, ceux qu'il eut avec Vasari méritent une mention spéciale. Nous allons faire connaître ce que l'on sait de sa biographie.

Dominique Lampson.

Dominique Lampson est né à Bruges, l'an 1532. On connaît peu de chose de sa jeunesse; on sait seulement qu'il était attaché à la maison du cardinal Pole, avec lequel il demeura assez longtemps en Angleterre. Celui-ci étant mort en 1558, Lampson revint en Belgique, et se fixa pour le reste de ses jours à Liége. Il était savant, poète latin distingué, grand amateur des beaux-arts, et, à la suite de ses relations avec Lambert Lombard, il devint peintre. Il avait la charge de secrétaire auprès du prince-évêque Robert de Bergh, et occupa successivement les mêmes fonctions sous les évêques Gérard de Groisbeck et Ernest de Bavière. Tout en vaquant aux devoirs de sa charge, il devint l'élève de Lombard et demeura son ami. Celui-ci avait, de son côté, une opinion très-haute des talents de Lampson. Voici comme il s'exprime à cet égard dans une lettre adressée à Vasari :

« Ce qui me porte quelquefois à m'effacer, c'est que lui (Dominique Lampson), encore fort jeune, par la bienveillance de l'Être suprême, distributeur de tous les biens, a reçu un vase rempli des dons les plus variés. Bon, bienveillant, connaissant les langues grecque et latine, il parle et écrit le toscan comme s'il avait habité l'Italie toute sa vie. Il est bon poète latin, pénétré des maximes de Platon, d'Aristote et d'Épictète ; il est amateur des arts libéraux ; il

inférieurs à ceux de Lombard, surtout *la Résurrection* du mausolée de Groisbeck et *le Christ au jardin des Oliviers*, dans la chapelle de la cathédrale, deux peintures que j'ai souvent examinées. »

chante d'une voix harmonieuse et pratique la musique
gaillardement, et, quant à sa qualité de secrétaire, on peut
le comparer aux plus habiles de sa profession. Je n'en connais
pas d'aussi expert à former de beaux caractères, non-seulement en français, en latin et en italien, mais aussi en grec.
Je ne m'étonne pas autant des grandes vertus et aptitudes qu'il possède que de son grand jugement dans
notre art, dans lequel, s'il le pratiquait, il serait à la
hauteur de plusieurs fameux maîtres vivants. Le peu
que l'on voit de lui est dessiné dans de belles proportions,
avec des couleurs justes et bien mises à leur place. A la
pointe d'argent, il dessine d'une manière si douce et si
fondue que cela paraît être peint, et il en est de même de ses
dessins aux crayons rouge et noir. Je dirais volontiers de lui
ce que Politiano disait de Léon Battista Alberti : Quelle est
la chose qu'il ignore? (1) »

(1) .... « Che vi fa talvolta ritarmi in dietro, di che egli,
» homo di poco età, per la begnignità di quel sommo giove, dis-
» tribuitor d'ogni bene, habbia havuto un vaso tanto pieno de'
» diversi ingenii, bono et benigno, al quale non manca la cogni-
» tione della lingua greca nè latina; el toscano parla et scrive
» che pare habbia pratticato l'Italia toutta la vita sua, bonissimo
» versificator latino, infumato dell' sentenzie di Platone, Aris-
» totele et Epicteto, et amatore di tutte l'arti liberali, la musica
» galliardemente, et con una dolce armonia canta : et quanto al
» l'officio di segretario si pùo paragionarlo ad uno de' primi che
» si trovi. Io non ho mai visto cosi espediente a form de' belli
» caratteri, non solo latini, franccsi et italiani et grechi, et non
» mi maraviglio tanto di tutte queste sue belle virtù insieme, ma
» ancho del suo gran iudicio dell'arte nostra, la quale s'egli pra-
» ticasse non sarebbe inferiore a molti famosi oggidi, et il poco
» che si vede di suo si può dire ben fatto con bella proportione,
» et li colori messi in luoco lor appertenente, et della ponta d'ar-
» genta supra la mistura d'osso brusato mena la grafica cosi
» dolce e fumato che pare colorito et di lapis rosso et niegro
» parimente. Io quasi direi di lui come il Politiano di Leon
» Battista Alberti, qual cosa gli è incognita? »

(Gaye CARTEGGIO, t. III, p. 173 et suiv.)

Quelle que fût la culture de l'esprit de Lampson et son aptitude aux beaux-arts, il faut, dans cet éloge, faire une large part à l'amitié de Lombard, de même qu'il convient d'y tenir compte de l'excès de la flatterie qui, au XVIe siècle, était l'une des formes du style épistolaire. Malgré la rareté des travaux de Lampson, on a cependant conservé une de ses peintures les plus importantes. C'est le tableau du maître-autel de l'église de St-Quentin, à Hasselt (1), où il figurait encore en 1804, époque à laquelle il a été déplacé et mis sur l'une des parois du transept.

Si ce tableau ne répond pas entièrement aux éloges que Lombard donne à son élève, il prouve cependant que celui-ci était initié à son art et ne redoutait pas d'aborder les sujets les plus difficiles. Il représente *le Calvaire*. Le Christ est étendu sur l'instrument de la rédemption ; le corps est un peu contourné, même maniéré. A sa droite, le bon larron, par un mouvement violent, se tourne vers le divin supplicié, tandis qu'à la gauche, le mauvais larron, vu de côté, expire dans l'agonie du désespoir. Au bas de la composition, sous la croix du bon larron, la Ste Vierge tombe évanouie dans une attitude devenue presque traditionnelle parmi les peintres italiens de la renaissance. Elle est entourée des saintes femmes et de St Jean, qui lui prodiguent leurs soins.

De l'autre côté se trouve un groupe de cavaliers, vu du dos en partie; l'un d'eux, St Longin, vient de donner le coup de lance. Ils semblent regarder avec un étonnement anxieux le drame qui s'achève.

La composition est savante et n'est pas sans inspiration. Lampson y montre son érudition : le titre de la croix, comme la tradition le comporte, est écrit en hébreu, en grec et en latin. Le dessin est assez correct et la couleur harmonieuse. Mais le modelé est faible, les formes manquent

---

(1) M. de Corswarem, correspondant de la Commission royale des monuments, a, le premier, fait connaître ce tableau dans le *Journal des Beaux-Arts* du 11 avril 1868.

d'accent, et dans le style il y a un grand pas fait vers le maniérisme de la décadence.

Cette grande toile mesure 3,75 de hauteur sur 2,68 de argeur; elle a souffert assez notablement, surtout dans les ombres, qui sont peintes très-légèrement.

Le tableau fut livré par Lampson en 1576; il est donc très-probable qu'il a été peint en 1575, c'est-à-dire précisément l'année où le secrétaire de Gérard de Groisbeck se faisait inscrire dans la corporation des peintres et des orfèvres de Liége (1). La date de la livraison du tableau est établie par un document que les marguilliers de l'église de St-Quentin adressèrent aux magistrats de la ville de Hasselt, à l'effet d'obtenir un subside pour le payement d'une somme de cent florins due depuis deux ans à Dominique Lampson, pour le tableau d'autel figurant au chœur de leur église. La requête est datée du 28 juin 1578 (2).

Il semble fort probable que Lampson travailla, sous la direction de Lombard, aux volets du retable qui figurait autrefois sur le maître-autel de la collégiale de St-Denis, à Liége, où son frère, Nicolas Lampson, protonotaire apostolique, était chanoine et doyen; toutefois, nous n'avons que des présomptions à cet égard.

Nous croyons aussi pouvoir lui attribuer un portrait de Lombard, fort joli dessin fait à la plume, et qui est l'original du portrait gravé dans l'ouvrage publié par Lampson en 1572, sous le titre : *Elogia in effigies picto-*

---

(1) V. *les Hommes illustres de la nation liégeoise*, par L. ABRY, p. 175.

(2) La requête commence en ces termes : « *Die Kerkmeesters van Sinte Quintus parochie binnen Hasselt gheven te kennen, etc. Hoe dat Mr Dominicus Lampson der fabrijken vuerschr. over twee jaeren nest geleden een geshilderde taffell op den hoghen altaer binnen St-Quientens choer gelevert heeft, waer dy fabrike schuldich is Mr Lampsonie voerghenaempt hondert guldens brabans,* » etc. Nous devons la communication de ce document à l'obligeance de M. le chevalier de Corswarem, membre correspondant de la Commission royale des monuments.

rum celebrium Germaniae Inferioris, Carmine. Anvers, in-4°. Ce dessin, conservé à l'Académie de Dusseldorf, après avoir fait partie de la collection de Krahe, était, à la vérité, attribué, dans l'inventaire de cette dernière, à Georgio Ghisi, mais nous ne savons sur quelle autorité. Dans ce portrait, la tête de Lombard a le même type énergique et intelligent qu'offre le portrait gravé par Hubert Goltzius, et qui figure en tête de l'opuscule publié par Lampson (1) sous le titre de : *Lamberti Lombardi apud Eburones pictoris celeberrimi vita.* Bruges, Hub. GOLTZIUS, 1565, in-8°.

Dans cette biographie de Lombard, il est à regretter que Lampson se soit attaché aux dissertations érudites, aux considérations sur l'esthétique de l'art plus qu'au simple récit des faits relatifs à la vie de l'artiste. Malgré les appréciations fort étendues et fort élogieuses, on n'y trouve presque aucun détail sur les travaux de Lombard, dont un seul, une grisaille assez insignifiante, peinte en Italie, est désigné par le sujet qu'elle représente. Quoi qu'il en soit, cet opuscule est cependant ce que nous avons de plus explicite sur la vie de Lombard.

Indépendamment de cette biographie, des *Elogia* que nous venons de citer, et que Lampson publia de son vivant, un choix de poésies latines, réunies après sa mort à celles de son frère, ont été imprimées sous ce titre : *Domini Lampsonii ac Nicolai Lampsonii fratrum selecta poëmata.* Leodii, 1626, petit in-8°.

Lampson était artiste, savant, mais surtout il était bel esprit. Il fut en rapport épistolaire avec beaucoup d'hommes célèbres de son temps, notamment avec Vasari, auquel il a donné bon nombre de renseignements sur les artistes contemporains vivant au pays de Liége et dans les Pays-Bas. Ces lettres paraissent être perdues, perte regrettable, car, bien qu'il soit probable que Vasari en ait donné la substance, elles renfermaient sans doute des indications sur

---

(1) *Quelques travaux de Lambert Lombard*, par J. HELBIG, *Annuaire de la Société d'Émulation de Liége*, année 1867.

nos artistes, négligées peut-être par Vasari, qui avait son point de vue spécial.

On a conservé une longue lettre de Lampson, adressée au célèbre Titien, et qui témoigne des rapports nombreux qui, surtout en ce qui concernait les arts, existaient alors entre l'Italie et les Pays-Bas. Datant de Liége au 13 mars 1567, l'écrivain s'excuse auprès de son illustre correspondant du désordre de sa lettre, sur les occupations nombreuses et d'une nature fâcheuse que donnaient dans ce moment, à lui et à son patron l'évêque de Liége, le soulèvement des protestants à Hasselt (1). En effet, cette ville dut alors soutenir un siége, et fut fort maltraitée par le cardinal, évêque de Liége ; ces circonstances devaient d'autant plus affecter son secrétaire, que celui-ci avait épousé la fille d'un riche bourgeois de la ville rebelle, et que, comme nous venons de le voir, il y avait à cette époque même des relations relatives à son art.

Lampson était lié d'amitié avec Juste Lipse, et, en cherchant à détacher ce savant de l'Université de Leyde, il a beaucoup contribué à le ramener à la foi catholique.

Dominique Lampson est mort, à Liége, en 1599. Il a été enterré dans l'église de St-Denis ; au-dessus de son tombeau, son frère, doyen de la collégiale, fit placer cette épitaphe :

Ad Dei Omnipotentis Honorem
Et
Dominici Lampsonii
Variá scientiá et functione publicá
Clari,
In hac Ecclesia sepulti,
Suique memoriam
Nicolaus Lampsonius
Ejusdem Ecclesiae Decanus,
Ejus frater pos : anno CIƆ. IƆC. III
SIC ERAT HOC LATÈ NOTVS LAMPSONIVS ANNO,
Ipsá defVnCtVs qVá sanCtVs aLeXIVs horá (2).

(1) V. *Carteggio de Gaye*, tome III, p. 248.
(2) V. *Bibliotheca Belgica* de T. F. FOPPENS, p. 249.

Il ne saurait y avoir de témérité à attribuer à l'un des élèves de Lombard resté inconnu les miniatures sur velin qui ornent un évangéliaire de l'ancienne collégiale de St-Jean-l'Évangéliste, à Liége. Ce beau manuscrit a été calligraphié, en 1564, par Robert Quercentius (Duchêne?), de Cambrai, successivement secrétaire des princes-évêques Georges d'Autriche, Robert de Bergh et Gérard de Groisbeck, et enfin chanoine de la collégiale précitée.

Quercentius dit, dans la préface de ce livre, qu'il a été chargé de transcrire cet évangéliaire par ses vénérables confrères à titre de première résidence, et qu'il regarde comme une récompense suffisante de son travail la magnificence avec laquelle les chanoines l'ont fait orner de peintures. Celles-ci ont été exécutées en 1565.

Les miniatures sont, en effet, très-remarquables, et offrent sous beaucoup de rapports une analogie frappante avec la manière de Lombard. C'est le même caractère dans les têtes, le même style de draperies; il y a encore des affinités avec ce maître dans l'ordonnance des sujets, et même dans la coloration. La tonalité des miniatures cependant est plus brillante que ne l'est en général celle des peintures du maître.

Les miniatures sont au nombre de six et représentent les sujets suivants :

1° *La Nativité.*
2° *St Jean écrivant à Patmos*, accompagné de l'aigle tenant en son bec l'écritoire et la plume.
3° *La Résurrection.*
4° *La descente du St Esprit.*
5° *La Ste Cène.*
6° *La Pêche miraculeuse.*

Ces compositions, dont les unes prennent toute la page du volume in-folio, les autres les deux tiers, ont une largeur approximative de 145 millimètres sur une hauteur qui varie de 153 à 210 millimètres, y compris leur encadrement.

Les compositions ont toute la gravité des peintures de Lombard, et elles sont exécutées avec un soin qui ne laisse rien à désirer ; quant aux encadrements, ils reflètent le goût du temps, ceux de deux dernières miniatures étant formées par les ornements d'architecture un peu baroques, dans le style de la renaissance. Les quatre premiers, au contraire, sont de charmants caprices, où des animaux, des singes en grand nombre, des paons et d'autres oiseaux, des papillons et des insectes, se jouent parmi les fleurs sur des fonds d'or, dans le style des encadrements du célèbre livre d'heures d'Anne de Bretagne. Tout cela est touché avec une délicatesse, un esprit et une finesse qu'on ne retrouve que dans les plus jolis livres de cette époque.

Il est encore à remarquer que plusieurs de ces peintures ont des fonds de paysage très-riches et très-compliqués, notamment dans la miniature consacrée à St-Jean et dans celle qui représente la pêche miraculeuse. On y aperçoit des perspectives étendues et accidentées, des villes et des châteaux-forts s'étageant sur des rochers et des montagnes ; des monastères au bord des rivières aux eaux limpides, des ponts et des tours de défense, comme dans les tableaux de Patinier ou de Blès, mais comme on ne les trouve guère dans ceux de Lombard.

Un auteur liégeois, cependant, n'a pas hésité à lui attribuer ces peintures sur velin (1), et, quoique cette opinion puisse s'accepter, nous croyons cependant ne pouvoir l'adopter.

En effet, dans les dessins encore nombreux que l'on a conservés de Lombard, il n'en est aucun qui soit traité avec la délicatesse et le fini extrême de ces miniatures ; les encadrements particulièrement, les animaux, fleurs et autres détails, les fonds de paysage des compositions historiques témoignent d'une habileté que l'on ne trouve pas dans les autres productions du pinceau de notre artiste ; elles semblent accuser la main exercée d'un miniaturiste qui s'est consacré spécialement à ce genre de peintures. Il faut ajouter encore que la date de 1565 fait rapporter ces miniatures à l'année

---

(1) Notice sur un livre d'Évangiles conservé dans l'église de St-Jean-Évangéliste, à Liége, par L. M. POLAIN, *Bulletin de l'Institut archéologique liégeois*, t. I, p. 343 et suiv.

qui a précédé la mort de Lombard. S'il devait être considéré comme l'auteur, il faudrait qu'il eût conservé jusqu'alors toute la sève et la fraîcheur de son talent.

Mais nous avons découvert, dans la première composition, *la Nativité*, sur un fragment d'architecture, dans l'ombre, au soubassement d'un temple, la marque TMP que nous considérons comme le monogramme du miniaturiste auquel on doit ces peintures. Les lettres du monogramme ne se rapportant en aucune façon au nom de Lombard, nous croyons qu'il faut renoncer à lui attribuer ces miniatures, dont l'artiste est encore à retrouver.

Il existe d'ailleurs un autre manuscrit de la main de Robert Quercentius, intitulé: *Liber missarum pontificalium ex proescripto insignis Ecclesiae Leodiensis in pergameno confectus jussu illustrissimi Roberti à Bergis, anno* 1560, également enrichi de très-belles miniatures, qui, sans doute, sont de la main du même artiste. Il était conservé autrefois dans le trésor de la cathédrale St-Lambert, et a appartenu depuis à M. Krüger de Minden. Nous ne savons ce qu'il est devenu depuis la dispersion de la collection de cet amateur.

CHAPITRE XI

Le XVIIe siècle.

Si le seizième siècle, surtout dans sa première moitié, fut pour le pays de Liége une ère de paix relative, au dix-septième, la principauté offre de nouveau le spectacle de luttes et de troubles incessants. On y voit, d'une part, un peuple indiscipliné, frondeur, souvent dupe des intrigues de puissants voisins, toujours disposé à entrer en querelle avec ses souverains. D'autre part, des princes-évêques, appartenant pour la plupart à la maison de Bavière, négligeant le gouvernement de leur principauté de Liége pour celui de l'archevêché de Cologne, ou d'autres possessions dans lesquelles ils allaient fixer leur résidence, laisser à des suffragants le soin de régler les affaires et d'apaiser des sujets mécontents.

Malgré cet état prolongé d'hostilités entre des sujets peu disposés à se soumettre et des princes étrangers qui n'apprenaient pas à les connaître; malgré les mutineries et les désordres de toute nature qui, après avoir ensanglanté les rues de la capitale, appelaient parfois les armées autour de ses murailles, les arts fleurissent, leur culture est loin d'être abandonnée. Si, faisant état du peu d'étendue de l'ancien pays de Liége, on compare sa situation, au point de vue des arts, avec celle de la plupart des pays voisins, la comparaison ne sera généralement pas en faveur de ces derniers.

Sans doute, comme presque partout, la peinture y apparaît dans un état de décadence relative, car elle ne manifeste plus avec l'énergie et la vérité des siècles passés le génie national. Depuis que Lambert Lombard avait appris aux artistes des bords de la Meuse le chemin de l'Italie et le culte exclusif de l'antique, cette révolution du goût que l'on appelait la renaissance continuait à faire son chemin. En rompant les traditions nationales, elle ôtait aux productions des artistes de l'Occident le génie qui leur était propre, le goût du terroir, et cette originalité si précieuse qui est le premier mérite de l'art, parce qu'elle est la vérité dans l'expression.

Aussi le récit de la vie des peintres du dix-septième siècle est-il assez monotone. Presque tous acquièrent dans leur patrie un certain fonds de talent ; avant que celui-ci ne soit arrivé à sa maturité, ils partent invariablement pour l'Italie ; et, en échange de l'originalité et de la force que leur eût conservées la vue de leur propre pays, la continuation du style, de la coloration et des traditions des artistes nés sous le même ciel, ils vont acquérir une certaine correction de formes, une couleur tempérée, un style étranger et conventionnel. Ils reviennent Italiens, mais Italiens de seconde main ; un grand nombre de leurs travaux sont attribués aux maîtres de l'Italie, et figurent encore à l'heure qu'il est dans les musées et les collections particulières sous des noms d'emprunt consacrés par les historiens de l'art. D'autres pourront le constater avec orgueil : nous ne le ferons pas sans regret. Cependant, malgré cette mode et cette volonté de s'affubler à l'italienne, il se forma à Liége un groupe d'artistes de talent, une école, car le caractère national ne se dément jamais d'une manière absolue ; plusieurs de ces peintres s'initient les uns les autres aux difficultés de l'art, se transmettant des procédés, un coloris, une manière d'interpréter la nature qui leur est propre, que l'on peut poursuivre et constater pendant plusieurs générations d'artistes, et qui, enfin, ont produit un fort grand nombre d'œuvres de mérite.

Ce siècle est un siècle de transition et de dégénérescence dans l'art pris dans son acception la plus élevée; mais il semble singulièrement riche et fécond lorsqu'on le compare, non aux temps qui l'ont précédé, mais à ceux qui vont le suivre. Dans l'ornementation par la peinture des édifices, et surtout des monuments religieux, se marque de plus en plus ce mouvement de la mode qui tend à renouveler, à modifier, à refaire, là où il eût fallu conserver, respecter et continuer. L'art cesse d'être exclusivement religieux, historique, populaire.

C'est le temps où, sous l'influence du goût rapporté d'Italie, on prend de plus en plus en dédain les monuments de l'art national. On commence à moderniser les églises et à en transformer l'intérieur selon la mode dominante. Les anciennes peintures murales, qui existaient encore dans beaucoup d'églises de Liége, à Ste-Croix, à St-Paul, au Cornillon, dans les collégiales de St-Trond, de Tongres, et dans la plupart des églises du pays, sont regardées comme démodées et couvertes de badigeon blanc. On perd le respect pour les œuvres d'art si nombreuses fondées par de pieux ancêtres, et l'on n'attache plus aucun prix à leur conservation. On éloigne les anciens retables sculptés et peints, pour exhausser outre mesure des autels aux formes théâtrales, dont les frontons, soutenus par des colonnes en marbre peint, s'élèveront jusqu'aux voûtes des nefs. Pour les disposer convenablement, on bouche les baies des chœurs des anciennes églises ogivales; on détruit les verrières ornées de peintures, parce qu'elles semblent de mauvais goût et qu'il s'agit d'égayer les vaisseaux des églises en y faisant pénétrer un jour abondant. C'est ainsi que furent détruits les vitraux de la collégiale de St-Pierre, de St-Adalbert, de St-Barthélemi, de St-Michel, de St-Hubert, de la chapelle des Croisiers et d'autres monuments à Liége; c'est ainsi que furent détruits les vitraux des églises de St-Trond, de Tongres, de Visé et de Huy. Ces modifications s'étendent insensiblement à presque tous les édifices du culte, et la cathédrale de St-Lambert fut loin de s'y soustraire. Avec la transformation de l'intérieur des églises changeaient aussi radicalement les conditions dans lesquelles l'art de la peinture avait à intervenir dans leur décoration.

Mais ce manque de respect pour les œuvres de l'art dues à la piété des fidèles ne s'arrêta pas aux travaux des siècles passés; il s'en prit bientôt aux meilleures peintures du XVIIe siècle. Comme on le verra en lisant la biographie de Douffet, le peintre était à peine mort que la riche abbaye de St-Laurent et l'église des Frères Mineurs, à Liége, vendirent à un prince étranger ses deux toiles les plus importantes. Un fait de même nature se produisit pour le tableau de Damri, représentant *la Piscine*, peint pour le couvent de Robermont. A une *sainte Cécile* de Bertholet Flémalle, peinte pour la chapelle des Flamands, près de la cathédrale, on substitua une copie, et, comme nous l'avons fait connaître dans l'introduction générale, un prince-évêque, amateur des arts, se procura un grand nombre de peintures d'artistes liégeois pour orner son palais de Bonn, qui devait bientôt devenir la proie des flammes.

Cependant des travaux considérables se font dans le chef-lieu de la principauté, et plusieurs de ses citoyens y comprennent encore avec une certaine grandeur la mission de la peinture. Cet art y apparaît toujours comme la compagne nécessaire de l'architecture, comme la marque de noblesse de l'intérieur des monuments. La mode de peindre des tableaux isolés, de la dimension déterminée par la fantaisie du peintre pour être suspendus à n'importe quel mur, n'existe pas encore. Elle est plus moderne, et n'est adoptée alors qu'exceptionnellement et presque toujours pour les portraits. Elle ne devait être érigée en système que lorsque l'œil s'était habitué aux musées, c'est-à-dire lorsque beaucoup de monuments, étant démolis ou dépouillés, il fallut donner un asile à ces peintures, ou à ces fragments de peintures, détournés de leur destination première.

Jusque-là, et notamment au dix-septième siècle, toute peinture avait son cadre tracé, soit dans le retable d'un autel, soit dans les champs moulurés d'un plafond, soit encore dans les panneaux d'un mur ou le ressaut d'une cheminée.

Dans la principauté de Liége, cet art reçut une nouvelle application par la peinture de panneaux en bois, dont on décorait alors le plafond d'un certain nombre d'églises nouvellement construites, et même quelques anciennes églises romanes qui n'avaient jamais été voûtées. Ces panneaux, presque toujours, étaient exécutés aux frais des bienfaiteurs des églises ou des notables de la paroisse, dont chacun tenait à être donateur d'une ou plusieurs de ces peintures, et y faisait retracer ses armoiries ou inscrire son nom. Elles représentent, soit un sujet d'histoire sainte, soit une figure de saint isolée, soit même de simples armoiries ou des arabesques, et rarement le travail avait, considéré en lui-même, une grande valeur au point de vue de l'art Mais, dans son ensemble, cette décoration produisait un effet excellent. Il s'est conservé encore quelques églises dont les plafonds sont ornés de cette manière; parmi celles-ci, on peut citer l'église de Theux (1), celle de Lantin, village auprès de Liége; l'église romane de St-Martin, à Saint-Trond, et de Foy-Notre-Dame (2) entre Dinant et Ciney. De nos jours, on a démoli, à Liége même, l'église de Ste-Véronique, dont le plafond était historié de panneaux peints qui ont été conservés (3).

(1) Une partie des panneaux peints couvrant la grande nef de cette église portent la date de 1630. On a conservé dans l'église de Theux des comptes qui établissent que les panneaux du chœur de l'église ont été peints en 1681, par Frésingher, peintre allemand.

(2) Un immense plafond en bois, divisé en caissons, renferme 145 sujets religieux peints sur panneaux par Bert. Flémalle et ses élèves; quelques-unes sont d'un grand mérite. Rapport du Comité des membres correspondants de la Commission royale des monuments de la province de Namur, lu en séance du 19 janvier 1865.

(3) Le plafond de la chapelle de Notre-Dame-aux-Fonts, près la cathédrale de St-Lambert, était décoré de panneaux peints par

La peinture trouvait une application dans la décoration des volets, qui, alors encore, donnaient aux buffets des orgues un aspect pittoresque et une élégance qu'ils ont perdus depuis que l'on a éloigné et souvent détruit cette décoration regardée autrefois comme indispensable (1).

La peinture sur toile, au dix-septième siècle, n'est qu'une dernière transformation de la peinture murale, un écho des traditions anciennes; elle reste la décoration monumentale d'une place déterminée par l'architecte.

C'est ainsi que sont parvenues jusqu'à nous un certain nombre de toiles qui, en prenant l'aspect d'un tableau-meublant moderne, sont loin de produire l'effet que leurs auteurs avaient en vue : *le Crucifiement*, de Bertholet Flémalle, son *Adoration des Mages*, d'autres tableaux conservés à la cathédrale de Liége, dont la hauteur ne semble pas proportionnée à la largeur, sont des peintures encastrées autrefois dans l'autel des chapelles des collégiales de St-Jean, de St-Denis, de St-Pierre et d'autres églises. L'*Orphée aux Enfers*, de Lairesse, a été peint pour la cheminée de l'habitation de Godefroid de Selys, bourgmestre de Liége.

Au dix-septième siècle, les membres de plusieurs familles patriciennes exercent sur les arts un noble patronage, et les consacrent, particulièrement dans les sanctuaires, à d'importants travaux. Les Liverloo, les de Méan, les Curtius de Grand Aaz, beaucoup d'autres familles et de simples particuliers, enrichissent les églises de peintures. Nous aurons l'occasion d'en citer un certain nombre en faisant connaître l'œuvre de chaque artiste. Parmi les peintures et les monuments détruits, une mention spéciale est due à l'église des Conceptionistes d'Outre-Meuse, construite par

Jean Walschartz aux frais des chanoines de la cathédrale, des doyens et de quelques-uns des chanoines des collégiales. Jean Walschartz avait orné de la même manière le plafond de l'église des Célestines.

(1) Les peintures des volets du buffet d'orgues de l'église Ste-Croix étaient de Tauler ; celles de l'église des Mineurs de Walschartz ; celles de l'église St-Jacques d'un peintre dont nous n'avons pu apprendre le nom.

le bourgmestre Arnold de Butback et sa femme, ornée à leurs frais de peintures à fresques de Bertholet Flémalle, et d'un grand tableau d'autel du même peintre, dans lequel les donateurs se firent représenter en prière, avec toute leur famille (1).

On peut dire que le goût de la peinture était très-développé à Liége; lorsque, vers la seconde moitié du siècle, un artiste très-distingué de l'école d'Anvers, Érasme Quellyn, vint à Liége pour se soustraire aux atteintes de l'épidémie qui sévissait alors dans les Flandres, il trouva des travaux dignes de son talent. La famille de Liverloo le chargea de peindre, pour l'autel de l'église des Augustins, un tableau représentant les quatre Pères de l'église d'Occident discutant sur le mystère du sacrement de l'Eucharistie. Il orna jusqu'à la révolution française l'église pour laquelle il avait été fait. En donnant l'hospitalité au même peintre, le curé de l'église Ste-Véronique, Gilles Masuir, fit faire un tableau important, dans lequel le prêtre est représenté à genoux, en adoration devant l'Enfant Jésus soutenu par Ste Anne et la Vierge Marie (2).

Au dix-septième siècle, comme aux siècles précédents, un peintre en titre était attaché à la cathédrale St-Lambert, et cette fonction subsista aussi longtemps que le chapitre lui-même. D'autre part, la ville avait un maître peintre, et le Conseil de la cité pourvoyait à cet office aussitôt que celui-ci venait à être vacant.

Si, en étudiant l'histoire de la peinture à cette époque, on a peu l'occasion de constater le patronage des princes-évêques, on y rencontre souvent, en revanche, la puissante action des ordres monastiques. Un fait qui semble particulièrement caractéristique, c'est non-seulement le nombre de travaux que les peintres exécutent pour les églises et les chapelles des maisons religieuses, mais ce sont encore les rapports d'affection, presque de famille, qui s'établissent

---

(1) V. *Recueil héraldique des Bourgmestres de la noble cité de Liége*, p. 325.
(2) Ce tableau se trouve encore à l'église Ste-Véronique.

entre eux et les membres de différents ordres. Nous aurons, à diverses reprises, l'occasion de faire connaître la nature de ces rapports. Mais, pour confirmer la vérité de cette remarque, il suffirait de rappeler que, lorsque Walthère Damri revint avec des religieux franciscains de sa captivité, il s'arrêta longtemps à Paris pour faire le travail le plus important qu'il ait laissé : les peintures murales de l'église des Pères Carmes, de la rue de Vaugirard. Ces peintures, exécutées sous leur inspiration directe, probablement pendant que le peintre était leur hôte, sont loin d'être le seul travail de Damri pour cet ordre. De retour à Liége, c'est encore pour les religieux du Carmel qu'il fait son premier et l'un de ses derniers tableaux d'autel. Lorsque le timide et laborieux Carlier, qui, lui aussi, avait fait plusieurs travaux pour ce même ordre, est frappé d'épouvante à l'entrée inopinée des Français dans la citadelle de Liége, c'est auprès des Pères Carmes qu'il cherche un refuge et les soins qui lui furent prodigués. Flémalle est tour à tour le peintre et l'architecte des Dominicains de Liége ; il vit dans leur intimité et leur lègue en mourant la fortune acquise par son travail. Lorsque, dans les désordres de sa jeunesse, Lairesse reçoit une blessure à la suite d'une rixe, il court chez les Pères Dominicains pour leur demander à la fois les soins que réclame son état et un lieu sûr pour se soustraire aux recherches de la police. Telles étaient les mœurs du temps.

La destinée de ces artistes paraît liée d'une manière si intime à celle des principaux ordres religieux, que c'est presque exclusivement dans les sanctuaires élevés par ces derniers qu'à leur mort les peintres liégeois trouvèrent un lieu de repos pour leur corps et des prières pour leur âme. Quand arriva la tourmente qui devait abattre les cloîtres en dispersant leurs habitants, elle emporta du même coup presque tous les travaux des artistes et le souvenir qui marquait leur tombe. Il serait difficile aujourd'hui de trouver dans la ville où ils sont nés une pierre marquant le lieu de sépulture d'un seul maître de quelque réputation.

CHAPITRE XII

Gérard Douffet (1).

Gérard Douffet (dit Chevaert) est né à Liége, le 6 août 1594, dans une maison qui se trouvait vis-à-vis de l'église des Dominicains, et qui avait été achetée par son père deux ans avant la naissance du peintre.

Son père s'appelait Gérard Douffet (dit Radelet) et sa mère avait pour nom de fille Marie Spineux ou Espineux.

Gérard fut mis de bonne heure à l'école, où son génie naturel pour la peinture se manifesta de la même manière que s'annonce chez beaucoup d'enfants un esprit distrait et

---

(1) L'orthographe de ce nom varie, comme celle de beaucoup de noms propres à cette époque. Dans un acte relatif à l'achat et à la vente de la maison du peintre, et qui nous a été obligeamment communiqué par son possesseur, M. le chevalier de Corswarem, à Hasselt, le nom de l'artiste est écrit indifféremment *Douffet*, *Douffeit* ou *d'Ouffet*. — Le tableau représentant l'*Invention de la Croix*, qui se trouve à Munich, est signé *Ger. Dovffet*. Nous reproduisons un *fac simile* de cette signature.

irréfléchi, c'est-à-dire en dessinant des figures sur les marges de ses cahiers. Il ne porta pas fort loin l'étude des humanités.

Sa vocation pour l'art s'annonçant de plus en plus, son père le mit en apprentissage chez un peintre qui demeurait dans le voisinage et qui se nommait Jean Tauler. Bientôt le jeune élève fit des progrès, et les leçons de Tauler paraissant insuffisantes, Gérard fut envoyé à Dinant, chez un maître du nom de Perpète, dont les travaux ne sont pas parvenus jusqu'à nous. Il paraît que Douffet l'aidait tout en recevant ses conseils, et faisait chez son nouveau maître preuve d'une aptitude et d'une ardeur au travail qui décidèrent son père à s'imposer les sacrifices nécessaires au développement de ce jeune talent; il voulut le confier à quelque peintre célèbre.

Rubens jouissait déjà alors d'une grande réputation. Revenu d'Italie vers la fin de l'année 1608, il s'était fixé à Anvers et avait épousé la fille de Jean Brandt, l'un des échevins de cette ville. Ce fut aux leçons de Rubens que Douffet fut confié. Il partit pour Anvers à l'âge de dix-huit ans, et, pendant deux ans, il reçut les conseils et copia les œuvres du célèbre peintre d'Anvers. Il semble toutefois que ce guide ne répondait pas entièrement à ses aspirations, car bientôt il conçut le projet de se rendre en Italie; mais, avant de donner suite à cette pensée, il revint à Liége.

De retour dans sa ville natale et animé du désir de montrer les progrès qu'il avait faits pendant son absence, il peignit une Judith, d'après la gravure d'un tableau de Rubens et les souvenirs qu'il avait conservés de l'œuvre originale. Cette peinture, exposée dans l'église du petit St-Martin, fut acquise par Marcellis, chanoine de St-Lambert, et, quelque temps plus tard, elle passa entre les mains d'Arnould de Selys, chanoine au même chapitre. Douffet peignit encore un Prométhée (1), et fit les portraits de son père et de sa mère, ainsi que de plusieurs autres personnes.

---

(1) Ce tableau appartient actuellement à M. le docteur Hurault, à Liége.

Il partit pour l'Italie en 1614. Arrivé à Rome, il se mit aussitôt à copier les statues antiques, les toiles des grands maîtres de la renaissance, et, chose à noter, il s'attacha particulièrement à l'étude d'un tableau de Jean de Maubeuge, le maître de Lambert Lombard. Tout en le laissant épris des études assidues, le caractère agréable et gai du jeune artiste le mit bientôt en relation avec bon nombre de personnes distinguées. Leur société lui fit comprendre combien l'instruction qu'il avait reçue était insuffisante et combien il manquait de lecture. Il s'efforça courageusement de réparer les lacunes de sa première éducation par la lecture de bons livres et l'étude du latin. Doué d'une mémoire heureuse et de beaucoup d'intelligence, il réussit à acquérir une partie de ce qui lui manquait. Il récitait couramment des tirades entières des meilleurs auteurs et passait lui-même pour tourner assez bien un vers. Enfin, il s'adonna à la lecture des livres d'histoire et de philosophie, cherchant ainsi à cultiver de plus en plus son esprit, sans renoncer ni à l'étude de son art, ni aux plaisirs de la société qu'il voyait à Rome.

Il réussit bientôt à faire le portrait d'une manière remarquable, et ce fut dans ce genre qu'il montra aussi plus tard une supériorité incontestée. Il en peignit plusieurs à Rome, mais on ignore quels furent les autres travaux auxquels il se livra dans cette ville.

Après avoir demeuré sept ans à Rome, Douffet voulut voir Naples. Dans cette intention, il prit, accompagné de plusieurs Liégeois, passage sur une galère qui faisait partie d'une escadre en partance pour Naples. L'escadre fut bientôt assaillie par une violente tempête, et le vaisseau sur lequel se trouvait notre peintre fut obligé de relâcher à Malte. Après avoir visité la ville et l'île, Douffet retourna à Rome, où le manque de ressources l'obligea à faire un nouveau séjour assez prolongé pour pouvoir y peindre deux tableaux et plusieurs portraits. Ces travaux furent assez bien rémunérés pour lui permettre d'entreprendre, avec deux de ses amis, le voyage qui devait le ramener dans sa patrie.

Il partit avec Tilmant Woot de Trixhe et Michel Houbar,

peintres tous deux. Leur voyage ne se passa pas sans aventures, et leur retour au pays de Liége ne devait pas se faire par la voie la plus directe. Déjà à Pesaro, dans la délégation d'Urbin, Houbar tomba malade. Ses deux compagnons voulurent attendre son rétablissement pour continuer leur route ensemble; mais, au premier essai que Houbar fit de ses forces renaissantes, il fut contraint, par une rechute, à s'arrêter et à laisser partir sans lui ses deux amis.

Il fut convenu que ceux-ci l'attendraient à Venise, et, pour lui faciliter le trajet qu'il devait faire, ils lui abandonnèrent la moitié de la bourse commune, dont probablement Douffet avait fait les frais. Celle-ci, au surplus, n'était pas considérable; les deux Liégeois entrèrent à Venise sans un sou vaillant. Leur position allait devenir fort embarrassante lorsque, dès leur arrivée, la fortune leur fit rencontrer un compatriote, Pierre des Ursins, dont ils avaient fait la connaissance à Rome. Il leur fit bon accueil, malgré leur dénûment, et les conduisit dans une hôtellerie, en répondant de leur dépense. Dès le lendemain, il revit ses compatriotes et les mit en rapport avec un riche négociant flamand, qui commanda son portrait à Douffet. Celui-ci en fit bientôt d'autres et peignit un tableau pour un noble vénitien, qui paya largement. L'hiver étant survenu sur ces entrefaites, les deux artistes continuèrent à travailler à Venise, et ils ne revinrent à Liége qu'au printemps de l'année 1623. Après une absence de plus de huit ans, Douffet eut encore la joie de revoir son père, qui ne mourut que deux années plus tard.

Peu de temps après leur retour, Woot se mit en rapport avec les P.P. jésuites; il travailla pour eux d'abord, et, plus tard, il entra dans leur ordre. Il fit pour leur église quatre tableaux, représentant l'apparition de la sainte Vierge à saint Ignace, saint Louis de Gonzague, saint Stanislas et saint François Borgia. De son vivant, cet artiste eut quelque réputation.

Quant à Douffet, son renom avait précédé son retour. On lui demanda bientôt des portraits, et il en fit de remarquables. Avant son départ pour l'Italie, il s'était épris d'une jeune fille nommée Catherine d'Ardespine, qui demeurait dans le voisinage de la maison paternelle. Il avait fait le portrait de Catherine pour l'emporter avec lui, et, en retour, il lui avait laissé le sien. Il l'épousa en 1628. De cette union est né, l'année suivante, Gérard Douffet, troisième du nom, qui s'adonna à l'architecture, sans toutefois s'y distinguer.

Douffet travailla beaucoup à Liége pour les particuliers, faisant tour à tour des tableaux et des portraits. Il fut aussi occupé pendant longtemps à des travaux commandés par Ferdinand de Bavière. Parmi les toiles les plus importantes qu'il produisit alors, il faut citer l'*Invention de la Sainte Croix*, grande composition que lui commanda Dom Charles Hardy, religieux du monastère de St-Laurent, pour l'église de cette abbaye (1).

Voici comment cette œuvre est conçue :

Sainte Hélène, sous les traits d'une matrone liégeoise de quarante à cinquante ans, la couronne en tête, revêtue d'une robe noire violacée avec un camail de drap d'or, des sous-manches et un manteau blancs, assise sur un cheval gris-pommelé, occupe le centre de la composition. Elle étend la main droite vers la croix que trois hommes cherchent à dresser auprès d'un mort qui revient à la vie au contact de l'instrument du salut; auprès de lui, un second cadavre est encore couché à terre. Ils ont été apportés sur un brancard, et un homme qui soutient le corps sur lequel s'opère en ce moment le miracle de la résurrection se bouche le nez. A la droite du tableau, un vieillard incrédule, revêtu d'un riche pourpoint de velours rouge, tient un livre. Il paraît saisi d'étonnement à la vue du prodige qui s'accomplit sous ses yeux. Derrière lui est un nègre, coiffé d'une toque avec une plume jaune.

Sur le premier plan, auprès de sainte Hélène, deux jeunes filles et un jeune seigneur sont à genoux, adorant l'instrument de la Passion; enfin, derrière ce groupe, formant partie du cortége de la sainte impératrice, on voit une troupe de guerriers à pied, armés et la tête couverte de salades; au-dessus d'eux sont des cavaliers également revêtus de costumes et d'armures appartenant au siècle où vivait le peintre.

(1) V. planche IX.

Au second plan, on voit des spectateurs ; le fond du tableau est formé par des arbres et le ciel.

Les figures sont de grandeur naturelle. La hauteur de la toile est de 2 mètres 75 ; sa largeur de 3 mètres 30. Elle est signée :

GER. DOVFFET INVENTOR

Lorsque ce tableau fut placé au fond de l'église de l'abbaye, le cadre portait cette inscription : *Amor et delicium generis humani crux*, et au-dessous on lisait cette autre légende :

Inventæ iconismum Crucis, Helenæ imperatrici, Crucis inventori, posuit a° 1624; obiit 1637 martii 21.

IVDICII eMergIt IVstItIaeqVe basIs.

Ce tableau est composé avec clarté ; sa couleur est vigoureuse, mais elle a un peu noirci, surtout dans les ombres. Les têtes portent en général le type liégeois bien caractérisé et l'ensemble manque de noblesse. L'exécution technique est large et savante.

Douffet peignit d'autres toiles de grande dimension. En 1627, il exécuta, pour le seigneur Charles Caroli, une grande composition que celui-ci fit placer dans le chœur de l'église des P. P. Mineurs, à Liége, en mémoire de sa dame, Alyde Gabriel, morte en 1627 et inhumée au pied de cette épitaphe, où, plus tard, le donateur fut également enterré.

Ce tableau a pour objet la glorification de saint François d'Assise. Son importance nous porte à en donner également la description.

La composition est divisée en deux régions et fractionnée en différents épisodes qui nuisent à l'unité de l'ensemble. Dans la partie inférieure, à droite du tableau, un escalier donne accès à un caveau voûté ; par la porte ouverte du caveau, on voit le pape Nicolas V prosterné devant le corps de saint François, qui, revêtu du costume de l'ordre fondé par lui, est dressé contre le mur. Deux religieux franciscains ont accompagné le pape en l'éclairant au moyen d'une torche. Cette scène est traitée comme un épisode indépendant du reste du tableau, et les personnages y ont la dimension de figures de second plan.

Dans la région supérieure, établie au moyen d'une architecture de fantaisie, un moine en surplis exorcise une femme enchaînée, qui se jette en arrière avec des contorsions violentes. Tandis qu'elle est tenue par deux hommes et qu'un troisième la frappe de verges, un petit démon sort de sa bouche. Devant l'exorciste, un acolyte tient un livre; derrière cette scène se trouve un groupe de spectateurs, la plupart vêtus de costumes orientaux, parmi lesquels on remarque un petit nègre. Ils se trouvent en-dessous d'une sorte de baldaquin supporté par des colonnes torses.

Dans la région inférieure, au premier plan, un grand nombre de personnages viennent visiter le tombeau de St François, qui est gardé par un soldat armé d'une hallebarde. Au centre, un malade presque nu, soutenu par une jeune fille, vient demander sa guérison à la tombe du saint. Derrière lui, descendant les marches d'un escalier qui conduit de la région supérieure à la partie inférieure de la composition, apparaissent d'autres visiteurs. Un cardinal, conduit par un moine et suivi par un chien, descend vers la tombe du saint; derrière ce groupe apparaissent d'autres figures, entre autres un homme portant une croix de procession. Plus haut, un soldat en armure empêche un blessé, dont le bras est en écharpe, d'approcher; enfin, au sommet de l'escalier, un pèlerin indique la sépulture miraculeuse à deux femmes dont on ne voit que les têtes, le reste des figures se perdant dans le cadre. Au premier plan, à gauche du tableau, une femme est couchée à terre avec son nourrisson; elle tend la main vers le cardinal pour lui demander l'aumône.

Ce tableau, aujourd'hui de forme carrée, avait dans sa forme originale les angles de la partie supérieure coupés.

Les figures sont à peu près de grandeur naturelle. La toile a une hauteur de 3 mètres 64 cent. sur une largeur de 3 mètres 7 cent.

Lorsque cette peinture ornait le chœur de l'église des frères Mineurs, son cadre portait les inscriptions suivantes :

D. O. M.

Pauperumque Patriarchæ Francisco hanc seraphici sepulchri iconem inviolati offertus indicem erga conjugem Dom[tam] *Aleidem Gabriel vitá functam anno 1625. Septembris 24. Hon.*[bilis] *vir Carolus Caroli superstes ponebat anno 1627 qui obiit 21 junii 1658.*

Verė sVM VnICá paVpertate DIVes.

Ce tableau est remarquable comme harmonie. Il est d'une couleur grise, vraie, vigoureuse sans exagération; il est peint avec ampleur et fermeté; le dessin en est généralement correct. La composition, qui en fait une sorte de tableau d'apparat, est assez décousue, à la vérité, mais elle est agencée avec art et prouve chez le peintre une certaine abondance d'idées. Les têtes sont, en revanche, froides d'expression et souvent vulgaires dans les types, notamment dans la femme couchée au premier plan.

En somme, c'est, parmi les tableaux parvenus jusqu'à nous, l'œuvre capitale du maître, auquel elle fait le plus grand honneur. Elle a des affinités avec les peintures de Bertholet et de Carlier, dans ce que ces artistes ont fait de mieux.

Douffet peignit, en 1640, aux frais de Walthère de Liverloo, riche négociant liégeois, et de sa femme, le tableau du maître-autel de l'église Ste-Catherine, à Liége. C'était un triptyque. Le panneau central représentait le martyre de Ste Catherine, tandis que, sur l'un des volets, on voyait la sainte discutant avec les docteurs, et sur le second, elle apparaissait traînée par un bourreau, en même temps qu'un agneau, au pied d'une idole. Enfin, lorsque ces volets étaient fermés, on voyait les portraits des donateurs, Walthère de Liverloo et Jeanne de Fossé, à genoux devant un prie-Dieu, peints de grandeur naturelle. Ils étaient saisissants de ressemblance et passaient pour être des meilleurs travaux de Douffet. Cet autel, orné d'ailleurs de belles sculptures sur bois d'une grande richesse, était l'un des principaux ornements de cette église, où les donateurs avaient leur sépulture.

Il travailla ainsi jusqu'en 1646. A cette époque, Douffet, qui était du parti des Chiroux, et qui, par conséquent, tenait pour les bourgmestres Charles de Méan et François de Liverloo, en opposition au colonel Jaymaert, fut obligé de s'éloigner de la ville, pendant que les factieux avaient le dessus. Bientôt cependant il revint à Liége et put reprendre son travail.

Vers l'an 1648, Douffet fit un tableau, représentant le Sacrement de l'Ordre ou la mission de St Jacques-le-Majeur, pour l'autel de la chapelle de l'hospice du petit St-Jacques, au pont d'Avroy, œuvre qui lui avait été commandée par les administrateurs de cet hôpital.

Après ces différents travaux, il fit encore une *Adoration des Bergers,* qui lui fut demandée, par le commandeur de l'Ordre Teutonique, pour l'église de Bilsen; une *Descente de la Croix,* pour le maître-autel de l'église de Cornelis-Munster, près d'Aix-la-Chapelle; un *Crucifiement,* pour la cathédrale St-Lambert, à Liége; un *St Pierre,* pour l'église des P. P. Mineurs, à Huy. Il fit aussi quelques peintures pour Maximilien-Henri de Bavière, prince de Liége, qui avait Douffet en haute estime. Enfin, l'une de ses dernières œuvres fut une *Élévation en Croix,* qu'il peignit pour Arnould de Hoensbroeck, chanoine de Liége, et qui figura dans une chapelle de la cathédrale St-Lambert.

Douffet fit un grand nombre de portraits, genre dans lequel, comme nous l'avons dit, il réussissait à merveille. Beaucoup de notabilités du pays de Liége ont posé devant lui. Il a fait le portrait du sire de Liverloo, celui du père et de la mère de ce patricien commerçant; il a fait le portrait de Curtius de Grand Aaz, de Gerinx, chanoine de St-Martin, de Tonnar, chanoine de St-Paul, de Selys, chanoine de St-Lambert et prevôt de Maeseyck, et de beaucoup d'autres personnages. Il fit aussi un certain nombre de petits tableaux pour les amateurs.

Il mettait beaucoup de soin et de conscience dans son travail, peignait lentement et effaçait souvent, pour les recommencer, des parties qui eussent satisfait tout autre que lui. Douffet était doué d'un caractère qui lui a concilié l'estime de ses contemporains; généreux, bienveillant envers ses confrères, dont il aimait à vanter les talents, il conserva les relations les plus amicales avec plusieurs d'entre eux, et entre autres avec Bertholet Flémalle, qui avait été son élève. Indépendamment de Flémalle, il avait eu pour disciples Gérard Goswin, Lambert Campo et les deux frères Delcour.

Dans les dernières années de sa vie, Douffet souffrait beaucoup de la goutte et ne pouvait sortir qu'appuyé sur des béquilles. Il vendit sa maison paternelle en 1655; il habita une maison rue d'Amay, et, après sa mort, survenue en 1660, il fut enterré dans l'église des Frères Prêcheurs, auprès de son père et de sa mère. Cette église, où devait, quinze ans plus tard, aussi être inhumé Bertholet Flémalle, dont elle contenait déjà plusieurs tableaux, fut, comme on sait, démolie, et de ses débris on a bâti un théâtre sur la place qu'elle occupait.

Nous avons dit ailleurs que la plupart des œuvres des peintres liégeois ont été, ou détruites, ou bien dispersées loin du pays pour lequel elles avaient été créées. L'histoire des peintures de Douffet est une preuve nouvelle de ce fait. Il n'est pas sans intérêt de la connaître.

Le tableau de l'Invention de la Ste Croix fut vendu à l'électeur palatin Jean-Guillaume, qui, à l'époque où il formait la galerie de Dusseldorf, devenue célèbre depuis, offrit, paraît-il, la somme de deux mille écus pour la toile du peintre liégeois. Chose triste à consigner, les religieux de la riche abbaye de St-Laurent ne surent pas résister à cette offre. Ils vendirent le tableau donné par Dom Charles Hardy en l'honneur de Dieu et par dévotion pour la Ste Croix. C'était aliéner à la fois un monument de la piété et du talent de deux enfants du pays. La somme payée pour le tableau fut employée à des réparations d'un goût fort douteux au chœur de la chapelle.

Le tableau peint pour l'église des F. F. Mineurs en l'honneur de St François, donné par Charles Caroli, en pieuse mémoire de sa femme, subit le même sort. Jean Guillaume, qui, sans doute, avait une prédilection pour les peintures de Douffet, fit offrir par son émissaire habituel en ces sortes de négociations, le peintre Van Douven, la somme de dix mille francs aux Frères Mineurs, qui lui abandonnèrent également cette peinture, principal ornement de leur église. Il paraît que ce trafic peu édifiant d'une œuvre d'art offerte en mémoire de la femme du donateur se fit sans l'opposition des membres de la famille de ce dernier (1).

Les deux toiles les plus importantes de Douffet passèrent ainsi à la galerie de Dusseldorf. Lorsque, en 1799, à la mort de Charles-Théodore, l'électorat échut en héritage à Maximilien-Joseph de Bavière, celui-ci, qui habitait Munich, préféra y faire transporter la galerie. Se prévalant de la guerre qui éclata en 1805 entre la France et la Prusse, il réalisa son projet, croyant assurer ainsi sa galerie contre les risques de la guerre. Aujourd'hui, c'est à la Pinacothèque de Munich que se trouvent ces tableaux, ainsi que deux beaux portraits du même peintre.

Une tentative d'acheter le tableau de l'hospice du Petit-St-Jacques paraît aussi avoir été faite (2). C'est le seul tableau important de Douffet qui soit resté dans sa ville natale.

---

(1) Ce tableau fut remplacé par une copie. Voici, en effet, ce qu'on lit à ce sujet dans le *Voyage littéraire de deux Bénédictins*, tome II, p. 194 :

« Ils nous firent remarquer (les Cordeliers) une excellente copie d'un tableau inestimable qui représentait le pape rendant visite à St-François. Ils nous dirent qu'ils avaient eu autrefois l'original, mais qu'un prince d'Allemagne, passant à Liége, en fut si charmé, qu'il en offrit dix mille livres et qu'ils ne purent le lui refuser. »

Les deux bénédictins visitèrent la ville de Liége en 1718.

Cette copie, très-médiocre et de proportions réduites, se trouve encore actuellement à l'église St-Antoine, à Liége.

(2) Abry, auteur contemporain, assure que les administrateurs de l'Hospice vendirent cette toile à l'électeur Jean Guillaume. Mais ce tableau est resté au petit St-Jacques, et, lors de la suppression de celui-ci, il doit avoir été restitué à la Commission administrative des Hospices civils, car il se trouve actuellement au parloir de l'Hospice des femmes incurables.

Abry se trompe encore quant à la date à laquelle ce tableau aurait été peint, et qu'il fixe à l'année 1650. Il a été gravé par Natalis en 1648, et doit, par conséquent, être d'une époque antérieure.

Quant au triptyque donné à l'église de Ste-Catherine par Walthère de Liverloo, il fut brûlé dans le bombardement de la ville, ordonné pendant les fêtes de la Pentecôte, en 1691, par le marquis de Boufflers, général de Sa Majesté très-chrétienne Louis XIV. Tout le quartier de la ville où se trouvait cette église, ainsi que l'ancien hôtel-de-ville nommé la Violette, furent la proie des flammes.

On ignore ce que sont devenus les tableaux peints par Douffet pour la cathédrale St-Lambert, ainsi que d'autres de ses travaux.

INDICATIONS ET RECHERCHES SUR LES TRAVAUX DE DOUFFET.

Indépendamment des tableaux mentionnés dans la biographie du peintre, voici l'indication de quelques-unes de ses peintures qui, dans la seconde moitié du dix-huitième siècle, se trouvaient encore dans les églises et chez quelques amateurs de la ville de Liége :

Dans la chapelle de la Vierge-Bonne-Nouvelle', à St-Lambert : *Saint Materne* et *Saint Lambert*.

Aux Carmes en Isle : *La Mort de sainte Thérèse* et *Daniel dans la fosse aux lions*.

Au monastère de Vivegnis, près de Liége, dans le chœur des dames : *Le Seigneur tenté par Satan*, *Marthe et Marie auprès du Christ*, la *Piscine*.

A Huy, aux Frères Mineurs : *St Pierre guérissant les malades à la porte du temple*, et une autre peinture dont le sujet n'est pas indiqué.

Aux Augustins, à Liége : *Sainte Monique*, *Saint Augustin*, *Saint Nicolas de Tolentin*, *Saint Thomas de Villeneuve* et *Sainte Claire*.

Chez les amateurs, à Liége : *Les Cyclopes forgeant les armes en présence de Vénus*.

Une *Sainte Famille*, appartenant à M. Lovinfosse; une autre *Sainte Famille*, appartenant à M. Defrance ; enfin, un *Saint Guillaume* et *Ruth et Noémi*, deux tableaux appartenant au chanoine Hamal.

La glorification de St François d'Assise. — Tableau décrit dans la biographie de l'artiste.

(Pinacothèque de Munich)

L'invention de la Ste Croix. — Tableau décrit dans la biographie de l'artiste.
(Pinacothèque de Munich.)

Portrait d'homme. — La tête paraît être celle d'un homme âgé d'une quarantaine d'années. Il porte les cheveux longs, la moustache retroussée et la mouche au menton ; il est vêtu d'un pourpoint de soie violette, à nœuds noirs et à aiguillettes, d'un col blanc à plis et d'un manteau noir. De la main droite il tient ses gants.

Peinture intense et chaude, tenant des Venitiens ; la couleur a un peu noirci dans les ombres, qui paraissent exagérées.

Toile : H., 75. L., 58.

(Pinacothèque de Munich, où ce portrait figure sous le n° 183.)

Portrait d'homme. — Type énergique, un peu vulgaire, moustache et barbe rousses ; cette dernière coupée carrément au menton. La tête est coiffée d'un chapeau noir à cylindre, à très-petits bords, à peu près tels qu'on les porte encore de nos jours. Ce personnage est vêtu d'un pourpoint noir et porte une fraise au cou ; il a la main droite dans la poche de ses chausses, et de la gauche il tient un rouleau de papiers.

Dans l'angle de la toile, il y a un blason que nous n'avons pu déchiffrer et l'inscription suivante : *Aetatis suae 55*.

Ce beau portrait, vigoureux de ton et d'une touche ferme, est daté de l'an 1624.

Toile : H., 0,95. L., 0,68.

(Pinacothèque de Munich, où il figure sous le n° 226.)

La Descente de Croix. — La composition de cette toile offre des réminiscences du célèbre tableau de Rubens. Le corps du Christ, descendu de l'instrument du supplice par deux ouvriers montés sur des échelles et deux hommes âgés d'un rang élevé, Joseph d'Arimathie et Nicodème, est reçu par un jeune homme qui, dans l'intention du peintre, représente sans doute St-Jean ; il reçoit le corps du divin maître sur une draperie rouge. A côté de lui la sainte Vierge, la tête couverte d'un voile blanc, lève les yeux au ciel. Du geste elle indique un fragment d'architecture sur lequel est écrit la devise : *Dante juvante Deo*, qui est probablement celle du donateur du tableau, un seigneur d'Eynatten, abbé du monastère de Cornelimunster, mort en 1645, dont les armes sont peintes près du fragment d'architecture.

A droite du spectateur, au premier plan, on voit Ste Madeleine, les cheveux épars, occupée à prendre un vase qu'un jeune homme apporte. Auprès d'elle une autre femme dépose un plat en cuivre au pied de la croix. Le peintre a voulu indiquer par là les préparatifs pour l'embaumement du Christ. Cette toile est d'une couleur vigoureuse, mais un peu terreuse dans les ombres. Elle n'a rien de la palette flamande. Quelques têtes, les cheveux et la draperie de sainte Madeleine sont bien peintes, mais la composition est faible, et les têtes sont froides. L'harmonie du tableau souffre d'ailleurs de l'horrible cadre rococo blanc et or qui l'entoure. — Somme toute, c'est une œuvre très-inférieure aux peintures du même maître conservées à la Pinacothèque de Munich.

L'état de conservation de cette toile est assez bon; il a été nettoyé et rentoilé, en 1841, par un peintre qui a jugé à propos d'y mettre son nom avec un *renovatum*. Quelques retouches sont apparentes. Enlevé par les armées françaises en 1802, lors de la suppression de l'ancienne abbaye de Cornelimunster, fondée par Louis-le-Débonnaire en 815, cette peinture fut restituée, après la prise de Paris par les alliés. C'est, à notre connaissance, le seul tableau de Douffet figurant encore aujourd'hui à la place pour laquelle l'artiste l'a exécuté. Il avait peint pour la même abbaye deux tableaux qui ont disparu.

Toile : H., 3,18. L., 2,18.

Maître-autel de l'église de l'ancienne abbaye de Cornelimunster (Prusse).

Venus visitant la forge du Cyclope. — Le Cyclope, avec plusieurs aides, est occupé à frapper sur une enclume pour forger des armes. A droite du spectateur un jeune compagnon active le feu de la forge en mettant le soufflet en mouvement. De l'autre côté du tableau, au premier plan, une jeune femme (Venus) montre à un enfant, qui est appuyé sur un chien, le groupe animé des travailleurs.

Ce tableau, où l'artiste semble avoir pris tous ses modèles dans la vie réelle et la population au milieu de laquelle il vivait, n'a rien de mythologique, si ce n'est le Cyclope à l'œil unique au milieu du front. Les autres acteurs de la scène sont de robustes liégeois avec leurs types plus énergiques que distingués.

Au surplus, cette toile est d'une bonne couleur, vigoureuse sans exagération, transparente dans les ombres et d'un ton fin dans les lumières; elle est peinte d'un pinceau gras et large, qui fait honneur à la manière du peintre. On peut regarder ce tableau dans son ensemble comme un excellent spécimen des œuvres de petite dimension de l'école liégeoise au XVIIe siècle.

Elle a sans doute été peinte pour le sire de Gomzée, abbé de Beauregard, dont elle porte les armes ; à la fin du siècle dernier, ce tableau appartenait à la collection du chanoine Hamal ; il a passé de là entre les mains de C. Desoer, puis à Mme Dubois, sa fille, et fait partie aujourd'hui de la collection de M. Aug. Vischers, à Bruxelles.

La mission de St Jacques (1). — Le Christ, vêtu d'un ample manteau rouge, ordonne à St Jacques-le-Majeur d'aller prêcher toutes les nations. St Jacques, en costume de pélerin, vêtu d'une tunique courte couleur verte et d'un manteau brun dont le col est chargé de coquilles, est à genoux devant le Seigneur. En signe de soumission, il met sa main sur le cœur. A ses pieds, on voit un bourdon de pélerin et un portefeuille avec des papiers.

Derrière ce groupe, on voit plusieurs apôtres, dont l'un s'appuie sur le dossier d'une chaise. La scène se passe dans une sorte de portique ouvert laissant voir un fond de paysage animé de figures. Les figures sont de grandeur naturelle.

Toile : H., 2,73. L., 1,86.

Il y a de l'affectation dans l'expression et le mouvement des figures. La peinture a considérablement noirci, et il est probable qu'elle a été exécutée sur un fond brun rouge qui aura repoussé. Ce tableau a été reproduit par le burin élégant de Natalis, et le graveur a fait plus que rendre justice à l'œuvre du peintre.

(Au parloir des Femmes Incurables, à Liége.)

Portrait de Bertholet Flémalle. — Dans une toile faite en collaboration avec ce peintre et le peintre de fleurs Goswin. Voir la notice de Bertholet Flémalle.

(Appartient à M. Desoer de Solières.)

St Roch intercédant auprès de la Vierge Marie pour les pestiférés. — Au milieu de la composition, saint Roch, le bourdon du pélerin à la main, montre à la sainte Vierge les pestiférés qui sont morts ou mourants autour de lui. La Vierge Marie, debout, vue de profil, portant l'enfant Jésus, apparaît à droite du spectateur, au haut d'un escalier de quelques marches. Elle est coiffée à l'antique, les cheveux retenus par des bandelettes blanches ; elle est vêtue d'une robe rouge-clair et d'un manteau gris.

---

(1) Par quelques auteurs, ce tableau est intitulé abusivement : *Le Doute de St Thomas*. Il ne représente pas cette scène.

Derrière le saint, un homme en camail rouge tend vers la sainte Vierge des mains suppliantes, et, dans la pénombre du dernier plan, une femme semble faire hommage d'un vase à parfums à la mère de Dieu.

Sur le premier plan, une femme mourante est soutenue par un homme qui cherche à éloigner du sein de la pestiférée le nourrisson qu'elle allaite. D'autres malades sont couchés derrière saint Roch, au pied duquel on voit le chien traditionnel tenant un pain dans sa gueule. Le fond de la composition est formé par de l'architecture. Cette toile est d'une facture large et d'une couleur vraie. Bon état de conservation.

Toile : H., 2,40. L. 1,72 (1).   (Église Ste-Véronique, à Liége.)

---

(1) L'étude que nous avons faite des peintures du maître nous permet de lui attribuer cette toile. Douffet a peint, pour l'église paroissiale de St-Séverin, saint Roch intercédant auprès de la Ste Vierge ; nous croyons que c'est ce tableau qui se trouve actuellement à l'église Ste-Véronique.

CHAPITRE XIII

Bertholet Flémalle (1).

Bertholet Flémalle, fils de Renier Flémalle, peintre verrier, et d'Agnès de Soiron, est né à Liége, dans la paroisse de St-André, le 23 mai 1614.

Il était le second de quatre frères, auxquels Renier Flémalle fit donner une éducation particulièrement dirigée vers l'étude des arts de la musique et du dessin. Le jeune Bertholet avait une voix agréable, et, dès qu'il fut en âge de pouvoir suivre avec quelque fruit les leçons de la maîtrise de la cathédrale, il y fut reçu enfant de chœur. Il fit des progrès rapides, et joua bientôt de divers instruments, ce qui lui assura de bonne heure des succès de société. Il étudia en même temps avec ardeur la peinture, montrant aussi de

---

(1) Flemael, Flamael ou Flemal; nous avons adopté l'orthographe en usage pour le nom de la localité aux environs de Liége, dont, sans aucun doute, les ancêtres de l'artiste ont pris leur nom de famille. Lui-même, cependant, signait Bertholet Flemal.

ce côté des dispositions précoces et marquées. Il reçut les premiers conseils de Henri Trippez (1), assez bon peintre et artiste de jugement; mais lorsque Gérard Douffet revint d'Italie, Bertholet fréquenta son atelier et devint son élève; c'est ce maître qui a exercé une influence véritable sur le développement de son talent.

Après quelques voyages dans les pays voisins, Bertholet partit à son tour pour Rome vers l'année 1638. Il entreprit ce voyage en compagnie de François Medin, chirurgien, et de Walthère Woot, peintre.

Son séjour à Rome se prolongea pendant quelques années; lorsque le moment du retour fut arrivé, il s'arrêta à Florence et y peignit plusieurs tableaux qui lui avaient été commandés par le grand-duc Ferdinand II, puis il partit pour Paris, où il fit un nouveau séjour. Il y reçut fort bon accueil, et, ayant été mis en rapport avec Pierre de Séguier, chancelier de France, celui-ci l'occupa aux peintures de l'une des galeries de Versailles. Avant de quitter Paris, il peignit une *Adoration des Mages*, tableau qui fut placé au-dessus de la porte des Grands Augustins. Le jeune peintre ne revint dans sa patrie que vers la fin de l'année 1647.

De retour à Liége, il prit d'abord domicile dans les cloîtres de l'église St-Jean, et ensuite il habita une maison voisine du chœur de cette collégiale. C'est là qu'il peignit pour le doyen de Rosen *le Crucifiement* conservé encore actuellement dans cette église, et où l'on voit le donateur représenté au pied de la croix. C'est l'une des meilleures compositions de Bertholet; il la répéta, avec de légères variantes et un autre donateur, dans une toile conservée aujourd'hui à la cathédrale de Liége.

A cette époque, les troupes de Ferdinand de Bavière devaient mettre le siége devant la ville de Liége, et Bertholet, craignant que les maux de la guerre ne vinssent s'ajouter

---

(1) Henri Trippez, ou Trippet, est né à Liége, le 15 décembre 1585; après avoir travaillé plus de trente ans pour les églises du pays et de la ville de Liége, il est mort le 26 décembre 1674, dans la paroisse St-Adalbert.

aux troubles intérieurs dont cette ville était alors le théâtre, partit pour Bruxelles. Il ne tarda pas à s'y mettre au travail et y fit, entre autres, un tableau représentant la *Pénitence du roi Ezéchias* (1); mais, cédant à son affection pour sa ville natale, il revint bientôt à Liége. A son retour, les héritiers de Jean Fanson, doyen de la collégiale de St-Denis, lui demandèrent un tableau pour l'autel érigé en mémoire de leur parent défunt. Bertholet peignit l'*Adoration des Mages* et mit son propre portrait dans cette toile (2).

Vers ce temps, il fit un certain nombre de portraits et de toiles de petite dimension. Le chanoine de Liverloo, prévôt de Fosses et archidiacre de Hesbaye sous Maximilien de Bavière, avait le peintre en grande affection. Il le prit chez lui et lui fit faire de nombreux tableaux, représentant des fêtes antiques, des bacchanales et d'autres scènes de ce genre. Bientôt Bertholet fut en grande vogue; les amateurs, entre autres le bourgmestre Curtius de Grand Aaz, beaucoup d'églises et de communautés religieuses lui demandèrent à l'envi des peintures.

C'est ainsi qu'il peignit une *Invention de la Ste Croix*, que Hinnisdael, prévôt de la collégiale de Ste-Croix, fit faire pour le maître-autel de cette église; un tableau de grandes dimensions représentant *le Christ entre les deux larrons* pour le maître-autel de l'église du Val-Benoît; une *Circoncision* pour l'un des autels latéraux, et une série de paysages avec des figures bibliques pour le chœur des Dames de la même abbaye. Un *Christ mourant sur la croix* pour le couvent des chanoinesses du St-Sépulcre, à Ste-Agathe; un autre *Christ avec la Ste Vierge et St Jean* pour la même communauté; la *Conversion de St Paul* pour le maître-autel de la

---

(1) *Guide des Amateurs de tableaux pour les écoles allemande, flamande et hollandaise*, par M. GAULT DE St-GERMAIN. Paris, 1818. Cet auteur assure que Flémalle fit cette peinture pour le roi de Suède, mais à cette époque il n'y avait pas de roi de Suède, le trône de ce pays étant occupé par la célèbre Christine.

(2) Ce tableau se trouve aujourd'hui à la cathédrale de St-Paul. Voir aux recherches et indications sur les travaux du peintre.

collégiale de St-Paul ; un *Christ en Croix avec la Vierge Marie* implorant sa miséricorde pour les trépassés, ainsi qu'un *Purgatoire* pour la Confrérie des défunts pénitents de l'église de St-André. Ces derniers tableaux furent placés en 1662.

En 1663, une *Assomption de la Ste Vierge*, qui passait pour l'un des chefs-d'œuvre du maître, fut donné par les demoiselles Pereze à l'église des P. P. Dominicains pour figurer au maître-autel. L'artiste avait peint cette toile, en quelque façon, en collaboration avec son élève Guillaume Carlier, auquel il avait abandonné le soin de peindre les draperies et probablement aussi plusieurs têtes. La plupart des apôtres étaient représentés sous les traits des amis du peintre. Ainsi on y trouvait les portraits de Louis de Louvrex, de Carlier, du chanoine Carmanne, de Jean Detrixhe, et, enfin, celui de Bertholet lui-même.

Bertholet fit encore beaucoup d'autres peintures, parmi lesquelles il faut citer :

Pour le maître-autel de l'église des P. P. Capucins, du faubourg Ste-Marguerite, une *Nativité*. Dans la composition de ce tableau, l'artiste avait introduit la figure du seigneur Gilles-François de Surlet, archidiacre d'Ardennes, à genoux et en habit d'église, accompagné de son patron, St François d'Assise. François de Surlet figurait dans ce tableau en mémoire de la fondation qu'il avait faite du couvent des P. P. Capucins. Son tombeau, en marbre blanc, se trouvait dans la même église (1).

Pour l'autel de l'église des Conceptionistes, d'Outre-Meuse, une *Adoration des Bergers*. Dans ce tableau important, on voyait les portraits d'Arnold de Butback, bourgmestre de

---

(1) Cette œuvre importante de Bertholet figure actuellement au musée de Caen, sous le n° 117 du catalogue. Elle y a été envoyée en 1804. Mesurant 3,17 de hauteur sur 2,03 de largeur, cette peinture, selon un connaisseur français, est d'un pinceau très-ferme et rappelle, pour le sentiment et *le faire*, Ph. de Champagne, tandis que M. Clément de Ris, auteur des *Musées de province*, trouve, au contraire, que ce tableau rappelle les peintres espagnols et particulièrement Ribera.

Liége en 1655 et 1660, de sa femme Sophie Stevart, de Gilles-François de Soy, époux de Sybille-Marie de Butback, et de Marie-Catherine, sa fille. Arnold de Butback et sa femme avaient fondé l'église des Conceptionistes, dont Bertholet avait orné de peintures à fresque le chœur, la voûte, où était représentée l'Assomption de la Vierge, et le portail, sans doute aux frais des mêmes donateurs (1).

Pour la cathédrale St-Lambert, *la Résurrection de Lazare*, une *Déposition de la Croix* et un *St Lambert* au monastère de Stavelot, priant à genoux devant la Croix. Ce dernier tableau avait été exécuté en mémoire d'Egon de Furstenberg, chanoine de Liége, doyen de Cologne, et, plus tard, évêque de Strasbourg. Ces peintures ornaient les deux autels qui se trouvaient sous le jubé de la cathédrale.

Pour la petite église de Notre-Dame-aux-Fonts, une *Conception de la Ste Vierge*, donnée par le commissaire de Harenne, et un *St Charles Borromée*, donné par Charles de Coninx, chanoine de St-Martin (2).

Au mois d'octobre 1670, Bertholet se rendit à Paris pour y placer une grande toile qu'il avait peinte pour le plafond de la chambre d'audience du roi aux Tuileries. C'était une composition allégorique, représentant *la Religion protégeant la France*. La Religion tenait le portrait de Louis XIV; elle était entourée de figures portant les symboles de la France, tels que l'oriflamme, la sainte ampoule, l'épée, l'écu aux armes de France, etc. (3).

Avant d'être envoyée à Paris, cette toile avait été exposée à Liége, au plafond de la chapelle des Clercs, où elle avait été jugée très-favorablement par les compatriotes du peintre. Elle eut également beaucoup de succès à Paris, et son auteur fut, à l'occasion de cette œuvre, reçu membre de l'Académie royale de peinture et de sculpture. Il obtint ce titre

---

(1) *Recueil héraldique des Bourguemestres de la cité de Liége*, page 433.

(2) Ce tableau se trouve actuellement à la cathédrale St-Paul, à Liége.

(3) Cette peinture a été détruite dans l'incendie des Tuileries du mois de mai 1871.

par le crédit du chancelier Séguier et de Colbert, intendant des finances, le 14 octobre 1670; deux jours après, il fut nommé professeur à la même institution (1).

Bertholet fit ensuite plusieurs travaux pour Maximilien-Henri de Bavière, prince-évêque de Liége et archevêque de Cologne, entre autres une composition allégorique, où le portrait de ce prélat apparaît avec les figures de la Religion et de la Science. Il fit les portraits d'autres personnages de distinction, parmi lesquels il faut citer le comte de Monterey, gouverneur des Pays-Bas. Vers la fin de sa carrière, il ébaucha une grande composition du *Martyre de St Lambert*, destinée au maître-autel de la cathédrale, et un tableau représentant *Debora*, mais ces tableaux restèrent inachevés et furent vendus aux enchères avec d'autres ébauches après la mort du peintre. Ses dernières peintures furent deux tableaux qu'il fit pour Hodeige, curé de St-Nicolas. L'un représentait une *Déposition de la Croix*, et l'autre *l'Institution de la règle des Prémontrés* par saint Augustin.

Bertholet Flémalle avait le travail facile; son pinceau a été extrêmement productif. A l'énumération déjà longue que l'on vient de lire, il faut ajouter encore d'autres peintures citées comme existant encore à la fin du XVIIe siècle dans les monuments de Liége. Ainsi il y avait à l'un des autels de St-Gangulphe un tableau représentant *St Charles Borromée et St François de Sales*; à l'église du Séminaire, une *Annonciation* donnée par Dumont, président de cet établissement; une *Ste Barbe*, à l'église des Frères Mineurs; une *Ste Rose*, à celle des P. P. Dominicains. Dans la chapelle des Flamands de la cathédrale se trouvait une *Ste Cécile*, que Lambert Piétkin, chanoine et maître de musique à la cathédrale de Liége, avait fait placer en manière d'épitaphe; sous ce tableau, on avait écrit, en 1674, le chronogramme suivant: *Cantate et eXVLtate IVstI In DoMIno* (2). Une

---

(1) *Guide des Amateurs*, etc., par GAULT DE St-GERMAIN.

(2) Ce tableau avait été plus tard remplacé par une copie; il en existe encore plusieurs aujourd'hui : l'une appartient à M. Brahy, de Liége; une autre se trouve à l'église de Xhignesse, près de Hamoir sur l'Ourthe.

S¹ᵉ *Trinité* à l'église S¹-Séverin, etc. Enfin, nos *Recherches et Indications* feront connaître un assez grand nombre de peintures qu'on ne peut contester à Bertholet, et dont les écrivains contemporains du peintre ne font aucune mention.

L'une des œuvres les plus pures et les plus distinguées doit avoir été le tableau qui se trouvait au couvent des Chartreux, près Liége, représentant *S¹ Bruno*, dont la reproduction a été l'objet d'une des meilleures planches de Natalis. (1)

Bertholet était dessinateur correct et compositeur savant. Par la nature de son talent, il appartient à l'école française. D'une couleur vraie, d'un sentiment contenu et souvent distingué, ses travaux pèchent plutôt par une certaine froideur que par des exagérations ou des imperfections marquées. Il fut, après Lairesse, le plus fécond des artistes de l'ancien pays de Liége. Ses meilleures peintures et, d'après les auteurs contemporains, les plus importantes n'existent plus ou du moins ne sont plus connues sous son nom. Dans les églises de sa ville natale et dans quelques musées, on conserve encore un certain nombre de ses peintures; tout le reste de son œuvre a disparu.

Son activité toutefois ne se borna pas à l'art de la peinture. Nous savons déjà qu'il était bon musicien, et, à ce titre, apprécié de son temps. Il était aussi architecte et ne se contentait pas seulement d'introduire dans ses tableaux des constructions compliquées, mais il s'est livré aussi à la pratique de l'art de l'architecture. On lui attribue l'église, aujourd'hui démolie, des Chartreux, de Liége. Pour l'église des P. P. Dominicains de la même ville, avec lesquels notre artiste a vécu dans des relations particulièrement amicales, il avait fait un plan somptueux. Afin de mieux faire saisir sa pensée, et sans doute aussi pour provoquer le concours des donateurs, il avait fait exécuter un modèle en bois de sept pieds de haut. Ce plan était de réalisation difficile et eût absorbé des sommes fort considérables. Cependant le chœur fut construit; plus tard, le feu ayant pris dans

---

(1) Notre planche X reproduit au moyen de l'héliographie la gravure de Natalis.

la bibliothèque des P. P. Dominicains, où se trouvait le modèle, il fut consumé par les flammes avec un grand nombre de volumes précieux de la bibliothèque, qui était fort ancienne.

En 1663, le peintre se fit construire, sur les plans qu'il avait dessinés, une maison située sur les bords de la Meuse, au rivage St-Remy (1). La façade était non-seulement ornée de colonnes dans le style antique, mais encore de peintures murales extérieures qui ne résistèrent pas longtemps à l'injure des saisons. Il paraît qu'elle coûta 40,000 francs, somme très-importante pour l'époque; la construction fut trop dispendieuse pour la fortune que l'artiste avait recueillie par ses nombreux travaux. Bertholet habita peu de temps cette maison, car, ayant un peu plus tard obtenu une prébende à St-Paul, il préféra demeurer auprès de cette collégiale. Déjà le palais qu'il s'était construit à grands frais commençait à se détériorer. Acquise après la mort du peintre par Léopold de Bonhome, bourgmestre de Liége, cette maison fut démolie en 1692 et rebâtie sur ses anciennes fondations.

Bertholet a eu quelques élèves, dont les plus distingués sont Guillaume Carlier et Englebert Fisen. Il est resté célibataire. Selon le témoignage d'un contemporain, Bertholet était d'un caractère enjoué; il avait l'humeur facile, la réplique prompte; il était tempéré en toutes choses, froid avec ses proches et manquant de générosité avec les ouvriers; il aimait l'élégance et faisait venir ses costumes de Paris (2). Lorsqu'il obtint, dans ses dernières années, une

---

(1) Un peintre nômé Bertolet, en fait bastir une (maison couverte d'ardoises) au bord de la Meuse, en arrivant de Namur, qui est à l'Italienne fort galante.
Voyage de M. Monconys, p. 122, juillet 1663.

(2) D'après une correspondance entre Valdor, alors à Paris, et le fils du peintre Douffet, correspondance dont les lettres originales se trouvent à la bibliothèque de l'Université de Liége, fond Capitaine, il semble que Flémalle ait fait une grosse querelle à Valdor parce que ce dernier n'avait pas, en ce qui regardait les objets de toilette, assez bien exécuté les commissions du peintre. Valdor cependant s'excuse sur ce qu'il lui aurait envoyé

prébende de chanoine, il reçut en même temps une dispense du Saint-Père, parce qu'il n'était pas assez lettré pour lire ses heures canoniales.

Vers la fin de sa carrière, ne travaillant plus, il tomba dans une noire mélancolie qui contrastait étrangement avec le caractère heureux et gai qu'on lui avait connu. On a prétendu que cette humeur sombre était, ainsi que sa mort qui survint bientôt, le résultat des poisons que la trop célèbre marquise de Brinvilliers aurait essayés sur l'artiste. Pendant le séjour qu'elle fit à Liége, Bertholet la voyait quelquefois, mais rien n'autorise à ajouter sa mort aux autres crimes de la marquise, laquelle, arrêtée, comme on sait, à Liége, pour répondre de ses méfaits à la justice de son pays, n'a pas, dans le cours de ce procès, été accusée de ce dernier crime.

Bertholet Flémalle est mort à Liége, le 10 juillet 1675 (1), à l'âge de 61 ans. Il fut enterré à l'église des Dominicains, à laquelle il avait laissé sa fortune et où reposait déjà son maître, Gérard Douffet.

INDICATIONS ET RECHERCHES SUR LES TRAVAUX DE BERTHOLET FLÉMALLE.

Si un certain nombre des peintures les plus importantes de cet artiste ont disparu, sans qu'il soit possible de se rendre compte aujourd'hui, ni de leur mérite, ni de leur ordonnance, il en est cependant plusieurs qui, probablement détruites, nous sont connues par la reproduction qu'en ont tenté les burins contemporains. L'œuvre du graveur Natalis est particulièrement instructive à cet égard.

Le travail de Bertholet le plus considérable qui nous ait été

un chapeau de 3 à 4 écus, et tel que le roi et les princes en portaient. Il lui avait aussi envoyé la doublure d'un manteau, et si la pièce avait servi, c'était au duc de Vendôme, qui n'avait porté le manteau que cinq jours, ayant dû, le sixième, prendre le deuil du roi d'Espagne.

La lettre est du 20 février 1666.

(1) Les registres de l'Académie de peinture de Paris portent la date du 18 juillet.

conservé par ce graveur est incontestablement celui qui est reproduit dans la planche ou la série de planches connues sous le nom de : *L'Assemblée des généraux de l'ordre des Chartreux*.

Ce sont six planches faites pour être collées ensemble et ne former ainsi qu'une seule estampe. Lorsqu'elles sont juxta-posées, la gravure a 1,42 de largeur sur 1,8 de hauteur.

Cette grande composition a un aspect très-monumental, et le peintre a su éviter, par la simplicité solennelle de l'ordonnance, ce que le sujet en lui-même offrait de monotone.

Elle est divisée en deux zônes. Au centre de la région supérieure, on aperçoit la sainte Vierge, assise sur les nuages, tenant son Divin Fils sur les genoux. Elle tient de la main droite un livre ouvert qu'elle semble présenter aux saints Chartreux qui siègent dans la zône inférieure de la composition. Autour d'elle volent une gloire d'anges, dont deux tiennent au-dessus de sa tête une couronne de fleurs.

En-dessous de ce groupe siége, sur deux bancs superposés, en-dessous d'une riche colonnade d'ordre ionique disposée en hémicycle, l'assemblée imposante des religieux. Au centre du rang supérieur, assis dans une chaire élevée, ayant à ses pieds la mitre et la crosse, tenant un crucifix et des palmes, et ayant au-dessus de la tête un cercle lumineux de sept étoiles, on voit saint Bruno, le fondateur de l'ordre. Il semble avoir les regards dirigés vers la sainte Vierge. Vingt-deux Chartreux siégent à côté de lui sur le banc supérieur. Vingt-quatre religieux sont assis sur le banc inférieur. Ils sont tous dans le simple costume de leur ordre, hormis le P. Helivarius Grimaldi, qui, revêtu de l'aube, de la dalmatique et du manipule, paraît avoir à ses pieds un cilice.

Plusieurs de ces religieux ont des attributs particuliers ; ceux d'entre eux qui ont résigné leurs fonctions de général ont à leurs pieds les sceaux de l'ordre.

Chacun des religieux a au-dessus de la tête un numéro servant de renvoi au texte explicatif de deux pages d'impression qui accompagnait cette gravure contenant la désignation des P. P. Chartreux représentés dans cette composition.

Au bas de la gravure, on lit d'un côté les mots :

Bertholet Flemal pinxit. Et de l'autre : *Exvoto primariae Cartusiae in perpetuum Gratitudinis suae monumentum anno Dni*
1649.

M^{el} Natalis Fe.

Cette planche colossale est gravée d'un burin correct et harmonieux, qui, sans doute, a rendu justice à l'œuvre originale, et en fait suffisamment connaître celles des qualités que le burin pouvait reproduire. Mais quelle a pu être la destination de l'œuvre originale? Où Bertholet Flémalle a-t-il pu peindre cette page aux vastes proportions? Il est assez étrange qu'aucun renseignement ne soit parvenu jusqu'à nous à cet égard, et que même le contemporain Abry, qui mentionne la gravure de Natalis « la plus pénible de toutes ses œuvres, » comme il s'exprime, n'ait rien noté relativement à la peinture. D'après ses dimensions et son ordonnance, il semble probable que c'était une peinture murale. Il est hors de doute qu'elle n'a pu être exécutée que dans un couvent de Chartreux, dont elle ornait probablement le réfectoire. La supposition la plus acceptable, en attendant les renseignements que le hasard fera peut-être découvrir, est que Bertholet fit ce grand travail pour la Chartreuse, située près de Liége, et qu'il aura été détruit en même temps que cette abbaye, renfermant d'autres œuvres d'art remarquables dont le sort est également resté inconnu.

A cette vaste composition, il faut en joindre une autre, gravée par le même burin, et qui, sans avoir la même importance, n'en est pas moins considérable. C'est une composition allégorique faite à l'occasion de la thèse soutenue en 1653 par le comte de Hatzfeld; elle a une largeur de 94 cent. sur 63 1/2 cent. de hauteur.

PEINTURES DU MAITRE EXISTANT ENCORE ACTUELLEMENT.

Le crucifiement. — Au milieu de la composition, le Christ est mis en croix entre les deux larrons. Un bourreau est occupé à fixer par des liens le mauvais larron sur l'instrument de supplice. Sous le bras droit du Christ, la sainte Vierge, debout, vue de profil, vêtue d'une robe violette, d'un manteau bleu foncé et la tête couverte d'un voile noir, les mains croisées sur la poitrine, lève le regard vers son Divin Fils. Au pied de la croix, on voit sainte Madeleine, à genoux ou plutôt affaissée, la tête appuyée sur le bois de la croix, qu'elle tient embrassée.

Sous le bras gauche de la croix est un chanoine à genoux, vêtu d'une soutane, d'un rochet, ayant sur le bras l'aumusse de pelleterie grise et blanche. S'appuyant sur lui de la main gauche et lui montrant de la droite J.-C. crucifié, on voit St Jean revêtu d'une tunique bleue et d'un manteau rouge.

Au premier plan, on voit le cortége des soldats et des bourreaux quittant le lieu du supplice pour retourner à Jérusalem. Sous la croix du bon larron, des soldats se retournent vers le Christ avec des gestes de dédain, tandis que, dans le fond, de l'autre côté du tableau, des bourreaux jouent aux dés la tunique du Christ.

Il y a dans ce tableau une richesse de composition, une fermeté de modelé et un sentiment dans les expressions que l'on retrouve rarement dans les autres peintures du maître. La figure de la sainte Vierge, celle de sainte Madeleine et de saint Jean sont particulièrement réussies. L'un des guerriers du premier plan est trop enfoncé dans sa monture, qui semble considérablement ensellée.

Ce tableau est bien conservé; il y a toutefois une déchirure dans la toile, visible dans le rochet du donateur et dans la draperie de saint Jean.

Toile : H., 1,70. L., 1,17. (Cathédrale de St-Paul, à Liége.)

Le crucifiement. — Répétition du tableau précédent, et, sans doute, le premier en date.

Hormis la dimension de la toile, qui est plus petite, sa forme arrondie par le haut et la tête du donateur, ce tableau est de tous points semblable à celui qui vient d'être décrit. Ici le donateur a une tête chauve et grisonnante, tandis que, dans le tableau précédent, elle est, au contraire, couverte d'une perruque noire et abondante, comme on la portait généralement au temps de Bertholet. Le type de la physionomie est entièrement différent et représente un autre personnage. Ce dernier est, sans doute, le seigneur de Rosen, prévôt de la collégiale de St-Jean, donateur du tableau.

Toile : H., 1,45. L., 94. (Sacristie de l'église St-Jean, à Liége.)

L'Adoration des Mages. — Sur le premier plan, la sainte Vierge est assise tenant l'enfant Jésus sur les genoux. Les mages viennent se prosterner devant lui et déposer leurs dons aux pieds de Marie. Derrière celle-ci, appuyé sur un bâton, le pied gauche posé sur un fragment d'architecture, on voit saint Joseph. Les rois sont accompagnés d'une suite nombreuse, parmi lesquels on remarque des jeunes gens venant adorer le Messie, et, derrière eux, également dans l'attitude de la prière, sont deux vieillards. Plus loin encore, debout près d'une colonne brisée, on remarque deux hommes, dont l'un est couvert d'une sorte de bonnet phrygien et dont l'autre, la tête garnie d'une chevelure abondante et le corps enveloppé d'un manteau, doit être le peintre lui-même.

Entre les colonnes brisées et un temple que l'on voit au second plan se trouvent des cavaliers dont l'un porte une bannière. Enfin, au dernier plan, on aperçoit une multitude de petites figures, des cavaliers, des chameaux, etc., qui s'étendent jusqu'aux rochers fermant la perspective à l'horizon.

Au-dessus de la composition plane, les ailes éployées, les bras étendus, un ange qui tient de la main droite l'étoile qui a guidé les mages, et qui forme une sorte de gloire lumineuse autour du messager céleste.

Ce tableau a perdu son harmonie primitive. Beaucoup de glacis ont disparu. La peinture n'est pas l'une des meilleures du maître, quoi qu'elle soit l'une des plus finies.

C'est le tableau que Flémalle a fait pour les héritiers de Jean de Fanson, doyen de St-Denis, et qui a été placé comme tableau d'autel dans l'une des chapelles de cette collégiale.

Toile : H , 1,71. L., 1,14. (Cathédrale de Liége.)

Les Adieux de St Pierre et de St Paul. — Des soldats romains se saisissent des deux apôtres. Saint Paul, entraîné par les soldats, cherche à répondre par une dernière étreinte à la main que saint Pierre avance vers lui. Dans le lointain, on aperçoit une multitude de figurines divisées en deux groupes; derrière saint Pierre, on voit, au dernier plan, le martyre de cet apôtre crucifié la tête en bas, tandis que, de l'autre côté, on voit le supplice de saint Paul, qui, à titre de citoyen romain, devait être exécuté par le glaive. Dans le fond du tableau apparaissent les monuments de la ville de Rome.

Ce tableau, assez largement peint, est d'un effet peu agréable. La tête de saint Paul manque de noblesse, et l'avant-bras droit de saint Pierre est assez mal dessiné. Le ton général a été fin, mais les ombres ont repoussé. Cette peinture a subi quelques retouches.

(Ce tableau provient, sans doute, de l'ancienne collégiale de St-Pierre.)

Toile: H., 1,85. L., 1,2. (A la cathédrale de Liége.)

St Charles Borromée intercédant pour les pestiférés. — Le saint est à genoux, en prière devant une croix élevée sur plusieurs degrés au milieu d'une place publique; il est en habit de cardinal et revêtu du rochet.

Au premier plan se trouve une femme avec ses enfants ; près de ce groupe, un pestiféré est étendu sur un matelas. Un groupe de plusieurs figures en oraison et une femme élevant son enfant pour le recommander aux prières du saint se trouve un peu plus loin. Le fond est formé par les maisons d'une rue.

Tableau d'une couleur assez vigoureuse, mais d'une composition diffuse et d'une exécution assez faible. Œuvre médiocre.

(Provient de l'église de Notre-Dame-aux-Fonts.)
H., 1,97. L., 1,7. (A la cathédrale de Liége.)

L'Invention de la Croix. — L'impératrice Hélène fait élever la sainte Croix, et, au milieu de la composition, trois soldats romains sont occupés à dresser l'instrument de la Passion. Un mort, que l'on voit au premier plan en raccourci, encore enveloppé de son linceul, revient à la vie au contact de la croix. Sur le premier plan, à gauche du spectateur, une femme à genoux, les mains jointes, semble frappée de surprise à la vue de ce miracle.

Derrière Ste Hélène se trouve l'évêque Macaire de Jérusalem, une jeune fille et un enfant vu du dos. Dans la région supérieure, deux anges se détachent sur un ciel gris et nuageux; l'un aide à soulever la croix, l'autre est en adoration; ce dernier est particulièrement gracieux et bien dessiné.

Ce tableau, d'une ordonnance claire, est d'une bonne harmonie, qui serait plus agréable encore si la peinture n'avait souffert.

Figures presque de grandeur naturelle.

Toile: H., 3,40. L., 1,98.

(Tableau donné par Hinnisdael, prévôt de la collégiale de Ste-Croix, pour le maître-autel de l'église, où il a figuré pendant longtemps.)

(A l'église de Ste-Croix, à Liége.)

Fuite en Égypte. — La sainte Vierge, un genou en terre, tient l'enfant Jésus sur l'autre genou. Derrière elle, saint Joseph, debout, prête l'oreille à un ange qui, les ailes éployées, lui indique la direction que la sainte famille doit prendre pour échapper aux émissaires du roi Hérode. On voit des cavaliers sur les montagnes du fond. Œuvre médiocre.

Bois: H., 68. L., 53. (Au musée communal de Liége.)

Au même musée se trouve une esquisse fort médiocre attribuée au maître et représentant *Ste-Catherine*.

Le massacre des Innocents. — Jolie esquisse d'un ton fin, peinte avec fougue. — Fond d'architecture.

(Elle a appartenu à Fisen, élève de Bertholet, et appartient aujourd'hui à M. Moulan, à Liége.)

Tableau fait en collaboration par Bertholet Flémalle, Douffet et Goswin. — Au milieu de la composition, sur le premier plan, on voit la femme de Douffet vêtue d'une robe de satin blanc, d'une sorte d'écharpe en soie bleue, les épaules couvertes d'une dentelle noire transparente ; elle tient à la main une branche de rosier ; son mari, derrière elle, la main gauche appuyée sur celle de sa femme, présente de la droite au peintre Bertholet une petite statue de Bacchus en bronze. Les deux artistes sont coiffés de la perruque à la mode au temps de Louis XIV et portent de petites moustaches. Douffet est vêtu d'un manteau noir, tandis que son confrère Bertholet est habillé avec beaucoup plus de luxe. Il est revêtu d'une chemisette et d'une sorte de veste blanche, d'un manteau de couleur cramoisie orné de galons d'or. Sa tête se détache sur un vase blanc aux anses duquel est lié une large guirlande de fleurs. Bertholet supporte cette guirlande de la main droite et l'indique de l'autre, comme pour faire comprendre que c'est à leur auteur que revient le prix que Douffet lui offre.

Cette peinture est largement traitée ; elle est d'un coloris vigoureux. La tête de Douffet est pleine d'énergie et de vie ; celle de sa femme est lumineuse et bien modelée. Le portrait de Bertholet est traité plus timidement et n'a pas le relief des deux autres.

Ce qui est assez étrange, c'est que les deux peintres paraissent être du même âge et avoir de trente à quarante ans. Douffet était cependant de vingt ans plus âgé que son confrère. Sa femme aussi paraît fort jeune.

Les fleurs, peintes avec beaucoup de sûreté et un certain éclat, sont des lis, des tulipes, des anémones, des chèvre-feuilles, des bluets, etc., sur un fragment d'architecture ; au premier plan, on voit quelques fruits, un citron, une grenade, des prunes, etc.

On n'a pas de données historiques précises sur cet intéressant tableau. D'après une tradition ancienne, reproduite par Villenfagne, ce tableau aurait été fait par les trois peintres dans l'intention d'une joûte amicale dont la petite statue antique de Bacchus devait être le prix. Le tableau lui-même était l'objet du concours. — Douffet offre à son ancien disciple la statuette en prix, pour l'art qu'il a montré dans les deux portraits de Douffet et de sa femme, et Bertholet, dont le portrait a été peint par Douffet, indique de la main les fleurs peintes par Goswin, comme seules dignes du prix disputé. L'examen du tableau ne dément pas la tradition quant à la part qu'il faut faire à chaque peintre. Dans l'un des coins du tableau se trouve un monogramme assez compliqué que nous reproduisons. 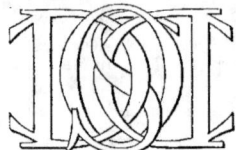 On y voit les lettres D et G représentées dans deux sens différents pour la symétrie; au milieu se trouvent encore les lettres O et S. Il y a là les lettres principales pour former les noms de Douffet et de Goswin; mais il est au moins étrange qu'il n'y figure ni B ni F. Cependant la part que Bertholet a dans ce tableau est incontestablement la plus importante.

Fig. de grandeur naturelle.
Toile : H., 1,30. L., 2.

(Ce tableau faisait partie de la collection de M. C. Desoer et appartient à son petit-fils, M. Desoer de Solières.)

L'exaltation de la Ste Croix. — Sainte Hélène, revêtue d'un riche costume, tient la croix d'un côté; un évêque (Cyriaque?), en costume pontifical, la tient de l'autre. Devant l'instrument de la Passion, un groupe, composé d'un homme et de deux jeunes filles à genoux, dont l'une, vêtue de blanc, est en adoration. Derrière ceux-ci on voit, sur le second plan et dans la pénombre, un jeune homme avec une chevelure rousse tenant à la main un calice, et un autre à tête barbue levant un livre. Au-dessus de ces derniers personnages plane un ange revêtu d'une draperie grise, également en adoration devant la sainte croix. A côté de celle-ci, dont la partie supérieure est entourée de rayons lumineux, on voit deux têtes de chérubins ailés.

Ce tableau est d'une harmonie assez sombre, qui ne permet pas de bien l'apprécier dans la place qu'il occupe actuellement. Les parties lumineuses sont d'une charmante couleur grise et perlée qui lui donne un aspect plein de finesse. Il est d'ailleurs peint grassement, et c'est, comme pinceau, l'une des meilleures productions de l'artiste conservées à Liége. Le groupe du premier plan, où l'on voit les deux jeunes filles à genoux, est particulièrement réussi. Il est dans un assez bon état de conservation.

Toile : H., 4,8. L., 2. Figures de grandeur naturelle.

(Dans le transept de l'église de St-Barthélemy, à Liége.)

Pelopidas s'arme en secret avec ses compatriotes pour chasser les Lacédémoniens du château de Cadmée.

Cuivre. (Musée de Dresde.)

La générosité de Scipion (1). — Scipion fait connaître aux parents et au fiancé de sa jeune captive qu'il donne en dot à celle-ci la rançon qui avait été offerte pour elle. La jeune fille est à genoux pour remercier Scipion de son action généreuse.

(Musée de Berlin.)

Dessins. — Les dessins de ce maître, comme ceux de presque tous les artistes liégeois du dix-septième siècle, sont fort rares.

Un épisode de la peste. — Un pestiféré, enveloppé d'une draperie, est étendu de toute sa longueur au premier plan ; une femme assise auprès de lui tient un linge devant la bouche pour se préserver de la contagion. Du côté opposé à cette femme, deux enfants semblent pleurer le défunt ; dans le fond de la composition, on voit un enterrement.

Beau dessin, largement traité, ombré de bistre et rehaussé de blanc.

H., 25. L., 34.

(Appartient à la bibliothèque de l'Université, fond Capitaine.)

---

(1) Le savant docteur Wagen, auteur du catalogue du musée de Berlin, met Flémalle dans l'école hollandaise, ce qui semble difficile à justifier.

CHAPITRE XIV

La famille des Lairesse.

Le premier peintre du nom de Lairesse est Renier, fils de Christian Lairesse et d'Isabelle Perye. Il est né l'an 1597 (1).

Il fut mis en apprentissage chez maître Jean Tauler, à l'école duquel il fit d'assez rapides progrès. Il se disposait à faire le voyage d'Italie lorsque, se prenant de passion pour la fille de son maître, il demanda sa main et l'épousa. Son mariage le força à renoncer à ses projets d'études en Italie. Il chercha à y suppléer en copiant quelques tableaux de l'école italienne.

L'un des premiers tableaux qu'il fit de sa propre composition était destiné à orner le maitre-autel de la chapelle des Ursulines, à Liége; il représentait le *Martyre des onze mille*

---

(1) Nous empruntons cette date à un mémoire manuscrit du chanoine Hamal; Abry fait naître R. Lairesse en 1612; une notice insérée dans la *Biographie liégeoise du comte de Bec-de-Lièvre* le fait naitre en 1596.

Vierges. Ce tableau cependant ne resta pas longtemps à la place pour laquelle il avait été peint ; on l'éloigna bientôt pour lui substituer une toile qui ne le valait pas. Renier fit ensuite deux tableaux pour l'église de l'abbaye de Saint-Laurent ; l'un, destiné à un autel, représentait le martyre du saint auquel l'église était dédiée ; l'autre avait pour sujet la *Résurrection des morts*. Bientôt il fut chargé d'un assez grand nombre de travaux ; c'est ainsi qu'il fit successivement un *Saint Bonaventure* et un *Saint Hubert* pour l'église des Augustins, de Liége ; une *Visitation* pour l'autel de l'église de Notre-Dame de la Sarte, près de Huy, dont il peignit également tout le plafond ; pour des amateurs, il fit un *Enlèvement d'Hélène* et *la Mort de Sénèque*.

Renier Lairesse avait de l'aptitude pour tous les genres de peinture. Il peignait assez bien le portrait, dessinait et peignait l'architecture, connaissait la perspective et s'entendait particulièrement à la peinture de décoration. Le mauvais goût de son temps se manifestant dans beaucoup d'églises par la suppression des anciens autels à retable, il imagina d'imiter sur les colonnes en bois des autels lourds et difformes qui commençaient à s'élever, le marbre, le jaspe et différentes pierres dont on aurait pu se servir pour ces constructions. Il paraît avoir été l'initiateur de ces procédés cultivés encore de nos jours, et il s'est acquis une grande notoriété par cette industrie. Ses talents dans cette spécialité eurent même assez de succès pour qu'il fût appelé à les exercer dans les pays limitrophes, et particulièrement en France. Il est mort à Vitry-le-Français, l'an 1667.

Il n'existe plus aucun de ses travaux dont la paternité soit constatée par des documents historiques ; il est probable que plusieurs d'entre eux ont été attribués à son fils Gérard, dont la réputation a absorbé celle des autres artistes de la famille.

Renier Lairesse a eu quatre fils, qui tous se sont adonnés à la peinture.

Ernest, l'aîné, peignait la miniature, les fleurs et les oiseaux ; ses talents obtinrent la faveur de Maximilien-Henri de Bavière, évêque de Liége. Ce prince envoya E. Lairesse à Rome pour se perfectionner dans son art, et lui donna une pension pour subvenir à son entretien pendant son séjour en Italie. Ernest y demeura deux ans, revint en 1664 à Liége, où sa timidité et son mutisme l'empêchèrent de se produire. Bientôt il alla à Bonn, où il fit pour son protecteur plusieurs travaux qui ont tous péri lors du bombardement de cette ville. A Liége, il avait fait quelques toiles pour les particuliers et la peinture des volets du petit orgue des Dominicains; ceux du grand orgue de l'église de ces Pères furent peints par Gérard Lairesse, son frère. Le sujet des volets peints par Ernest était l'*Apparition de la sainte Vierge à saint Dominique*. Ernest Lairesse est mort à Amsterdam en 1718.

Les travaux des deux autres frères ont eu peu de notoriété; cependant ils semblent avoir eu aussi des dispositions pour l'art auquel s'était vouée toute cette famille. Se livrant à la peinture dès leur enfance, ils n'eurent d'autre guide que leur frère Gérard et les conseils paternels. Il y avait d'ailleurs dans la famille Lairesse comme une sorte d'académie ouverte à tous les arts: on y représentait des comédies, on y donnait des concerts, où chacun des frères faisait sa partie et jouait d'un instrument différent.

Jacques et Jean ne furent pas très-connus à Liége et y laissèrent peu de travaux. Jean suivit son frère à Amsterdam et y travailla avec assiduité. Il est probable qu'il y existe encore de ses peintures. Il est mort à Amsterdam en 1724.

Jacques se maria à Liége, en 1667, avec la fille de Jean Goswin, bâtonnier de la cathédrale, dès qu'il fut en état de subvenir à son existence par son travail. Mais il peignait avec lenteur, et, ne parvenant pas à acquérir de la réputation, il se décida également à suivre ses frères à Amsterdam en 1680. Il a fait à Liége un tableau pour l'autel de Ste Agnès, vis-à-vis des Croisiers; c'est son œuvre la plus importante; il a laissé une vingtaine de portraits très-terminés. Il est mort à Amsterdan en 1709, laissant ses enfants dans un tel dénûment qu'ils furent recueillis à l'hospice des orphelins. Sa femme mourut un jour avant lui. Il a écrit, en hollandais, un traité pratique de la peinture.

Gérard Lairesse.

Gérard Lairesse, le second des fils de Renier, né en 1641, fut tenu sur les fonts de baptême par Douffet, qui, en lui donnant son nom, semble lui avoir donné aussi une vocation très-prononcée, une aptitude peu commune pour son art. Gérard eut, en effet, des dispositions très-précoces : dessinant rapidement, facilement dès son enfance, il peignait des sujets de son invention à l'âge de douze ans. Il mettait beaucoup de feu et d'imagination dans son travail, s'essayant à tout et réussissant dans une certaine mesure à tout ce qu'il entreprenait. Il était musicien, jouait de différents instruments; il était poète, et, sans avoir beaucoup de littérature, il tournait assez agréablement le vers. Il avait d'ailleurs l'esprit vif, l'humeur gaie, aimant les plaisirs, même ceux qui ne sont pas honnêtes, sans cependant négliger son travail, qu'il aimait encore plus que les divertissements et les distractions de son âge.

Renier Lairesse, étant lié d'amitié avec Bertholet Flémalle, il le pria de vouloir bien donner des conseils à son fils Gérard lorsque ce dernier eut atteint l'âge de quinze ans. Flémalle s'y prêta volontiers en voyant les dispositions brillantes du jeune homme; il l'encouragea au travail, lui faisant comprendre la nécessité de cultiver son esprit par la lecture de l'histoire, et de se former le goût par l'étude des médailles antiques et des estampes gravées d'après les maîtres. Le jeune Gérard se pénétra particulièrement d'un recueil de compositions du Poussin et de gravures exécutées d'après Pierre Testa.

En 1660, le jeune Lairesse voulut se présenter à la cour de l'Électeur Maximilien-Henri, de Cologne. Arrivé à Aix-la-Chapelle, on le pria de peindre le *Martyre de Ste Ursule* pour l'église de ce nom. Cette toile, peinte avec cette facilité remarquable qui devait rester le côté brillant du talent de Lairesse, commença la réputation du jeune artiste, mais elle lui suscita, dit-on, parmi les artistes de la ville, des jalousies et des inimitiés nombreuses (1). Notre peintre, pris d'un accès de dégoût, renonça au voyage de Cologne et revint à Liége.

A vingt ans, il peignit le *Martyre de saint Lambert*, pour le chanoine Warnotte, travail exécuté dans le style de Bertholet Flémalle.

En 1662, Gérard Lairesse fit, pour Godefroid de Selys, ancien bourgmestre de la ville de Liége, un tableau destiné à orner le vaste manteau de la cheminée de l'une des salles de son habitation, représentant *Orphée descendu aux Enfers* (2). Bientôt les travaux abondèrent, et les commandes se succédèrent avec rapidité ; la même année, le jeune maître peignit *une Palès* pour la nièce du comte de Glimes. Sous les traits de la déesse des pâturages et des troupeaux, il avait fait le portrait de cette belle dame, la représentant debout, appuyée contre un autel antique, sur lequel des bergers et des cultivateurs viennent offrir des fruits et les dons de la terre. Après avoir traité ce sujet dans d'assez grandes proportions, il en fit une esquisse, ou plutôt une réduction assez terminée, qui fut acquise par Renier de Stephani, amateur liégeois (3). Ces tableaux eurent un grand succès, et le même mécène lui demandant de nouveaux tableaux, Gérard s'éprit de plus en plus des scènes de la mythologie qui devait lui inspirer le plus grand nombre de ses compositions. En 1663, il fit pour de Stephani un tableau représentant *Venus et Adonis*, dans un cadre rond de trois à

---

(1) Cette toile, où les figures, presque de grandeur naturelle, sont peintes avec beaucoup d'aplomb, mais manquent d'expression et de caractère, se trouve à la chapelle carlovingienne, à Aix, où l'on cherche à la vendre.

(2) Se trouve actuellement au musée communal de la ville de Liége. Voyez les Recherches et Indications sur les travaux de G. Lairesse.

(3) Cette toile se trouve actuellement à Vienne, dans la galerie du prince de Lichtenstein. Abry et Saumery, qui le copie dans *les Délices du pays de Liége*, écrivent *Pallas* ; c'est une erreur que l'indication du sujet suffirait à dissiper, mais que la description du tableau rectifie encore mieux. V. aux Recherches, etc.

quatre pieds de diamètre. Il peignit, vers la même époque, une *Venus au clair de lune*, un *Narcisse se mirant dans la fontaine*, une série de sujets tirés des *Métamorphoses* d'Ovide et produisit un grand nombre d'autres tableaux et de dessins de tout genre.

Tout en s'abandonnant à ce débordement de mythologie antique, Lairesse abordait aussi des sujets d'un ordre plus grave, traités dans des dimensions beaucoup plus importantes que ses tableaux de chevalet; une dame pieuse lui ayant demandé deux tableaux d'autel pour l'église du couvent des Ursulines, il fit deux grandes compositions dont l'une représente *la Conversion* et l'autre *le Baptême de saint Augustin* (1).

Il eut, à cette époque, une assez méchante affaire avec deux sœurs, deux jeunes filles de Maestricht, qui vivaient dans son voisinage, et dont il avait fait le portrait. Il paraît qu'il avait promis le mariage à l'une d'elles, et il avait donné cet engagement par écrit; lorsque les parents du peintre eurent connaissance de ce fait, ils cherchèrent à l'empêcher de donner suite à sa promesse, mais la jeune personne n'était pas d'humeur à se laisser éconduire; un jour elle alla, accompagnée de sa sœur, faire visite au peintre et lui présenter la promesse qu'elle tenait de lui. Une querelle s'en suivit, et, tandis que l'une des sœurs discutait avec Lairesse, l'autre lui porta un coup de couteau. Le peintre, exaspéré, se voyant en sang, tira la petite épée qu'il portait au côté, et se mit à attaquer la jeune fille à son tour. Celle-ci tira également une épée qu'elle tenait cachée sous sa robe, mais dans cet étrange duel, elle fut atteinte grièvement, et, après avoir reçu deux blessures, elle fut obligée de chercher du secours auprès d'un pharmacien du voisinage. Cette scène se passait en plein jour et dut faire esclandre. Lairesse se réfugia auprès des P. P. Dominicains, qui pan-

---

(1) Cette toile importante se trouve au musée de la ville de Mayence. V. aux Recherches, etc. Le tableau représentant *la Conversion de saint Augustin* est en France; il est conservé au musée de la ville de Caen.

sèrent l'entaille qu'il avait reçue, et comme il tombait sous le coup des lois, ils lui donnèrent asile dans leur maison (1). Cependant, ne se croyant pas en sûreté dans le couvent, il prit la fuite vers Maestricht, emportant sur une charrette ce qu'il possédait de meilleur, et emmenant dans son voyage la cousine de son beau-frère qui lui avait témoigné de l'intérêt et apporté du secours pendant le temps où il se tenait caché pour soigner ses blessures. Arrivés à Navagne, les deux fugitifs contractèrent mariage, et, continuant ensuite leur route, ils s'arrêtèrent à Bois-le-Duc, les ressources de la communauté étant épuisées.

Lairesse loua une petite chambre et se mit immédiatement à peindre un tableau qu'il étala à la porte de la maison qu'il habitait; son séjour se prolongeant, il continua à travailler, exposant en vente les produits de son pinceau. Un marchand d'objets d'art d'Amsterdam, passant un jour par Bois-le-Duc, vit les tableaux de l'artiste fugitif et demanda leur prix. On fit venir Lairesse, et, sa détresse étant grande, il vendit ses petites toiles pour peu de chose. Le même marchand, repassant par la ville peu de temps après, trouva exposé, dans les mêmes conditions, un nouveau tableau, cette fois plus important; il l'acheta encore, et engagea Lairesse à l'accompagner à Amsterdam et à continuer à travailler pour le compte du marchand.

Lairesse accepta et vint se fixer à Amsterdam; au bout de quelque temps, n'y étant plus inconnu, il se sépara de son mécène intéressé et parvint à vivre honorablement de ses travaux. Ceux-ci furent bientôt accueillis avec une faveur marquée, et l'artiste, gagnant de la réputation, put, au bout de deux ans, s'établir convenablement et acquérir les droits de bourgeoisie en 1667. Un an plus tard, il loua une maison assez somptueuse au marché St-Antoine.

---

(1) Le récit de cette aventure se trouve dans toutes les biographies de Lairesse. Cependant nous devons constater que le prince Velbruck a fait faire des recherches au greffe des échevins de la ville de Liége sur cette affaire, et que l'on n'a rien trouvé à la charge de notre peintre.

A partir de ce moment, Lairesse vécut à Amsterdam, fort recherché des amis de l'art, travaillant beaucoup, produisant un très-grand nombre de tableaux et décorant de ses peintures les salons les plus somptueux de la ville. Il forma chez lui une sorte d'académie. C'est à cette époque qu'il se mit aussi à graver à l'eau-forte, et il se livra à cet art avec une véritable passion, passant des nuits entières à manier la pointe sur le cuivre. Aussi son œuvre comme graveur est-elle fort considérable.

En 1685, il grava l'anatomie de Bidloo. Les dessins originaux exécutés à l'encre de Chine furent acquis par Tronchin, célèbre amateur qui habitait Genève.

Lorsqu'en 1684 Jean Glauber, célèbre peintre paysagiste, vint à Amsterdam, il se lia avec Lairesse d'une amitié basée sur des goûts identiques et des talents qui n'étaient pas sans analogie. Glauber demeura chez Lairesse, et ses paysages les plus remarquables furent étoffés des élégantes figurines du maître liégeois. Ils firent plusieurs travaux en collaboration et exécutèrent ensemble les peintures de la salle à manger de la reine Marie d'Angleterre, des appartements du roi Guillaume III et des salons du château de Soesdyck.

Même dans les conférences que Lairesse donna plus tard sur la peinture, Glauber eut une part de collaboration par les réflexions judicieuses qu'il ajoutait à l'enseignement de notre artiste.

Dans les idées de Lairesse sur la composition, l'allégorie lui semblait devoir ouvrir le champ le plus vaste à l'imagination. « Lorsque, dit-il quelque part, mon frère aîné (Ernest) eût rapporté d'Italie l'*Iconologie de Ripa*, jusqu'alors inconnue en Hollande ou cachée comme un trésor, mon ardeur pour la composition allégorique se réveilla avec plus de force que jamais. Mon esprit, guidé par les idées de César Ripa, produisit des choses singulières qu'on méprisa néanmoins, soit par ignorance, soit par jalousie, mais qui me valurent beaucoup d'argent. Les Jésuites seuls me demandèrent des allégories pour plus de cent cinquante thèses par an, que j'exécutais à la gouache. On peut juger par là que mes peines ne furent par perdues, et se faire en même temps une idée de l'état où la science était alors, puisque l'on me préférait à mes contemporains en dépit des fautes que je pouvais commettre à chaque instant. »

Malgré sa vie laborieuse, il inclinait toujours au désordre. Un de ses biographes raconte une aventure assez fâcheuse arrivée au peintre, alors qu'il était dans la position la plus brillante. En 1673, les Français s'étaient avancés par Utrecht vers Amsterdam, et tous les paysans des environs, avec leurs troupeaux et ce qu'ils pouvaient emporter avec eux, se réfugiaient vers la ville. Invité par des amis, Lairesse avait été à la campagne, et, après avoir fêté la bouteille avec l'entrain qu'il mettait en toutes choses, il s'en retournait chez lui chantant quelque refrain dont les paroles étaient en français. Il n'en fallut pas davantage pour le faire prendre pour un émissaire de ces Français que l'on redoutait, et dont l'armée n'était plus bien éloignée. Il fut arrêté, maltraité et conduit à la maison de ville. N'ayant pas réussi à éclaircir la situation, on le retint prisonnier, l'enfermant provisoirement dans un souterrain, tandis que sa femme et ses amis, ignorant ce qu'il était devenu, faisaient des recherches dans toutes les directions. Le pauvre prisonnier put cependant, du cachot où il était relégué, apercevoir par le soupirail une personne de sa connaissance ; il la héla et lui raconta la position dans laquelle il se trouvait et le malentendu dont il était victime. Sa femme fut instruite de cette manière de la situation de Lairesse, et elle n'eut pas de peine à obtenir sa liberté.

Ni les faveurs, ni les commandes ne lui firent défaut aussi longtemps qu'il put travailler. La Hollande comme les pays étrangers se disputaient ses peintures. Guillaume de Nassau, roi d'Angleterre, désira en avoir et voulut connaître l'artiste. Ses compatriotes liégeois ne furent pas insensibles à sa gloire et cherchèrent, souvent en vain, à obtenir de ses ouvrages. Quelques-unes de ses peintures cependant reprirent le chemin de la ville natale de Lairesse, et plusieurs des toiles peintes pendant son séjour à Amsterdam existent encore à Liége. Le bourgmestre Bonhome obtint une *Judith*, de forme ovale, et une autre peinture pour la cheminée de sa salle basse. Sur les instances réitérées de M. de Liverloo, archidiacre de la cathédrale St-Lambert, Lairesse accepta de peindre pour le maître-autel de cette église une toile importante représentant *l'Assomption de la Sainte Vierge*.

Lorsque ce tableau arriva à Liége, en 1687, il fut reçu par le seigneur de Liverloo, qui le fit dérouler, fixer sur son châssis et exposer ensuite à l'examen des artistes, des amateurs et des curieux, dans l'une des salles de son hôtel. L'admiration fut grande et les applaudissements unanimes. On se montra très-généreux envers le peintre : indépendamment de 100 souverains d'or, prix convenu, qu'il reçut pour son travail, on envoya encore 700 écus à sa femme *pour des gants*. Cependant, ajoute le biographe contemporain, placé sur le maître-autel de la cathédrale, le tableau ne produisit plus guère le même effet. La vérité de cette dernière observation se comprend à merveille. Voici la composition de cette toile :

Dans la partie supérieure, on voit la sainte Vierge, en robe blanche, accompagnée d'un grand nombre de chérubins folâtrant autour d'elle, s'élever sur des nuages qui rappellent le ciel de la Hollande. Dans la région inférieure, l'un des apôtres, saint Jean, que l'on reconnaît à sa chevelure abondante, soulève le linceul qui a contenu les restes de la Vierge glorifiée et montre les roses qu'elle a laissées dans son tombeau. Un grand nombre de figures, parmi lesquelles on croit distinguer les apôtres, s'agitent autour de cette scène. Au premier plan, à la droite du spectateur, une femme semble frappée d'étonnement, et son enfant se serre contre elle dans une attitude craintive. Le fond est de l'architecture et à l'horizon paraissent les monuments de Jérusalem.

Cette toile est traitée avec toute l'habileté du maître. Elle est d'une couleur agréable et aérienne, peinte grassement et facilement; mais le sentiment religieux, la clarté dans la composition, le style propre au sujet y font complètement défaut; il faut faire un effort pour reconnaître la scène que l'artiste a eu l'intention de rendre (1).

---

(1) Ce tableau se trouve actuellement à la cathédrale de St-Paul, à Liége. Il avait souffert dans le voyage de Paris,

Lorsqu'on voit cette peinture, on comprend que, sous les voûtes austères de l'ancienne cathédrale, l'absence complète de grandeur dans le style, de sévérité dans les lignes et d'onction religieuse devait se faire sentir. A une assez faible distance, la composition devenait inintelligible.

Le musée communal de la ville de Liége possède un tableau de plus petites dimensions, mais qui donne une meilleure opinion du talent de l'artiste, parce qu'il traite un genre dans lequel l'imagination de Lairesse se mouvait avec aisance, et non sans une certaine grâce. De plus, il nous semble qu'en entreprenant cette composition, le peintre liégeois a voulu, en quelque sorte, entrer en lice avec plusieurs peintres d'une grande célébrité, ne paraissant pas craindre les comparaisons que le choix du sujet devait provoquer naturellement.

Ce tableau représente: *le Tribunal de la Sottise ou la Calomnie d'Apelle.* C'est la reproduction d'une peinture traitée pour la première fois dans les temps antiques, et dont voici l'explication :

Lucien, dans son traité intitulé : « Qu'il ne faut pas croire facilement à la délation, » rapporte qu'Apelle (1), citoyen d'Éphèse, peintre fort aimé de Ptolémée IV Philopator, fut calomnié auprès de son bienfaiteur comme complice de la conjuration tramée par Théodotus (2), lieutenant du roi et gouverneur de la Phénicie. Furieux de l'ingratitude de son protégé, Ptolémée, sans réfléchir qu'Antiphile (3), le dénonciateur, était peintre et rival de l'accusé, voulait faire périr Apelle, lorsque l'un des conjurés arrêté à la suite de la

---

où, après la démolition de l'église de St-Lambert, il fut transporté par les Français. Il souffrit encore dans le voyage pour revenir à Liége. Il a été restauré avec soin par le peintre Brüls.

(1) Il ne faut pas croire qu'il soit question ici d'Apelle, le fameux peintre né à Cos, contemporain d'Alexandre et de Ptolémée, fils de Lagus. L'Apelle dont parle Lucien était originaire de Colophon, et, par adoption, citoyen d'Éphèse.

(2) Voyez POLYBE, liv. V.

(3) PLINE, *Hist. nat.*, XXV, 10.

découverte du complot, touché du sort réservé au malheureux artiste, déclara que celui-ci n'avait pris aucune part à leur révolte. Ptolémée reconnut son erreur, donna 100 talents à Apelle, et lui livra Antiphile, pour qu'il en fît son esclave. Apelle, encore ému du danger auquel il venait d'échapper, se vengea de la délation par le tableau que Lucien décrit de la manière suivante :

« Sur la droite est assis un homme qui porte de longues oreilles dans le genre de celles de Midas. Il tend de loin la main à la Délation qui s'avance. Près de lui sont deux femmes, l'Ignorance, sans doute, et la Suspicion. De l'autre côté, on voit approcher la Délation, sous la forme d'une femme divinement belle, mais la figure enflammée, émue et comme transportée de colère et de fureur. De la main gauche elle tient une torche ardente; de l'autre, elle traîne par les cheveux un jeune homme, qui lève les mains vers le ciel et semble prendre les dieux à témoin. Il est conduit par un homme pâle, hideux, au regard pénétrant; on dirait d'un homme amaigri par une longue maladie : c'est l'Envieux personnifié. Deux autres femmes accompagnent la Délation, l'encourageant, arrangeant ses vêtements et prenant soin de sa parure. L'interprète qui m'a initié aux allégories de cette peinture m'a dit que l'une est la Fourberie et l'autre la Perfidie. Derrière elles marche une femme à l'extérieur désolé, vêtue d'une robe noire déchirée; elle détourne la tête, verse des larmes, et regarde avec une extrême confusion la Vérité qui vient à sa rencontre (1). »

Cette citation, dont on pardonnera la longueur, explique parfaitement le tableau de Lairesse, qui a refait avec fidélité, quant aux figures les plus importantes, la composition allégorique de son prédécesseur Apelle. Un siècle et demi avant Lairesse, la description donnée par Lucien avait déjà inspiré le pinceau de plusieurs des grands maîtres de la renaissance. C'est ainsi que, dans l'une des salles de l'hôtel-de-ville de Nuremberg, — probablement la salle où l'on rendait la justice, — Albert Durer a peint une grande fresque où le

---

(1) LUCIEN, traduction de M. E. Talbot.

même sujet est représenté. On y voit un juge avec des oreilles d'âne, assis entre l'Ignorance et le Soupçon. Un innocent, que la Calomnie traîne par les cheveux au pied du tribunal, étend les mains dans l'attitude de la prière. A la suite de la Calomnie, on voit la Fourberie, l'Envie, l'Embûche, la Précipitation, l'Erreur, le Châtiment, le Repentir, et enfin la Vérité. A côté du juge on lit ce distique : *Ein Richter soll kein Urthel geben, er soll die sach erforschen eben* (1). Sur la porte de la salle où se trouve cette peinture se lit cet autre distique : *Eines Mannes Red ist eine halbe Red, man soll die Teyl verhoren będ* (2).

A peu près à la même époque où Albert Durer peignait cette fresque, Raphaël interprétait à son tour le texte de Lucien et en faisait le thème d'un dessin important, à la plume et lavé au bistre, faisant partie aujourd'hui du musée impérial du Louvre; enfin, l'ami de Raphaël, Marc-Antoine Bigio, dit le Francia, a fait un tableau sous le titre de : *la Calomnie d'Apelle*, qui se trouve au musée de Florence. Sans doute Lairesse a voulu concourir à son tour avec ces maîtres.

Quoi qu'il en soit, sa composition est très-détaillée et aussi claire qu'a pu être l'allégorie de ses devanciers. Au milieu du tableau, on voit le juge à l'air important et stupide, avec les oreilles de Midas. Appuyée sur son trône, l'Ignorance, les yeux couverts d'un bandeau épais, le sein nu, tenant en main le hochet de la folie, semble inspirer la sentence. A ses pieds est le hibou, l'oiseau des ténèbres. De l'autre côté, le Soupçon, au teint livide, aux pieds crochus, est assis sur les marches du tribunal. Dans les mains, il tient un miroir à verre convexe, parce qu'il dénature tout ce qui se reflète dans son impur objectif. Au premier plan, des serpents enlacés se tordent à terre, tandis qu'une colombe se débat sous la serre d'un vautour. Le juge avance la main

---

(1) Le juge ne doit donner la sentence qu'après avoir mûrement examiné la cause.
(2) La parole d'un homme n'est qu'une demi-parole ; il faut des deux parties entendre le témoignage.

vers la Délation. Celle-ci, jeune femme presque nue, furieuse, traîne par les cheveux un jeune homme qui d'une main semble s'accrocher à une colonne brisée, tandis qu'il lève la gauche vers le ciel; à ses pieds est une torche que la Délation a laissé échapper. Celle-ci est conduite par une figure jaune et blême, hideuse à voir : c'est l'Envie personnifiée. Une charmante blonde, aux yeux bruns, tenant un bouquet de fleurs qu'elle tend au juge, et dont le corps est terminé par une queue de poisson, à la façon des syrènes, précède ce groupe. C'est la Perfidie. Derrière l'innocent sacrifié, une horrible Euménide le flagelle avec des serpents. Au loin, on voit le Repentir s'enfuir boiteux, couvert d'un vêtement de deuil. Enfin, dans la région supérieure de la composition, apparaît rayonnante, une palme à la main, la Vérité. Elle est précédée du Temps, qui frappe déjà de sa faulx l'édifice qui sert d'abri au tribunal de la Sottise (1).

Cette peinture est très-réussie. Composée avec entrain et peinte avec cette facilité qui est l'un des caractères du talent de Lairesse, cette toile, sans être vigoureuse, est d'une jolie couleur et d'une harmonie qui convient fort bien au sujet. Lairesse, qui aimait cette composition, en a fait aussi un dessin à la plume, lavé à l'encre de Chine, le trait au bistre (2).

Nous avons décrit longuement ce tableau, parce qu'il donne une bonne idée du génie particulier du peintre et qu'il est de son meilleur temps. A cette époque de la vie de Lairesse, ses travaux étaient tellement estimés que la peinture dont il avait décoré le couvercle d'une épinette pour Pierre de Méan, seigneur de Pailhe, était estimée 500 écus. Il a reproduit dans ses gravures à l'eau-forte un assez grand nombre de ses tableaux, et il est impossible d'analyser l'œuvre de Lairesse comme graveur sans écrire un volume; il suffira de faire

---

(1) Avant d'être acquis pour le musée de Liége, ce tableau appartenait au docteur Lombard. Notre planche XI reproduit un excellent dessin, faisant partie de la collection de M. H. Duval, à Liége, exécuté d'après ce tableau.

(2) Ce dessin faisait partie de la collection de M. Augustin Sylvestre, vendue en 1809, à la mort de cet amateur.

observer que, de même que son pinceau, sa pointe est facile, brillante, colorée. Il entend parfaitement les ressources de la gravure à l'eau-forte, comme il entend celles de la palette, et, dans l'un comme dans l'autre art, il semble se jouer des difficultés du métier.

Ces eaux-fortes ont été réunies en un volume in-folio par Vischer. L'œuvre complète se compose de 140 planches, sujets d'histoire sacrée et profane, allégories et fables, etc., gravés par Lairesse lui-même, par Van Berge, J. Munnichuysen, à Bloeteling, etc.

Nous n'essayerons pas non plus de faire la nomenclature de ses tableaux connus; ils sont fort nombreux; on en trouvera une partie dans les *Recherches et Indications* sur son œuvre. A Amsterdam, il décora de ses peintures plusieurs maisons. A l'hôtel de M. Hompton, il a peint, dans les panneaux du vestibule, des grisailles représentant les *Quatre Ages*, beaucoup d'autres sujets dans les salons, et notamment, au-dessus d'une cheminée, *le Sacrifice de Didon*. Dans la maison de Diflinus, riche marchand d'Amsterdam, il a peint dans le vestibule des grisailles représentant les *Travaux d'Hercule*. Il fit aussi des peintures dans l'habitation du frère de ce négociant, où l'on voyait dans les salons, de la main du peintre liégeois, une peinture représentant *Judith avec sa suivante*, des sujets mythologiques et des paysages. Jacques Lairesse, son frère, y avait peint des fleurs.

Vers l'âge de 50 ans, Gérard Lairesse devint aveugle. Quelle que fût la faveur dont jouissaient ses travaux et malgré sa prospérité depuis qu'il s'était établi à Amsterdam, Lairesse n'avait pas amassé des trésors, et n'était pas préparé aux infirmités d'une vieillesse prématurée. Pour vivre, il fut obligé de vendre petit à petit, et à mesure que le besoin se faisait sentir, ses études, ses dessins et ses esquisses. Même dans sa cécité, un noble dévoûment à l'art, le plaisir de s'occuper encore de la peinture, à laquelle il avait consacré sa vie et le désir de rendre des services aux disciples de cet art, lui suggéra la pensée de donner, une fois par semaine, des conférences sur la peinture. Son fils

préparait des dessins pour les leçons que Gérard Lairesse
improvisait. Ces leçons ont été recueillies et publiées bientôt
sous forme de traité avec des planches. C'est *le Grand-Livre
des Peintres*, publié d'abord en hollandais et traduit plus
tard en français.

Ce traité n'est de nature ni à rendre de grands services
à l'art de la peinture, ni à donner une haute opinion des
principes dont cet art s'inspirait au temps de Lairesse.

Gérard Lairesse est mort dans la pauvreté, à Amsterdam,
le 28 juillet 1711. De tous les peintres de l'école liégeoise
du XVIIe siècle, c'est celui dont le nom a eu le plus de
retentissement à l'étranger. Il n'en est cependant pas le plus
remarquable. Doué de la plupart des qualités qui font l'artiste
supérieur, imagination, richesse, abondance; dessinateur
généralement correct et coloriste harmonieux, Lairesse n'a
pas laissé une seule peinture d'un ordre supérieur. Cela peut
s'expliquer par le temps auquel il vivait et la décadence des
arts, toujours plus marquée vers la fin du XVIIe siècle; mais
cela s'explique aussi par le tempérament propre du peintre,
qui, en s'abandonnant à sa remarquable fécondité, semble
travailler toujours pour le seul plaisir des yeux, sans approfondir les caractères, sans étudier les passions, sans s'attacher à l'expression des sentiments des figures dont il anime
ses compositions. Lairesse n'en veut pas à l'âme du spectateur. Il ne sut pas mettre d'entrave aux entraînements de sa
facilité naturelle. Si, dans quelques-unes de ses toiles, on
regrette des négligences, dans aucune de ses œuvres on ne
sent la fatigue ni l'effort. Il rendait avec aisance ce qu'il
voulait exprimer, et il ne voulait autre chose que séduire et
plaire. Dans aucune de ses œuvres, soit du pinceau, soit du
crayon, soit de la pointe, on ne sent ni les joies, ni les
douleurs de l'enfantement d'une pensée longuement mûrie;
mais dans presque toutes, on reconnait les créations faciles
d'une nature richement douée, qui se laisse aller au courant
de son siècle. Il a égalé la plupart des artistes qui y vivaient;
il n'a rien laissé à imiter aux siècles futurs.

Lairesse laissa deux fils, Jean et Abraham, qui, initiés
par lui à l'art de la peinture, ne se sont pas distingués par

un talent original ; il eût un grand nombre d'autres élèves, parmi lesquels il faut citer Christophe Lubienetzki, polonais; Bonaventure Overbeck, d'Amsterdam ; Philippe Tedeman, Otmar Elliger, de Hambourg ; Jean Mieris, Jean Hoograat, qui passaient pour des plus habiles, Jacques Vanderdoes, etc.

INDICATIONS ET RECHERCHES SUR L'ŒUVRE DE GÉRARD LAIRESSE.

Comme nous l'avons dit dans la notice biographique du peintre, il a été prodigieusement productif; beaucoup de ses peintures, surtout de celles qui avaient une destination monumentale, ou, si l'on aime mieux, un but décoratif, sont restées en Hollande; mais on en trouve dans presque tous les musées et dans un grand nombre de collections particulières de l'Europe. Leur énumération déjà ferait une liste bien longue, leur description exigerait un travail hors de proportion avec le plan de notre livre; nous allons indiquer quelques-uns des tableaux de Lairesse, ayant particulièrement égard aux peintures qu'il a faites à l'époque où il habitait Liége, ou qu'il a exécutées pour ses compatriotes lorsqu'il était établi en Hollande.

Nous citerons cependant, au nombre de ses tableaux les plus marquants, un *Héliodore*, peint pour M. Hompton, d'Amsterdam ; *Ulysse et Calypso*, *Stratonice*, *le Triomphe de Paul-Emile*, exécutés pour Pancratius, bourgmestre d'Amsterdam ; *la Mort de Germanicus*, peint pour Christophe Swollen ; *les Neuf Muses sur le Parnasse*, pour de Méan, à Liége; *Lot et ses filles*, *Achille à la cour de Lycomède* ; *des Vestales dans un temple*, au palais de Sans-Souci, près de Berlin ; *les Quatre Saisons*, plafond au palais de Potsdam ; *l'Adoration des Mages*, tableau peint pour la galerie du comte Stronogoff, à S¹-Pétersbourg, payé 15,000 fr.; *Ulysse et Ajax persuadant Achille de prendre la défense des Grecs*, appartenant au roi de Suède; *Achille reconnu*, à la galerie de Brunswick ; *la Prospérité de la ville d'Amsterdam*, collection de de Burtin, etc.

Descente d'Orphée aux enfers. — Orphée est sur le point de quitter le noir séjour, guidé par un génie qui vole à ses côtés, l'éclairant au moyen d'une torche dont la lueur se projette sur le groupe principal. L'artiste a représenté le fils d'Apollon la lyre sous le bras, au moment où il succombe au désir de revoir son amante. Il se retourne, et, à l'instant, il est puni de son infraction aux ordres de Pluton. Eurydice, pâle et glacée, retombe mourante entre les bras des Parques qui l'entourent. Celles-ci sont d'âges différents, conformément à la mythologie ; revêtues de draperies aux couleurs sombres, elles ont au dos des ailes légères, transparentes et noires. Dans le fond, qui occupe une grande partie de cette toile, on voit le Tartare et la cité infernale. Des constructions fantastiques, immenses, entrevues aux lueurs d'un vaste incendie, étagent leurs galeries superposées et les spirales de leurs tours. Sous ces portiques, le long de ces galeries, circulent les ombres des morts.

La couleur noire qui domine dans cette toile la rend peu agréable comme effet, et, sous ce rapport, elle est fort inférieure à beaucoup d'autres productions du maître. Mais la composition est claire, le modelé étudié, le groupe d'Eurydice et des Parques est très-bien disposé, et l'une de ces dernières a une jolie tête. La figure d'Orphée exprime bien, quoique d'une manière un peu théâtrale, les sentiments dont cette figure doit être animée.

Cette peinture, dont il existe des répétitions, a été exécutée par l'artiste à l'âge de 21 ans. Voir la biographie qui précède. — Les figures sont un peu en dessous de la grandeur naturelle.

Toile : H., 1,82. L., 2,18. (Musée communal de la ville de Liége.)

Sacrifice à la déesse Palès. — Palès, déesse des pâturages, des bergers et des troupeaux (que l'on confond parfois avec Cybèle, comme représentant la terre, et quelquefois avec Cérès), est représentée sous les traits d'une jeune femme assez jolie, assise au milieu du tableau sur un trône. Elle est vêtue d'une robe bleue et d'un manteau blanc, dont les pans sont ramenés sur la poitrine. De la main gauche elle tient une faucille, tandis que de la droite elle indique un troupeau de moutons et de chèvres. Elle est appuyée à un monument sur lequel sont placés des fruits et des vases contenant du lait et du vin. Sur l'une des faces du monument, on voit un médaillon où se lit l'inscription suivante, cachée en partie par le bras d'une des figures qui se trouve sur le premier plan :

HANC TIBI
MAGNA PALES
. . . . . PASTORES
PONIMUS ARAM

Derrière la déesse, un berger place une amphore sur cet autel. Un vieillard, tenant un rateau, s'appuye sur le monument. Une vieille femme, accompagnée de sa fille, vient également déposer son offrande — un panier contenant du pain, des fruits — aux pieds de Palès.

Au second plan, on voit des bergers avec leurs troupeaux. Des arbres, couvrant en partie de leurs branches un temple, servent de fond à la scène principale et se détachent sur un ciel de soleil couchant.

Ce tableau, dont les ombres ont poussé au noir, est bien peint; il a toutes les qualités qui distinguent les tableaux de la jeunesse de Lairesse.

C'est la répétition de la peinture exécutée pour le comte de Glimes; la déesse Palès y était représentée sous les traits de la princesse de Salme. Voir la biographie du peintre.

Toile: H., 81. L., 61. (Galerie du prince de Lichtenstein, à Vienne.)

Le baptême de St-Augustin. — La scène se passe dans une rotonde dont la galerie supérieure est portée par des colonnes. Au milieu de la composition, le saint catéchumène, entièrement vêtu de blanc, penche sa tête au-dessus des fonts baptismaux. Saint Ambroise, évêque, la mitre en tête et la crosse à la main, répand sur lui les eaux sacramentelles; il est assisté de deux acolytes, dont l'un tient le plateau avec le sel, et l'autre, en soutanelle rouge, tient un cierge allumé. D'autres figures disposées autour de ce groupe et sous la colonne assistent à cette scène.

Derrière saint Augustin, une vieille femme, dans l'intention du peintre probablement sainte Monique, quoique celle-ci n'ait pas assisté au baptême de son fils, porte les yeux au ciel avec une expression de reconnaissance et de bonheur remarquablement réussie. Elle est revêtue d'une robe blanche, d'un manteau violet et d'un voile noir.

Au premier plan, un escalier monte vers le palier où se passe la scène principale. Sur l'escalier, on remarque plusieurs figures vues à mi-corps, coupées par le bord inférieur du cadre. Un militaire, en armure du XVIIe siècle, regarde avec admiration la cérémonie qui se passe sous ses yeux. Une femme à côté de lui paraît être un portrait: c'est un type liégeois assez vulgaire. Un homme, en costume turc dont la tête est couverte d'un turban, regarde en dehors du tableau. Derrière saint Ambroise, on voit, dans une niche, une sculpture de la sainte Vierge avec l'enfant Jésus. Au haut de la composition, de grandes draperies rouges apparaissent comme les rideaux d'un théâtre; une faible gloire, avec quelques têtes d'anges, se devine plutôt qu'elle ne se voit près de cette draperie.

Dans le dessin de la cuve baptismale, on remarque des réminiscences de celle de Notre-Dame-aux-Fonts ; l'artiste y a peint le baptême du Christ et a traduit à sa façon l'œuvre de Lambert Patras.

Cette toile est conçue comme un tableau d'apparat, avec de grands partis pris de lumière et d'ombre, des effets de clair-obscur dans le style de Rembrant. La seule figure de femme, derrière saint Augustin, est bien dans le sentiment. Au surplus, le tableau est peint facilement, légèrement, avec une grande assurance. Les têtes, en général, sont bien modelées ; l'ensemble produit l'effet d'une œuvre magistrale ; elle est cependant le travail d'un jeune homme de vingt-deux ans. Ce tableau, enlevé par les Français à l'église des Ursulines, fut donné par Napoléon au musée de la ville de Mayence, avec divers autres tableaux tirés des églises de Liége. Il faisait pendant à la *Conversion de saint Augustin*, du même peintre.

H., 3,12. L., 2,65. (Musée de Mayence.)

1. Un poste de militaires auprès d'une ruine. — 2. Des soldats buvant avec des filles. — Ces deux tableaux ont beaucoup noirci. Comme couleur et ampleur de l'effet, ils sont fort inférieurs à la plupart des productions du peintre.

Formant pendant, ils sont de même dimension.

Toile : H., 58. L., 49. (Galerie du Belvédère, à Vienne.)

Dans la même galerie, un tableau attribué à Lairesse, représentant *Neptune et Amphitrite se rendant chez Cybele*, est trop médiocre pour pouvoir être de la main du maître.

Dans la galerie du prince de Lichtenstein, à Vienne, se trouvent deux paysages importants de Glauber avec des figures historiques de Gérard Lairesse.

Le tribunal de la Sottise ou la calomnie d'Apelle. — Voir pour la description de cette toile la biographie du peintre.

Toile : H., 88. L., 1,12. (Musée de la ville de Liége.)

L'Assomption de la Ste Vierge.—V. la biographie de l'artiste.

Toile : H., 4,50 environ. L., 2,70. (Cathédrale de Liége.)

Deux compositions allégoriques relatives à la carrière de l'artiste.—Un jeune homme à genoux est soutenu par le Génie de la sculpture, qui, d'une main, dans laquelle il tient un ciseau, lui indique une femme vêtue de blanc, — la Vertu, sans doute, — laquelle intercède auprès de Minerve, que l'on voit couchée sur des nuages dans la région supérieure du tableau. Auprès du jeune homme on voit, sur le sol, une palette chargée de couleurs, un compas, une équerre, une sphère, du papier noté, enfin, tous les attributs des sciences et des arts. Du côté opposé, deux jeunes garçons tiennent une cassette et sont entourés de vases d'une grande richesse. Peut-être le peintre a-t-il voulu indiquer par là les promesses données à l'avenir du jeune artiste. Ce tableau, chose rare, est signé *G. Lairesse.*

Dans le second tableau, l'artiste a fait du chemin dans la carrière. Toujours conduit par la Vertu aux vêtements blancs, il a à ses côtés une jeune compagne. Ce groupe est précédé par un Génie couronné de roses, tenant une torche, — l'hymen, sans doute, — tandis que les amours folâtrent autour de lui. Ils s'avancent vers Minerve, qui, le casque en tête, la lance à la main, les accueille avec bienveillance. Plus loin, une figure assise, — la Gloire, — vêtue d'un manteau rouge, tient une couronne de lauriers d'une main et de l'autre une corne d'abondance.

Ces deux tableaux sont peints légèrement et se distinguent par une harmonie fine, douce et argentine.

Bois : H., 63. L., 50.   (Pinacothèque de Munich.)

L'Institution de l'Eucharistie. — H., 1,39. L., 1,63.

Bacchante et six enfants dansant en rond. — H., 57. L., 76.

Le jeune Hercule entre le Vice et la Vertu. — H., 1,13. L., 1,84.

Le Débarquement de Cléopâtre au port de Tarse. — Elle est reçue par Antoine et suivie par un nombreux cortége. H., 60. L., 67.

Ces quatre tableaux se trouvent au Musée du Louvre, à Paris.

Ste Cécile. — Au milieu de la composition, la sainte, revêtue d'une robe bleue et d'un manteau de même couleur, touche de l'orgue. Elle est entourée d'anges jouant de différents instruments ; à gauche du spectateur se trouve une femme qui ne paraît plus de la première jeunesse et qui pince de la harpe ; les ailes qu'elle a au dos font connaître que c'est un ange. Dans l'intention du peintre, un autre petit ange, d'une nudité complète, tient le livre de notes. Du côté opposé, un troisième ange, revêtu d'une sorte de tunique couleur terre de Sienne, pince de la guitare. Derrière lui, d'autres musiciens célestes mêlent les accents de leur chant aux accords des instruments. Dans la région supérieure, enfin, des anges, ou plutôt de petits cupidons, volent au milieu des nuages d'un ciel enfumé.

Tableau grassement peint, d'une couleur dorée et agréable, donnant un excellent spécimen de la manière du maître. Il n'y a pas trace d'un sentiment religieux chrétien, et toutes ces figures, dont plusieurs sont nues, assises sur des nuages sombres, semblent appartenir à la mythologie.

Il est signé du monogramme de l'artiste.

Toile : H., 1,50. L., 1,41.

(Appartient à Mme la vicomtesse de Clerembault.)

CHAPITRE XV

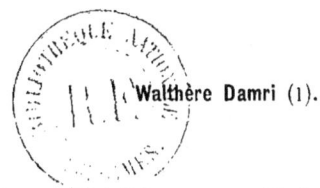

Walthère Damri (1).

Si l'on connaissait dans tous ses détails la vie de ce peintre, on y trouverait, sans aucun doute, les éléments d'une biographie semée d'aventures et d'événements les plus émouvants. Malheureusement, un seul auteur, à la vérité son contemporain et presque son ami, nous parle un peu longuement de la vie et des travaux de Walthère Damri. Cet auteur est le graveur Abry, dont les notices sont la source la plus abondante à consulter pour la biographie des artistes du pays de Liége au XVIIe siècle.

La ville de Liége a donné le jour à trois peintres du nom de Damri. Le premier, dans l'ordre chronologique, est Simon Damri, né en 1604; il fut élève de Jean Tauler, partit jeune pour l'Italie, y vécut de son travail, s'y maria et

---

(1) S. Abry écrit *Damerier;* nous ne savons trop pourquoi; l'artiste signait indifféremment W. *Damri* et W. *Damery.*

mourut à Milan en 1640 (1). Les deux autres sont les frères Walthère et Jacques Damri.

Walthère est né le 7 mars 1610 (2). Son père se nommait Jacques Damri, et le nom de fille de sa mère était Marie Parent. Ils vivaient au faubourg St-Léonard, dans le voisinage du couvent de ce nom; ils firent donner une éducation soignée à leurs fils.

Walthère était porté à l'étude par son génie naturel; il fit ses humanités au collége des P. P. Jésuites, et, pour l'apprentissage de son art, il fut confié aux soins d'Antoine Deburto, peintre assez médiocre, connu alors par un grand tableau exécuté pour le maître-autel de l'église des P. P. Chartreux de Robermont. Il fit des progrès rapides chez ce maître, s'exerçant à peindre des portraits, des paysages et des tableaux de petite dimension.

En 1636, il partit pour l'Angleterre et y passa plusieurs années à peindre des portraits. Il se rendit ensuite en France, où il ne semble pas avoir fait un séjour prolongé. Comme la plupart de ses compatriotes, et en général comme tous les artistes de son temps, Damri crut qu'un voyage en Italie était indispensable pour acquérir du talent. Il s'y rendit donc, et, arrivé dans cette terre promise des arts, il s'attacha particulièrement à l'étude des œuvres de Pierre Berrettini ou Pierre de Cortone, l'un des peintres vivants alors les plus célèbres, et qui, avec le non moins célèbre chevalier Bernin, était en possession des faveurs et des travaux dont disposait le pape Urbain VIII.

Damri demeura à Rome plusieurs années et y réussit assez bien à s'approprier le style du peintre qu'il étudiait de prédilection. On ne sait rien de plus de sa vie et de ses travaux en Italie. Lorsqu'il voulut retourner dans sa patrie, il s'embarqua sur un vaisseau qui devait le conduire en France, mais il fut capturé par des pirates et mené à Alger. On ne connaît pas les détails de la captivité du peintre, mais il

---

(1) VILLENFAGNE, *Discours sur les Artistes liégeois*, p. 123.
(2) Abry le fait naître en 1614; un manuscrit du chanoine Hamal, plus explicite, donne la date que nous indiquons.

paraît qu'il fut délivré par le secours de quelques pères Récollets, avec lesquels il eut la fortune de pouvoir revenir à Toulon. Il s'arrêta quelque temps en cette ville pour se remettre de l'état de dénûment et de souffrance dans lequel l'avait plongé sa captivité.

Il partit ensuite pour Paris en traversant la Provence et le Dauphiné. Sur sa route, il rencontra quelques pères Carmes qui allaient à Paris ; ils firent connaissance, et les religieux ramenèrent l'artiste dans leur maison, rue de Vaugirard, où Damri peignit dans la coupole de l'église une série de compositions qui se trouvent encore actuellement dans un bon état de conservation et dont voici les sujets (1) :

Dans la coupole même de l'église, on voit le prophète Élie, montant vers le ciel, sur un char de feu. Il a les bras étendus et la tête élevée dans une attitude inspirée. Le char, attelé de deux chevaux bais, vus en raccourci, roule sur de sombres nuages. Il est suivi par deux anges flottant dans l'espace, et, tout autour de la coupole, de nombreux messagers du ciel planent dans ce tourbillon de nuages au ton enfumé que le peintre a étendus dans la région inférieure de la coupole.

Sur les parois arrondies du mur soutenant la coupole, une décoration d'architecture est peinte en grisaille. Des pilastres cannelés, entre lesquels se trouvent quatre niches contenant chacune une statue et quatre bas-reliefs, ornent ces parois. Il n'est pas aisé de reconnaître les sujets de ces bas-reliefs,

---

(1) Ces peintures ont, de tous temps, été attribuées à Bertholet Flémalle ; voyez à cet égard le *Livret du Louvre* ; le *Guide des Amateurs de Tableaux* ; un long article publié par Henri de Laborde sur la peinture des coupoles dans la *Revue des Deux-Mondes* (n° du 15 décembre 1863), reproduit dans un travail consacré à cet artiste par M. E. Fétis ; *Bulletin de l'Académie royale*, 2ᵉ série, tome XX, p. 186-204, et en général tous les auteurs qui se sont occupés des travaux de Flémalle. A défaut du témoignage très-précis d'Abry, il suffirait, pour reconnaître cette erreur, d'examiner attentivement les peintures elles-mêmes. Elles n'ont rien de commun ni avec le style ni avec la coloration de Flémalle.

tracés très-légèrement et placés à une grande hauteur; mais les statues en grisaille représentent des saints de l'ordre des Carmes; ce sont S.S. Ange, martyr; Cyrille, docteur; Anastase et Albert, confesseurs.

Au bas de cette rotonde est peinte une galerie dans laquelle on voit Élisée recevant le manteau qu'Élie a laissé échapper. Tout autour de lui un grand nombre de personnages — sans doute l'artiste a voulu représenter les enfants des prophètes —manifestent, par leurs attitudes, un grand étonnement à la vue du prodige dont ils sont témoins (1).

Au-dessous de cette balustrade, sur la corniche, se trouve un ornement en grisaille où l'on a inscrit dans des cartouches le texte des huit béatitudes. Plus bas sont les pendentifs qui supportent le tambour de la coupole. C'est sur ces pendentifs rapprochés de l'œil du spectateur que le peintre a placé les compositions les plus achevées et les plus importantes. Elles retracent dans quatre groupes posés sur des nuages les scènes de la vie des deux saints et de deux saintes de l'ordre du Carmel. Elles sont:

1º La Ste-Vierge remettant le scapulaire à St Simon Stock.

2º Vision de Ste Thérèse, dans laquelle un ange lui perce le cœur avec une flèche d'or. L'ordre célèbre le souvenir de cette vision par une fête spéciale connue sous le nom de *la Transfixion* (2).

3º Extase de Ste Madeleine de Pazzi. La sainte carmélite, à genoux, avec un collier d'or et de pierreries autour du cou, reçoit du Seigneur, qui le lui place sur les épaules, un manteau blanc constellé d'or. Deux anges sont en adoration auprès de la sainte.

4º St Jean de la Croix, auquel un ange présente un tableau sur lequel est peint Jésus-Christ portant sa croix.

Les figures sont de grandeur colossale. Ces peintures sont d'un style monumental et d'un pinceau large et facile. La couleur, comme le caractère de ces quatre groupes, rappelle beaucoup les peintres italiens du XVIIe siècle. Le ton en

(1) *Livre des Rois*, IV, 13.
(2) Notre planche XII reproduit un croquis de cette composition, que nous devons à l'amitié de M. le baron Béthune.

est harmonieux, ne manquant pas de vigueur, et les compositions décèlent un sentiment religieux et une ampleur qui ne se retrouvent pas au même degré dans les tableaux que l'on connaît de Damri.

Le peintre revint dans sa ville natale en 1644, et ses relations avec l'ordre des Carmes ne cessèrent pas à son retour au pays de Liége. L'un des premiers travaux auxquels il mit la main fut le tableau pour le maître-autel de l'église des P. P. Carmes-en-Ile. Il y représenta, mais cette fois d'une manière fort différente, le même sujet qu'il avait traité dans l'une des peintures de l'église de la rue de Vaugirard : la Ste-Vierge donnant le scapulaire à St Simon Stock. Voici comment cette composition est conçue :

La sainte Vierge, revêtue du costume et des couleurs typiques, assise sur les nuages et tenant l'Enfant Jésus, remet à saint Simon le scapulaire brun. Le saint porte la tunique brune, le manteau et le capuchon blancs de son ordre. Ce groupe est entouré de plusieurs anges, dont l'un, vêtu d'une tunique couleur terre de Sienne naturelle, soutient le scapulaire que Marie remet au saint. De l'autre côté, un ange porte une corbeille de fleurs, tandis que d'autres anges semblent sortir des nuages.

La tête de la sainte Vierge est entourée d'un nimbe ovale vu en perspective. Le type est d'une beauté fort mondaine, un peu banale. La tête du saint est mieux réussie et semble avoir été étudiée avec un soin particulier. Saint Simon est à genoux; il a à ses pieds une tête de mort et un livre.

Cette peinture est d'une couleur agréable, mais d'un modelé un peu flasque. L'ange qui tient la corbeille de fleurs semble peint de pratique; il est assez mal dessiné. Le tableau a malheureusement subi des retouches qui en ont altéré l'harmonie primitive.

Lors du pillage des églises de Liége par les armées républicaines françaises, ce tableau fut transporté à Paris, et, après l'organisation de musées départementaux, il fut, avec un lot de trente-six tableaux, donné au musée de Mayence, où il se trouve encore (1).

Lorsque cette peinture fut placée dans l'église des P. P. Carmes, elle trouva beaucoup d'admirateurs, et Damri eut bientôt de nombreux travaux à faire pour les églises de la ville de Liége, comme pour d'autres villes. Il fit d'abord pour la même église des Carmes une *Assomption de la sainte Vierge*. Il peignit, pour les chanoines réguliers de Tongres, un *Christ au Jardin des Oliviers*, tableau d'autel, et plusieurs autres tableaux de moindre importance; pour l'église des Prémontrés, deux toiles de grande dimension, une *Déposition de la Croix* et un *saint Norbert recevant le scapulaire des mains de la sainte Vierge* (2). Dans cette église, il y avait encore une autre toile de Damri : c'était l'épitaphe de Wathieu de Hodeige, chanoine régulier de cette maison et plus tard curé de St-Nicolas, Outre-Meuse. Il était représenté à genoux devant la sainte Vierge, assise dans les nuages et tenant dans ses bras l'Enfant Jésus. Cette peinture avait été placée en 1654. Puis le peintre fit tour à tour, pour le maître-autel de l'église St-Remy, un tableau dont le sujet principal représentait *J.-C. portant la croix*, et, dans la région supérieure, on voyait Dieu le Père avec des chérubins; pour le maître-autel de l'église St-Léonard, une *Déposition de la Croix*; pour l'église des Carmélites, près St-Léonard, un tableau dont le sujet est resté inconnu; pour l'église des Écoliers, le *seigneur de Groisbeck, grand prévôt de Liége, à genoux devant la sainte Vierge*; une *Madone* pour l'église de St-Séverin; un *saint Bruno* pour la chapelle de St-Laurent; un *saint Bruno* et une *Piscine* pour la chapelle du couvent de Robermont. Ce dernier tableau, toile de cinq pieds de

---

(1) Lors de la première organisation du musée de la ville de Mayence, ce tableau fut attribué à *Annibal Carrache*. V. *Die Staedtische Gemaelde-Sammlung in Mainz*, par MÜLLER, *Rheinisches Archiv.*, t. VII, p. 92, et t. IX, p. 136. Plus tard, on l'attribua à Louis Carrache.

(2) Ce tableau existe encore à l'église du Séminaire de Liége. Voir aux *Indications et Recherches*.

haut, avait été commandé par Mme Woot, abbesse de Robermont. Il fut déjà, au XVIIe siècle, enlevé, — comme dit le biographe de Damri, — *pour en accommoder une personne de distinction* et remplacé par une copie.

Enfin, Damri fit aussi un grand nombre de tableaux pour les particuliers, parmi lesquels on désigne des sujets d'histoire ancienne profane, tels que l'*Entrevue de la reine des Amazones avec Alexandre-le-Grand, Mutius Scœvola*, etc. De sorte que la plupart des amateurs de la ville et presque toutes les églises de Liége possédaient une ou plusieurs toiles de ce peintre, devenues fort rares aujourd'hui.

L'une des dernières peintures que Damri ait faites représente la *sainte Vierge accompagnée des Vertus*, exécutée pour l'église Ste-Foi, où ce tableau se trouve encore dans un bon état de conservation.

Damri était fort honnête homme, de relations faciles et d'un caractère liant; il aimait à voir les jeunes artistes et à causer de son art avec eux. Il joignait beaucoup de modestie à son talent, et sa société était recherchée par les personnages les plus considérables du pays de Liége. Il était honoré de l'amitié de Laurent de Méan, archidiacre du Hainaut, pour lequel il fit bon nombre de peintures; de Dom Guillaume Natalis, abbé de St-Laurent, pour lequel il a aussi exécuté plusieurs portraits et tableaux, entre autres un portrait où l'on voit ce religieux élevé sur un piédestal par des anges qui portent sa mitre et sa crosse, et deux figures allégoriques représentant le *Sacrifice* et le *Courage* avec la devise: *corde et animo* (1). Henri de Curtius, seigneur de Grand Aaz, grand amateur des arts et protecteur des artistes, surtout des peintres, avait aussi pris Damri en affection, et possédait plusieurs de ses œuvres.

Damri fut marié deux fois. L'une de ses femmes lui donna deux garçons, qui n'eurent aucun mérite. Il est mort à l'âge de 68 ans, le 18 février 1678, bien disposé au passage à une autre vie, après une maladie qui le fit souffrir plusieurs mois; il a été enterré dans l'église des Carmes Déchaussés, vis-à-vis de laquelle était son habitation.

(1) Cette composition a été gravée par Natalis.

INDICATIONS ET RECHERCHES SUR LES TRAVAUX DE DAMRI.

Peintures murales de la coupole de l'église des Carmes, rue de Vaugirard, à Paris. — Voir la notice biographique.

La Ste Vierge remettant le scapulaire à St Simon Stock.
— Voir la biographie ci-dessus.
Toile : H., 2,34. L., 1,67.

(Au Musée de la ville de Mayence.)

La Ste Vierge remettant le scapulaire à St Norbert. — La vierge Marie, revêtue d'une robe rouge vermillon, d'un manteau bleu et d'un voile blanc qui lui couvre la tête, apparait sur les nuages. De la main droite elle prend, pour le remettre à St Norbert, le scapulaire blanc qu'un ange tient à côté d'elle. La reine du ciel est entourée d'un grand nombre d'anges chantant ou jouant de différents instruments. L'un d'entre eux apparait au-dessus du saint, apportant la barette blanche des Prémontrés. Dans la région supérieure, on voit Dieu le Père entouré d'une gloire d'anges, la tête nimbée d'un nimbe triangulaire. Au premier plan, St Norbert est à genoux sur un prie-Dieu. Il est en costume noir et étend les bras pour recevoir le symbole de l'obéissance que lui tend la Ste Vierge. Derrière lui, un ange, appuyant la main sur son épaule, lui montre la mère de Dieu. Devant le saint se trouve un escabeau avec un livre ouvert, appuyé sur une tête de mort; une branche de laurier se trouve parmi ces accessoires.

Ce tableau est composé avec un certain apparat qui caractérise bien son époque et l'influence italienne très-marquée chez ce peintre. La tête de la Ste Vierge est jolie, mais d'un caractère moderne et profane. Il en est de même de celle du saint, qui, ornée d'une chevelure abondante, de la barbe naissante dont le duvet apparaît au menton et à la lèvre supérieure, a l'air vraiment galant, pour employer une expression du temps. Les airs de tête des anges, et notamment de celui qui se trouve derrière le saint, sont pleins de coquetterie. La composition ne manque pas de mouvement et de vie, et la draperie du saint est bien jetée.

Cette peinture a souffert par le temps et des retouches malheureuses. Il y a des têtes et des mains d'anges qui ont été gravement maltraitées.

Toile cintrée par le haut, la plus grande hauteur 3,90; largeur, 2,25. Figures de grandeur naturelle.

(Église du Séminaire, à Liége.)

La Ste Vierge entourée des vertus qui lui sont propres.
— La Ste Vierge, revêtue d'une robe rouge, d'un manteau bleu et d'un voile jaune, apparaît debout au milieu de la composition, la tête entourée d'un cercle d'étoiles. Elle tient l'Enfant Jésus sur son bras droit, et du pied elle écrase la tête du serpent. Elle est entourée de onze figures de femmes, qui personnifient autant de vertus. A sa droite on voit, au premier plan, la Force, armée d'une massue et menaçant du geste le serpent foulé aux pieds par la Vierge Marie. Cette figure, vêtue d'un manteau rouge et d'une tunique jaune, a la tête armée d'un casque et la poitrine protégée par un gorgerin. Derrière elle on voit, entièrement vêtue de blanc et tenant à la main une branche de lis, la Virginité, ayant à côté d'elle une figure sans attributs, joignant les mains. Derrière ces figures se groupent les trois vertus théologales : la Foi, tenant un calice et une croix; l'Espérance, élevant une ancre vers le ciel; la Charité, tenant un cœur brûlant à la main et ayant une flamme sur la tête.

De l'autre côté on voit, assise au premier plan, une femme vêtue d'une tunique verte et d'un manteau blanc; elle tient une urne dont elle tire des monnaies d'or et d'argent, qu'elle répand autour d'elle, — c'est probablement la Charité fraternelle. Derrière elle, une femme vêtue de noir se prosterne aux pieds de la Ste Vierge. L'artiste, sans doute, a voulu représenter l'Humilité. Au second plan, on voit la Justice, avec le glaive et la balance; la Prudence, avec le miroir et le serpent; la Tempérance, qui verse un liquide d'un vase dans un autre; et, enfin, une femme tenant un livre et faisant monter vers le ciel l'encens d'une cassolette.

Au haut de la composition, à gauche de la Ste Vierge, apparaît sur des nuages Dieu le Père, tenant le globe du monde d'une main et bénissant de l'autre. Il est accompagné du Saint-Esprit.

L'artiste a groupé, dans un ordre un peu arbitraire, autour de la Ste Vierge les trois vertus théologales, les quatre vertus cardinales et quelques-unes des vertus attribuées spécialement à la Vierge Marie par les théologiens (1). Ce tableau est assez

---

(1) Cornélius-à-Lapide attribue douze vertus à la Ste Vierge, à savoir : la Foi, l'Espérance, la Charité, la Religion, la Virginité, la Pauvreté, l'Humilité, la Charité fraternelle, la Modestie, la Miséricorde, l'Obéissance, la Constance.

bien dessiné ; le groupe qui se trouve à gauche du spectateur, représentant la Force et la Virginité, est la meilleure partie de l'œuvre. La couleur est généralement harmonieuse, et les tons un peu rembrunis sont très-fondus les uns dans les autres. Ce tableau, qui n'est pas un mauvais spécimen du style de Damri, a subi quelques retouches.

Toile : H., 2,93. L., 2,20.

Ce tableau ornait l'autel latéral de la nef du côté de l'épitre de l'ancienne église de Ste-Foi, pour laquelle il avait été peint. Jusqu'à la démolition de cette église, en 1868, il avait conservé son encadrement primitif, et formait un autel en style de la renaissance d'assez bon goût. Sur les colonnes en bois, cannellées, on voyait, dans la partie ornementée du fût, deux cartouches sur lesquelles se trouvaient une marque et un monogramme, qui désignaient, sans aucun doute, le ou les donateurs de l'autel.

Un Fragment de peinture, provenant d'une tapisserie, ou plutôt d'un dessus de cheminée, représente une bergère, tenant une couronne de fleurs d'une main et une houlette de l'autre. Auprès d'elle se trouvent plusieurs moutons peints de pratique et avec légèreté ; cette toile toutefois n'est remarquable que parce qu'elle porte la signature du peintre et une date :

W. DAMRI INVENTOR FECIT ANNO 1670.

Figure de grandeur naturelle.

(Appartient à M. Brahy, à Liége.)

La Vierge apparaissant à St Norbert (?). — Au haut de plusieurs marches qui semblent conduire à un autel apparait la Ste Vierge. De sa main gauche elle saisit la main droite du saint, venant vers elle guidé par un ange, qui le soutient par le coude. Le saint est vêtu du costume blanc des Prémontrés. Il met l'un de ses genoux sur les degrés qui conduisent au palier où se trouve Ste Marie, et penche le corps vers elle en mettant la main gauche sur le cœur. A côté de la Ste Vierge, au premier plan, un ange tient les mains jointes dans l'attitude de la prière. Le fond est de l'architecture d'un ton assez sombre ; les pieds de la vierge Marie posent sur un nuage presque imperceptible.

Il y a de la distinction dans la pose et dans l'expression de St Norbert, qui paraît être un portrait. La Vierge, au contraire, a un caractère peu religieux et l'air moderne. L'ange qui l'accompagne est d'un dessin assez lourd. Le tableau est peint avec facilité et une certaine élégance; il ne manque pas d'harmonie. Nous ne sommes pas sûr de l'indication du sujet ; le tableau cependant semble inspiré par la légende qui rapporte que la Ste Vierge apparut à St Norbert, fondateur des Prémontrés et archevêque de Magdebourg (6 juin 1134) pour lui donner un vêtement blanc, costume de l'ordre qu'il devait établir.

Ce tableau a légèrement souffert dans les ombres du manteau de la Ste Vierge; il est venu de la collection de M. Delatrus dans celle de M. Lombard et de celle-ci

Toile : H., 83. L., 63. (au Musée de Liége.)

Dans le livret du Musée, ce tableau est attribué par erreur à G. Carlier.

Une répétition du même tableau, mais plus terminé, appartient à Mme la vicomtesse de Clerembault.

La Présentation au temple. — A la droite du spectateur, la Ste Vierge, un genou en terre, présente son Divin Fils au vieillard Siméon, qui le reçoit avec tendresse. Un peu en dessous, et du même côté que Siméon, une vieille femme agenouillée, les mains jointes, regarde l'Enfant Jésus avec amour. Derrière la Ste Vierge, St Joseph tient les colombes. Au centre de la composition, on voit le grand-prêtre, derrière une sorte d'autel, ayant à droite et à gauche deux acolytes tenant des flambeaux. Ce groupe se détache sur une perspective d'architecture qui forme le fond de la composition.

Ce tableau, d'une couleur assez harmonieuse mais un peu brune, est largement et grassement peint. Il est d'un bon dessin; la tête de la Ste Vierge est d'un joli type, un peu moderne et sans caractère religieux. La composition, pondérée avec symétrie, est bien agencée.

Quoique nous n'ayons aucun renseignement historique sur cette peinture, nous croyons pouvoir avec assurance l'attribuer à W. Damri; elle nous semble même donner un bon spécimen du talent de ce maître.

Toile : figures de grandeur naturelle. H., 2,96. L., 2,22.
(Tableau d'autel de Ste-Marie-des-Lumières,
en Glain, près Liége.)

La Ste Vierge apparaissant à St Charles Borromée. — Le saint, en costume de cardinal, est à genoux; devant lui, des livres, dont l'un est ouvert, une croix et une tête de mort. Au centre du tableau, dans la région supérieure, apparait la Sainte Vierge tenant l'Enfant Jésus ; elle est supportée par des nuages ; au second plan, on aperçoit quelques anges.

Ce tableau, d'une couleur harmonieuse, est peint légèrement mais superficiellement. Il a été exécuté pour le comte de Méan et ornait l'autel de la chapelle d'Atrin (1).

Il est signé : *W. DAMERY PING. A° 1670.*

Toile : H., 1,97. L., 1,40.

(Appartient à M. le comte Vanderstraeten-Ponthoz.)

Walthère Damri a eu pour élève le plus jeune de ses frères, du nom de Jacques, né en 1619, et qui, s'étant aussi adonné à la peinture, adopta pour sa spécialité les fleurs et le genre décoratif. La plus grande partie de sa vie se passa en Italie ; il y alla une première fois, fort jeune et n'ayant que très-peu de notions de son art ; s'étant aperçu combien peu il était préparé à l'étude des grands maîtres, il revint au pays natal, et, après y avoir travaillé quelque temps, il retourna de nouveau à Rome, cette fois pour y rester. On ne connaît pas de peintures qu'on puisse lui attribuer avec certitude ; mais il laissa un certain nombre de gravures à l'eau-forte.

Presque toutes ses peintures, estimées de son vivant, sont en Italie ; il est mort à Rome en 1685.

---

(1) V. *les Délices du Pays de Liège*, p. 168.

CHAPITRE XVI

Jean-Guilleaume Carlier.

Ce peintre est né à Liége, le 3 juin 1638. Il était fils de Pierre Carlier et de Marie Robermont.

Après avoir reçu les conseils de quelque artiste dont on n'a pas conservé le nom, il devint l'élève de Bertholet Flémalle, dans tout l'éclat de sa réputation lorsque le jeune Carlier fut en âge de profiter de ses leçons. Pendant cinq ou six ans, non-seulement il suivit l'atelier de Bertholet, mais il fut son collaborateur, et l'a souvent aidé à peindre des draperies et d'autres parties de ses tableaux. Carlier copia aussi plusieurs des peintures de Douffet, et il n'est pas difficile de reconnaître dans ses tableaux les traditions, les procédés et quelque chose du sentiment de la couleur des deux peintres, ses devanciers. Il leur fut supérieur dans quelques-uns de ses travaux sous le rapport de la fermeté de l'exécution. Laborieux, modeste, un peu lent à se produire, très-assidu au travail et entièrement dévoué à son art, Carlier, encouragé par des circonstances favorables, devait atteindre à une haute réputation et surpasser ses maîtres. Ses dispositions naturelles et son amour du travail devaient le porter au premier rang.

On connaît peu de chose de sa vie, consacrée tout entière à l'étude et à la pratique de la peinture. Il se maria, en 1669, à Marie-Agnès de Tignée. Sa biographie se distingue de celle des autres peintres liégeois du XVIIe siècle en ce qu'il ne fit ni séjour ni voyage en Italie. Aussi son style a-t-il plus d'originalité, ses peintures ont-elles un accent plus *wallon* que celles des autres artistes ses contemporains. Il semble cependant qu'il accompagna Flémalle en France, quoique ce fait ne soit pas établi.

Les premiers travaux de quelque importance qui lui furent demandés sont les tableaux suivants : *J.-C. guérissant un possédé* et le *Baptême de J.-C.*, exécutés tous deux pour le couvent des Carmes Déchaussés. Ces deux peintures obtinrent un succès mérité et assurèrent la réputation du jeune peintre dans un centre où il y avait alors assez d'artistes de mérite pour qu'il fût difficile de s'y distinguer.

Carlier exécuta successivement un certain nombre de tableaux, parmi lesquels il faut citer en première ligne *St Joseph adorant l'Enfant Jésus*, peinture destinée à l'un des autels de l'église des Conceptionistes. Voici la description de ce tableau :

St Joseph, revêtu d'une tunique verte, d'un manteau jaune et de guêtres blanches attachées par des lanières de cuir et chaussé de sandales, est à genoux devant l'Enfant Jésus, qu'il soutient de la main gauche, dans laquelle il tient en même temps une tige de lis. Le saint soulève la main droite en signe d'adoration et comme pour rendre grâce à l'Enfant Divin qui, debout sur une sorte d'autel, se penche vers son père nourricier et lui pose sur la tête une couronne de roses blanches et rouges.

Le fond du tableau est formé par des colonnes dont le fût cannelé est couvert, dans la partie supérieure, par une draperie en damas couleur vermillon ; le pavé se compose de dalles de marbre blanc alternant avec des dalles de nuances plus foncées. Les figures sont de grandeur naturelle (1).

---

(1) Lors de l'invasion française, en 1793, ce tableau fut, comme la plupart des meilleures peintures ornant les églises de Liége,

Ce tableau est d'une couleur vraie et lumineuse. Remarquable par son harmonie simple, soutenue, et le modelé correct des chairs, il l'est encore par le soin consciencieux avec lequel l'exécution est étudiée jusque dans ses moindres détails. La tête de St Joseph est belle et assez noble d'expression. Les pieds, les mains, les genoux, que l'on voit à découvert, sont bien dessinés et peints d'une manière large et savante. En somme, cette toile offre un ensemble de qualités qui font le plus grand honneur à Carlier et la placent au-dessus de la plupart des peintures liégeoises du XVIIe siècle.

Carlier exécuta d'autres travaux, aussi bien dans les églises que pour les amateurs. Plusieurs de ses tableaux sont perdus; tout l'inventaire de son œuvre, parmi lequel il faut compter un certain nombre de portraits, ne nous est d'ailleurs pas connu. Il fit pour le bourgmestre de Stembier un grand portrait de famille, cité souvent parmi les meilleurs travaux du maître.

Pour l'église St-Denis, il fit une peinture de proportions colossales, représentant le *Martyre de saint Denis et de ses compagnons*. Cette peinture fut exécutée en 1666. Elle devait primitivement être placée dans le chœur, et le cadre richement fouillé devait être soutenu par deux anges sculptés. L'artiste ayant présenté le dessin du tableau qu'il se proposait de peindre, la composition fut agréée par le chapitre; il s'agit alors de chercher des types pour les différents personnages qui y figuraient. Pour la tête de saint Denis, Carlier voulut faire le portrait du doyen Campo (Deschamps), chanoine de la collégiale et président du séminaire de Liége, qui se prêta volontiers au désir de

détaché de l'autel pour lequel il avait été peint et envoyé à Paris. En 1799, il fut donné par le premier consul à la ville de Mayence.

Lors du premier inventaire de ce musée, ce tableau était attribué à Bertholet Flémalle. V. *Rheinisches Archiv, Die Staedtische Gemälde Sammlung in Mainz*, par M. MÜLLER, vol. IX, p. 58; plus tard, on l'a attribué à Philippe de Champagne!...

l'artiste. Mais il n'en fut plus de même lorsque celui-ci crut également avoir trouvé un excellent modèle pour le bourreau du saint dans un frère Carme de sa connaissance dont il voulait utiliser la physionomie rébarbative. Le bon religieux se montra très-indigné lorsque Carlier lui adressa sa demande, et fut sourd à toutes les instances qu'on fit auprès de lui pour le décider à poser. Comme il s'agissait cependant d'avoir le meilleur tableau possible, le doyen Campo eut recours au prieur du couvent des Carmes, qui, n'ayant à son tour rien obtenu par la persuasion, usa d'autorité et obligea le religieux, sous peine de désobéissance, à servir de modèle. On assure que la mauvaise humeur du frère favorisa la verve du peintre.

Lorsque Carlier présenta son tableau, plusieurs chanoines ne le trouvèrent pas assez achevé ; ce fut en vain qu'il allégua avoir traité cette toile avec ampleur afin qu'elle produisit son effet à la distance voulue : on n'accepta pas cette explication. On soumit le différent à l'arbitrage de Bertholet Flémalle, qui jugea le tableau très-réussi et traité avec un talent supérieur. Les chanoines résolurent alors de le placer dans la voûte de l'église, et, lorsque la peinture y figura, tous les amateurs furent d'avis que c'était le chef-d'œuvre de Carlier. Le chapitre aussi lui rendit justice, et fit payer dix-sept cents écus du pays pour ce travail. La copie qui remplace aujourd'hui l'œuvre originale donne une assez haute idée de la vigueur de coloration de cette peinture (1).

Il fit encore pour l'église des P. P. Carmes, de Liége, une *sainte Madeleine dei Pazzi* ; pour le dessus de la cheminée de l'un des salons de la maison habitée par l'avocat Sart,

---

(1) En 1793, cette peinture devait être enlevée lors de l'invasion française et envoyée à Paris. Malheureusement on s'y prit maladroitement en détachant le panneau de la voûte ; il tomba sur le pavé de l'église en se brisant. Il fut plus tard remplacé par une copie faite par le peintre Lovinfosse. Le catalogue du musée de Bruxelles assure que c'est la peinture de Carlier, restaurée, qui aurait été replacée. C'est une erreur ; la copie est même revêtue de la signature de Lovinfosse.

un *Loth avec ses filles*; pour une destination inconnue, *Alexandre-le-Grand faisant son testament sur son lit de mort*; un *Polydore*; pour l'église de Notre-Dame-aux-Fonts, une *sainte Famille*; etc.

La cause à laquelle est attribuée la mort de Carlier, et qu'il est difficile de révoquer en doute, semble étrange. L'artiste avait été chargé de faire les portraits de la famille du colonel Amand, commandant la citadelle de Liége, et se rendait chaque jour dans cette forteresse. Il était précisément au meilleur de son travail, lorsque, dans la nuit du 27 au 28 mars 1675, quinze cents soldats français, faisant partie de la garnison de Maestricht, furent, par l'ordre du baron de Vierset, qui venait d'être nommé gouverneur de la citadelle, introduits dans le fort sans coup férir à la lueur des flambeaux. Le pauvre peintre apprit cette nouvelle, qui jeta un émoi extrême dans la cité, en montant la rue Pierreuse pour se rendre, comme d'habitude, à la besogne commencée. Il paraît que le choc ressenti par Carlier fut fatal. Frappé d'épouvante, il courut se réfugier chez ses amis, les P. P. Carmes, pour lesquels il avait souvent travaillé, et il reçut d'eux tous les soins qui pouvaient calmer son émotion. Tout fut inutile; il fallut avoir recours à la médecine; on le saigna, et, pendant quelque temps, le peintre sembla rétabli, mais bientôt il succomba, dans la trente-septième année de son âge, fort regretté des amis des arts et de tous les honnêtes gens qui l'avaient connu. Il fut enterré à l'église de St-Martin-en-Isle.

Carlier a laissé un fils, Vincent-Léonard Carlier, qui s'est aussi adonné à la peinture; il est né le 11 janvier 1674. Il travailla plus de vingt ans au Louvre et revint ensuite à Liége, où il fit quelques tableaux, entre autres le *Martyre de saint Christophe*, pour l'église de ce nom.

Il mourut à Liége en 1726.

INDICATIONS ET RECHERCHES SUR L'ŒUVRE DE CARLIER.

Plusieurs tableaux importants, enlevés des églises par les Français, tels que les tableaux représentant *Jésus-Christ guérissant un possédé*, *Ste Madeleine dei Pazzi*, etc., ont disparu;

le *Baptême de Jésus-Christ* a été restitué et se trouve depuis quelque temps, et à titre provisoire, sans doute, dans l'une des chapelles de la cathédrale. C'est une peinture vigoureuse et ferme.

St Jean-Baptiste — Le saint est couché ou plutôt appuyé contre un rocher, dans une grotte, les mains sur la poitrine, les jambes étendues. Les reins sont couverts d'une peau de brebis, le reste du corps est nu. Dans le fond du tableau, par l'entrée de la grotte, on voit le baptême de J.-C. dans le Jourdain.

La tête du saint est insignifiante; le dessin de l'ensemble, assez vulgaire, sent le modèle vivant; la couleur est assez bonne. C'est plutôt une étude académique qu'un tableau.

Figure de grandeur naturelle.

Toile : H., 1,12. L., 1,57.   (Musée communal de Liége.)

Portrait du peintre. — Tête vue de trois quarts, regardant par dessus l'épaule, dans l'attitude ordinaire des peintres qui font leur propre portrait. Carlier porte d'assez longs cheveux couleur châtain foncé; la tête est couverte d'un bonnet de fourrure. L'expression est insignifiante, un peu triste. Tête d'étude plutôt que portrait; travail rapide et assez médiocre.

Bois : H., 34. L., 24.   (Même musée.)

Les portraits de la famille du bourgmestre de Stembier. — Encastrée autrefois dans une cheminée de l'habitation du bourgmestre, cette toile est à la fois un tableau d'histoire religieuse et un portrait de famille. C'est, d'ailleurs, l'une des œuvres les plus connues du peintre et les plus souvent citées par ses biographes. Au centre de la composition on voit le Christ revêtu d'une tunique violette et d'un manteau rouge, s'adressant au groupe des apôtres qui se trouve à sa droite, et, leur montrant un petit enfant qui se tient tout près de lui, il prononce ces paroles : « En vérité, je vous le déclare, si vous ne vous conver-
» tissez et ne devenez comme de petits enfants, vous n'entrerez
» point dans le royaume des Cieux. »

A la gauche du Christ se trouve, réunie en un groupe, la famille Stembier, se composant du père et de la mère, de trois petites filles et d'un garçon, occupant le premier plan, et de sept autres personnes, perdues plus ou moins dans la pénombre de la colonnade, sous laquelle se passe la scène.

Cette toile est peinte avec ampleur et solidité. Quoique étudiée dans toutes ses parties, cette composition fait voir que l'artiste a principalement porté son attention sur les portraits, et semble avoir surtout étudié ceux des enfants. La petite fille, qui s'est réfugiée, en quelque sorte, sous le manteau du Sauveur, a la pose naïve d'un enfant qui se sent en évidence; les trois aînés ont des types wallons bien caractérisés, aux yeux noirs et énergiques, à la lèvre inférieure un peu proéminente, au teint brun et terreux. La mère a une physionomie dont l'intelligence est mêlée à beaucoup de bonté. La tête du père, si,—comme nous le croyons,—c'est lui, dont la figure est la plus rapprochée du Christ, est assez vulgaire. Le Christ est bien étudié ; les mains sont peintes avec soin, mais l'expression manque de ce sentiment religieux que l'on ne retrouve d'ailleurs dans aucune figure de la composition. Le groupe des apôtres est traité magistralement, et la couleur de l'ensemble est d'une vigueur presque espagnole, à laquelle le temps a enlevé un peu de sa transparence primitive. Le fond du tableau est formé, d'un côté, par la colonnade d'un temple, et, de l'autre côté, par une façade d'hôtel, dont l'étage est orné d'une galerie ; c'est probablement l'habitation du bourgmestre Stembier.

Toile : H., 1,27. L., 1,95.

(Appartient à M. le chev. Xavier de Theux de Montjardin.)

St **Joseph adorant l'Enfant Jésus.** — Voir la biographie du peintre pour la description.

Toile : H., 1,98. L., 1,36. (Musée de la ville de Mayence.)

Le martyre de St **Denis, esquisse.** — Toile : H., 70. L., 55.

(Musée de Bruxelles.)

DESSINS DE CARLIER.

Martyre de St **Denis.** — Sur le premier plan, un bourreau, dans une attitude énergique, dessiné avec une grande science, s'apprête à trancher la tête à un vieillard à genoux devant lui, tenant les mains jointes. Près de ce groupe, étendus sur le sol, sont deux cadavres décapités.

Sur le second plan, on voit un roi qui assiste à l'exécution assis sur un trône, accompagné de plusieurs personnages. Dans le fond, on amène d'autres victimes.

Dessin fait au bistre sur un papier qui semble avoir été huilé ; les lumières sont vivement rehaussées de blanc. Le dessin est énergique, plein de vie et de mouvement. C'est, sans aucun doute, le premier projet du *Martyre de S*^t *Denis*, exécuté par le peintre pour l'église de St-Denis. Toutefois, rien ne rappelle, quant à la disposition, la composition de la peinture exécutée.

H.. 19. L., 17.

(Provient de la collection du chanoine Hamal et appartient à l'Université, fond Capitaine.)

CHAPITRE XVII

Les peintres secondaires du XVIIe siècle.

ENGLEBERT FISEN.

Ce peintre est né à Liége, en 1655. Il était fils de Jean Fisen et de Jeanne Herck.

Lorsqu'il eut terminé ses humanités, ses parents, ayant reconnu chez leur fils de grandes dispositions au dessin, le mirent en apprentissage auprès de Bertholet Flémalle. Après avoir vaincu chez ce maître les premières difficultés de l'art, il partit pour l'Italie en 1671. Arrivé à Rome, le jeune Fisen fréquenta l'atelier de Carl Maratte, étudia avec assiduité et se pénétra de la manière et du style de ce maître.

Il revint à Liége au mois de mai 1679; bientôt il eut à faire de nombreux portraits et quelques tableaux pour les amateurs. Le premier tableau de quelque importance par lequel il se fit connaître dans sa ville natale fut un *Cruci-*

fiement, qu'il peignit en 1680 pour la chapelle de l'Hôtel-de-Ville.

A partir de ce moment, ses succès allèrent croissant. On lui demanda des tableaux pour un grand nombre d'églises de la ville de Liége, pour les chapelles des couvents et des châteaux de la principauté. Son application au travail et l'extrême facilité de son pinceau lui permirent de répondre rapidement aux commandes qu'il recevait de toutes parts.

Quoique les travaux de Fisen aient subi le sort de ceux de ses confrères, c'est-à-dire que beaucoup d'entre eux ont été détruits ou sont dispersés loin du pays de l'artiste, il a cependant laissé un moyen de constater son activité. Après son retour à Liége, Englebert Fisen a tenu un registre contenant la date des naissances, des décès et des événements relatifs à l'état-civil de sa famille; dans ce registre, il a aussi inscrit, année par année, la liste des peintures exécutées par lui, et l'on comprendra combien était grande sa facilité en constatant que, de l'année 1679 à l'année 1729, Fisen n'a pas peint moins de 653 tableaux et portraits. Dans le nombre de ses tableaux il en est de très-considérables.

Voici sur les travaux de Fisen quelques indications copiées de ce registre : (1)

« Le dernier jour de iulet 1687, j'ay faict marché avec S. A. S. cardinal de Furstemberg d'une tapisserie pour le château de Modave pour six cens escus. »

1684 « pour la Madeleine le tableau du Mre Autelle. »

1692 « le portrait de la comtesse Tilly. »

1694 « mon portrait avec celui de ma femme et de mon fils. »

1696 « St Benoit brise l'idolle pour St Jacques. »

1700 « la copie du St Jacques de Douffet. »

1701 « 2 petites copies du même tableau. »

---

(1) Le manuscrit original de ce registre appartient à M. le docteur Hurault, qui a bien voulu nous permettre d'en extraire les renseignements dont nous avions besoin pour la biographie de Fisen. Il est à regretter qu'une main inconnue ait biffé l'indication du prix que l'artiste a reçu de chacune de ses peintures.

1705 « Notre Seigneur descendu de la croix pour les malades incurables avec le portrait de Mons. Surlet. »

On voit, par ces indications, que Fisen a fait plusieurs copies du seul tableau important de Douffet resté à Liége, et que l'une de ses premières compositions originales est le tableau du maître-autel de l'église Ste-Madeleine, représentant *le Christ en Croix, la Ste-Vierge, Ste-Madeleine et St-Jean*. Si l'église a été démolie, le tableau a été conservé, un peu détérioré à la vérité et recoupé sur les côtés ; il est placé au-dessus de l'autel de la basse nef (côté de l'évangile), à l'église St-Barthélemy, à Liége. Le tableau du maître-autel de cette église est également dû au pinceau de Fisen ; c'est une toile de très-grande dimension, représentant le *Martyre* du Saint-Apôtre auquel l'église est dédiée. (V. nos recherches sur l'œuvre du peintre.) Le tableau du maître-autel de l'église collégiale d'Amay, représentant *la Descente de la Croix*, est également l'une des bonnes productions du maître.

Il se trouve encore des peintures de Fisen dans les églises de St-Martin, où il a exécuté une série de sujets dans la chapelle du St-Sacrement ; à Ste-Veronique ; il y en avait d'importantes à St-Jacques, et qui ont été emportées par les commissaires de la république française. La chapelle de l'hospice des Femmes Incurables, à Liége, a conservé au-dessus de son autel le tableau exécuté en 1705. Comme nous venons de le voir, c'est une *Descente de la Croix*. Le fondateur de l'hospice, de Surlet, y est représenté en armure au pied de la croix. Cette composition, où les figures sont en dessous de la grandeur naturelle, est d'une couleur harmonieuse, d'un dessin correct et d'un pinceau plus achevé que ne le sont généralement les œuvres du même artiste. Il est à regretter que les dimensions exagérées du tabernacle, qui cache cette toile dans sa partie inférieure, et le mauvais jour de la chapelle, ne permettent guère d'en apprécier le mérite.

Fisen était dessinateur habile ; il peignait largement, mais malheureusement il était pénétré du style des maîtres italiens de la décadence au milieu desquels il avait passé sa jeunesse.

Il habitait une maison près de l'église Ste-Croix, au tournant St-Hubert. Englebert Fisen était fort honnête homme, et sa conduite exemplaire lui concilia l'estime de ses contemporains. Il était lié d'amitié avec le sculpteur Delcour, et sa récréation favorite était une promenade avec cet artiste, avec lequel il prenait plaisir à s'entretenir de l'art. Fisen, d'ailleurs, était charitable, bon et obligeant pour ses confrères. En 1692, le 15 janvier, il épousa Catherine Campo, sa cousine; après son mariage, il vécut entièrement de la vie de famille, et presque tous ses enfants entrèrent en religion. L'un de ses fils, Herman-Joseph, bénéficiaire de la collégiale Ste-Croix, étudia plusieurs années à Rome et devint général des Croisiers; un autre de ses fils entra également dans les ordres, fit de la peinture en amateur, et hérita de la collection d'études de son père; plus tard, il laissa à son tour tout ce qu'il possédait à l'hôpital des Incurables; à son décès, les tableaux et dessins de son père furent vendus publiquement.

Englebert Fisen mourut, accablé d'infirmités, à Liége, dans la paroisse St-Hubert, le 15 avril 1733 (1). Il a formé plusieurs élèves, parmi lesquels Edmond Plumier est celui qui s'est acquis le plus de réputation.

RECHERCHES ET INDICATIONS SUR LES TRAVAUX DE FISEN.

Éliézer et Rebecca à la Fontaine. — Rebecca est au milieu du tableau, tenant une cruche d'une main et étendant l'autre vers Éliézer, qui lui remet des bracelets et des boucles d'oreilles. Derrière Rebecca, on voit trois jeunes filles, et derrière l'envoyé d'Abraham, des chameliers avec leurs chameaux. A droite du spectateur, on voit le puits, sur la margelle duquel on lit : *Fisen invenit et pinxit 1708.*

Ce tableau est assez achevé, mais médiocre.

Toile : H., 80. L , 1.20.

---

(1) Il a été enterré à l'église St-Hubert, où avait aussi été inhumée sa femme. Voici la mention que Fisen fait du décès de celle-ci dans le registre de famille : « Ma chère femme, Anne-Catherine Campo, est morte, après 4 jours de maladie, le 12me juillet 1726, et est enterrée dans l'église St-Hubert au pres de ses péres. *Requiescat in pace.* »

Loth et ses filles fuyant Sodome. — Deux anges conduisent Loth dans sa fuite de la ville incendiée. Il est suivi de deux de ses filles, tandis que sa femme, qui s'est retournée vers la porte de la ville, est changée en statue de sel. Signé : *E. Fisen invenit et pinxit anno 1714.*

Toile : H., 83. L., 1,10

Les trois anges annoncent à Abraham qu'il lui naîtra un fils. — Deux anges s'avancent hors du tableau, tandis que le troisième annonce à Abraham la naissance d'un fils. Dans le fond, Sara entr'ouvre la tente pour écouter les paroles de l'ange. Signé : *E. Fisen invenit et pinxit A° 1712.*

Toile : H., 83. L., 83.

Le châtiment d'Héliodore. — Sur le premier plan, Héliodore est renversé sur le pavé du temple de Salomon. Il est foulé aux pieds du cheval que monte le messager de la colère céleste ; deux autres anges le fustigent Au dernier plan, on distingue un groupe de fuyards. Fond d'architecture ; des colonnes de jaspe vert, avec des chapiteaux dorés, soutiennent un plafond ornementé.

Toile : H., 76. L., 98.

Eng. Fisen peignant sa famille. — Le peintre est assis sur le premier plan, la palette à la main, occupé à peindre les portraits des membres de sa famille. Sa femme, vêtue d'une robe de velours bleu et d'un manteau violet, a les yeux fixés sur le peintre. A gauche de la mère de famille, on voit sa fille et ses deux fils restés laïcs ; à sa droite se trouve une autre de ses filles, revêtue de l'habit de l'ordre des Clarisses, et un prêtre de l'ordre des Croisiers. Le peintre a une chevelure blanche (poudrée peut-être) et regarde hors du tableau. Il est signé : *E. Fisen fecit 1722.*

Toile bien conservée, assez achevée, mais médiocrement dessinée.

Toile : H., 90. L., 1,18 (1).

Le martyre de St Barthélemy. — Un groupe de cinq bourreaux est occupé à écorcher vif le saint apôtre, tandis que sur le premier plan un groupe de femmes et dans le fond une foule de petites figures contemplent le spectacle de ce supplice. Le groupe principal se détache sur un fond d'architecture. Au-dessus du saint, deux anges, dont l'un tient d'une main une

---

(1) Tous ces tableaux appartiennent à M. Moulan, descendant de Fisen, auquel ces différentes toiles sont échues en héritage.

palme et de l'autre une branche de laurier, et dont l'autre apporte la couronne du martyre, remplissent le haut du tableau.

Tableau mouvementé, d'une composition un peu théâtrale, mais d'assez bonne coloration et peint d'une brosse large et facile.

Toile cintrée. H., 5,50. L., 2,60. Figures au-dessus de la grandeur naturelle.

(Maître-autel de l'église de St-Barthélemy, à Liége.)

Dans la voûte du chœur, on lit la date de 1706.

Le Crucifiement. — Au milieu de la composition, le corps vu un peu de côté, le Christ apparait élevé sur la croix, la tête tournée vers la gauche du spectateur. On voit d'un côté de la croix la sainte Vierge et saint Jean, et de l'autre, sainte Madeleine avec une autre figure. Au second plan, on aperçoit des cavaliers qui regagnent la ville de Jérusalem, dont les monuments se détachent sur le ciel formant le fond du tableau.

Tableau d'une harmonie un peu sombre, et qui parait avoir poussé au noir; du reste, bonne couleur; composition habile et assez bon dessin; le sentiment des expressions est un peu faible.

Cette grande toile a été évidemment recoupée sur les côtés pour être mise au-dessus de l'autel, à la place qu'elle occupe actuellement; elle a, du reste, souffert (1).

Toile: H., 4,42. L., 2,50. Figures au-dessus de la grandeur naturelle.

(Autel du côté de l'évangile, dans le transept de l'église de St-Barthélemy, à Liége.)

JEAN WALCHARTZ (2).

Jean Walchartz était fils de François Walchartz, inscrit au métier des orfèvres en 1581. Jean fut d'abord élève de son père, qui lui apprit à dessiner et à graver; plus tard, envoyé à Anvers, il semble avoir suivi l'école de Rubens, et il a, dans tous les cas, subi l'influence du célèbre maître flamand. Revenu à Liége en 1618, il fit une peinture repré-

---

(1) Cette toile provient de l'église, aujourd'hui démolie, de Ste-Madeleine. V. DE VILLENFAGNE, *Discours*, p. 133. V. aussi *Notes de Dartois sur quelques artistes de Liége*, publiées par M. S. BORMANS dans le *Bulletin de l'Institut archéologique liégeois*.

(2) Abry écrit Walescart.

sentant *l'Adoration des Bergers* pour l'église des Frères Mineurs, tableau assez médiocre dans le style de Rubens, et qui se trouve encore dans l'église pour laquelle il a été peint. Le jeune artiste partit bientôt pour l'Italie, où il séjourna quelque temps et où il se mit sous la discipline de Carlo Dolci et du Guide.

Revenu à Liége, Walchartz fit pour les églises de cette ville, ainsi que pour celles des autres localités du pays, un très-grand nombre de tableaux importants, du moins par leurs dimensions. Il exécuta une série de toiles pour les maîtres-autels des églises : St-André *(le Martyre de cet apôtre)*; St-Thomas, St-Adalbert (tableau donné par le sire de Choquier, en 1635); le tableau du maître-autel de la chapelle des Flamands dans la cathédrale *(Assomption de la Ste Vierge)*; les panneaux couvrant le plafond de cette chapelle, et deux tableaux commémoratifs ou épitaphes qui y étaient placés également. L'une de ces épitaphes était peinte à la mémoire du chanoine Christophe de Blocquerie, archidiacre de Famenne, prévôt de St-Pierre et chancelier de Ferdinand de Bavière. Walchartz couvrit aussi de ses peintures la voûte de la chapelle des Célestines, à Liége.

Cet artiste a été très-productif. Il y avait de ses peintures dans plusieurs des églises de Maestricht et des localités du Limbourg; il en plaça aussi bon nombre en Allemagne. Cependant c'est l'un des peintres dont les œuvres ont été le moins respectées par les guerres et les révolutions; il est difficile aujourd'hui de rattacher son nom avec certitude à une œuvre de quelque importance.

Il est mort à Liége, en 1665. Il fut enterré à l'église de Notre-Dame-aux-Fonts.

ALEXANDRE HORION [1].

Alexandre Horion appartient au nombre des peintres qui ont joui d'une assez grande réputation au pays de Liége, et

---

[1] Horion ou de Horion; on trouve son nom écrit indifféremment avec ou sans la particule.

dont il serait difficile aujourd'hui, non-seulement de juger le mérite, mais même de citer quelque travail existant encore.

Il était fils de Jean de Horion et semble être né vers 1590. On ignore quel fut son maître. Il a fait quelques tableaux d'église, mais son véritable genre était la peinture de portraits. Il obtint la vogue sous ce rapport, et en peignit un si grand nombre, qu'au dire de ses biographes, il finit par s'acquérir une grande fortune. Ce qui est certain, c'est que, l'office de maître peintre de la cité étant devenu vacant par la mort de maître Pierre Pietkin, la ville l'accorda le 15 septembre 1626 à Alex. de Horion, « renommé et fameux en l'art de peincture, » et le Conseil de la cité lui donna ces fonctions « pour jouyr de tous droits, émoluments, honeurs, proffits, gaiges, livrées et sallaires audit office spectans (1). » C'est, sans doute, en sa qualité de « maître peinctre de la cité » qu'il fit pour la ville quelques menus ouvrages qui ne paraissent pas absolument du ressort d'un maître « renommé et fameux en l'art de la peincture, » et auxquels les comptes communaux de la cité de l'an 1655 à 1656 consacrent la mention suivante : « A Alex. Horion, peintre, pour ses ouvrages, moulures et peintures des armes des bourgmestres, 50 fl. »

Il avait peint pour l'église du couvent de Ste-Claire, à Liége, une toile représentant *la Résurrection des Morts* ; il fut enterré dans cette église, auprès de son œuvre. Il a également exécuté un autre tableau pour l'église paroissiale de St-Servais.

De Horion avait épousé Élisabeth de Meers, appartenant à l'une des familles les plus honorables de la ville. Il lui laissa toute sa fortune, et, de son côté, sa femme fit placer une pierre sépulcrale sur le tombeau du peintre, ornée de ses armes, avec l'inscription suivante :

---

(1) Recès de la cité, de 1626 à 1627, fol. 45, verso.
Nous devons la communication de cette note à l'obligeance de M. S. Bormans, sous-archiviste de la province, dont les persévérantes recherches ont déjà répandu la lumière sur beaucoup de faits relatifs aux artistes de l'ancien pays de Liége.

Alexander de Horion, civitatis Leod. pictor, et Elisabetha de Meers, conjuges amantissimi, Mariae Franciscae, suae unicae filiae, subitanea morte, 16 martii 1649, premature, (ereptae?) hoc monumentum posuerunt, sub eodem resurrectionem in Christo suo tempore expectaturi; obiit ille 30 may 1659, haec 16 aprilis 1668.

De Horion est donc mort le 30 mai 1659. Dans l'opinion d'un amateur distingué de la fin du siècle dernier, le chanoine Hamal, les portraits d'Alexandre de Horion étaient ressemblants, bien dessinés, mais manquaient d'animation ; ils étaient ordinairement entourés de bordures et d'ornements qui leur donnaient un aspect particulier. Ce collectionneur possédait un tableau représentant *la sainte Famille* et un portrait de ce peintre. Il est à regretter qu'on ignore aujourd'hui ce que sont devenues ces deux peintures.

GÉRARD GOSWIN.

Gérard Goswin est né à Liége, le 20 juin 1616.

Il apprit le dessin dans l'atelier de Gérard Douffet, s'adonna à la peinture de fleurs et de fruits, et alla de bonne heure se perfectionner en Italie. S'étant fait connaître avantageusement à Rome, il fut chargé de décorer les salles de plusieurs palais de cette ville. De Rome il se rendit à Paris, où ses peintures, traitées d'une manière large, facile et naturelle, furent également fort appréciées des amateurs. Sa réputation fut si grande qu'on le chargea de donner des leçons de dessin au dauphin, qui, plus tard, devait devenir Louis XIV, et si le peintre, alors encore jeune, avait voulu se fixer définitivement en France, une brillante fortune lui eût été assurée. Il fut reçu membre de l'Académie de Paris lors de la fondation de cette institution, en 1648, mais ni les distinctions ni les commandes ne purent lui faire oublier le pays natal, et bientôt Goswin revint à Liége, précédé déjà par une sorte de célébrité.

De retour dans son pays, il y continua ses études et ses travaux. D'un caractère naturellement doux, généreux, charitable, ajoutant à ces qualités un esprit cultivé et des manières polies, Goswin fut accueilli avec distinction par les meilleures familles de la principauté. Les mécènes liégeois se disputèrent le plaisir de donner de l'emploi à son pinceau distingué. Les seigneurs des États du pays de Liége, les princes Ferdinand et Maximilien-Henri de Bavière, l'honorèrent de leur protection et le firent travailler dans leurs palais à de grandes tapisseries dont le style convenait parfaitement à la nature de son talent. L'amour de l'art et de la réputation, plus que l'intérêt, dit-on, l'attachaient au travail.

Il fit ainsi un très-grand nombre de peintures, qui presque toutes ont disparu.

Tout en travaillant, Goswin cherchait à s'instruire; il connaissait l'histoire, la fable, l'architecture; il causait agréablement et en érudit de toutes choses, et surtout de celles qui se rapportaient à son art.

Il épousa Élisabeth Nicolaï lorsque déjà il avait atteint un âge avancé, et il perdit sa femme, le 8 mars 1673, après qu'elle lui eût donné deux fils.

G. Goswin est mort le 12 janvier 1691, et il a été enterré à l'église de St-Remi, à laquelle il avait légué deux importants tableaux de fleurs qui s'y trouvaient encore lorsque la révolution supprima cette église.

DIEUDONNÉ DELMONT.

Cet artiste est né à St-Trond, en 1581. Ses parents, qui vivaient dans l'aisance, n'épargnèrent rien pour lui donner une éducation solide et des connaissances variées. Il fut mis de bonne heure en rapport avec Pierre-Paul Rubens, devint son élève et son ami tout à la fois, fit avec ce peintre célèbre un voyage en Italie, et y demeura de l'an 1600 à l'an 1608.

Delmont n'étudia pas seulement la peinture pendant sa jeunesse; il possédait plusieurs langues et connaissait la géométrie et l'astronomie. Il fut employé à la cour d'Espagne comme ingénieur, et, en récompense de ses services, il obtint plusieurs distinctions. Il s'attacha plus tard au duc de Neubourg, auprès duquel il demeura longtemps. Le duc, voyant que Delmont avait un génie remarquable pour la peinture, l'encouragea largement et le nomma chevalier.

Delmont ne cherchait point à produire vite, mais il donnait beaucoup de soins à la composition comme à l'exécution de ses tableaux. Aussi ceux-ci sont-ils généralement achevés avec amour. Rubens lui-même se plaisait à faire l'éloge du goût élevé de son ami, de la noblesse de ses conceptions et de la correction de son dessin.

Delmont est mort à Anvers, le 25 novembre 1644, regretté généralement à cause des charmes de son esprit, de ses connaissances multiples et des qualités de son caractère. Dans cette ville, où il a passé la plus grande partie de sa vie, on voit encore un certain nombre de ses toiles. A la cathédrale se trouve *la Transfiguration*, et dans la sodalité des jésuites deux grandes compositions : *J.-C. portant sa croix* et *l'Adoration des Mages*. Il avait représenté le même sujet pour la chapelle d'un couvent de religieuses, à Anvers.

GILLES HALLET.

Fils de Jean Hallet et de la sœur de Jacques Damri, Gilles Hallet est né à Liége, au faubourg St-Léonard, le 23 avril 1620. Il fut élève de son oncle Walthère Damri, et partit fort jeune pour la ville de Rome, où il se fixa. Il y devint excellent artiste et acquit bientôt assez de réputation pour que l'on fît souvent appel à son pinceau pour orner les églises de Rome. C'est ainsi qu'il peignit les lunettes de l'église de St-Isidore, différents tableaux dans la sacristie de l'église S. Maria dell'Anima, et d'autres travaux du même genre. Il fit aussi un grand nombre de tableaux pour les amateurs de la ville éternelle.

Hallet, cependant, n'oubliait pas sa ville natale. Il faisait souvent de jolis dessins et les envoyait à ses amis à Liége, mais la plupart de ses dessins ont péri dans le bombardement du mois de juin 1691, la maison de son oncle, Laurent Damri, ayant été à cette occasion la proie des flammes.

Il connaissait très-bien les principes de son art et composait avec facilité. Il s'est acquis quelque fortune par les dessins qu'il faisait et qu'il vendait aux étrangers.

Benoît Faria a gravé, à Rome, l'un de ses tableaux, représentant *la Translation de la maison de la sainte Vierge à Lorette par les anges.*

Hallet, qui, ainsi que nous venons de le dire, avait des biens, fit un testament étendu, dans lequel, après avoir laissé des meubles et une partie des objets garnissant son atelier à l'un de ses neveux, et l'usufruit de sa fortune à sa sœur, Catherine Hallet, légua définitivement la plus grande partie de ses biens « *pour la subsistance et l'entretenance des orphelins abandonnez de la paroisse de Ste-Foy de Liége, son pays.* » Il mourut célibataire, à Rome, le 25 février 1694. Suivant le vœu exprimé dans ce testament, son corps a dû être enterré dans l'église de Sta-Maria de Vallicella, dite *chiesa nuova.*

INDICATION ET RECHERCHES SUR LES ŒUVRES DE HALLET.

SACRISTIE DE L'ÉGLISE DELL'ANIMA, A ROME.

Il s'y trouve quatre tableaux de même dimension de Hallet; ils représentent les événements les plus importants de la vie de la sainte Vierge; en voici les sujets :

Nativité de la sainte Vierge.
Son Mariage.
L'Annonciation.
La Visitation.

La première de ces compositions est la meilleure des quatre. Au centre du tableau, une femme tient la petite Marie sur les genoux, tandis que deux jeunes filles, tenant des langes et un bassin, se préparent à donner leurs soins au nouveau né. Une vieille femme, dans l'attitude d'une admiration contenue, domine ce groupe. Dans la pénombre du fond, on devine sainte Anne, couchée sur son lit, tandis qu'au second plan, Joachim semble recouvrer la parole.

La couleur de cette peinture est vigoureuse, rappelant plutôt le coloris espagnol que celui des écoles d'Italie: le dessin aussi est assez bon, mais le style manque d'originalité.

La Visitation aussi est d'une assez bonne couleur; mais *l'Annonciation*, qui d'ailleurs a souffert un peu, est peinte dans des tons rosés, plus faibles que les deux autres compositions; tandis que dans les épousailles, où l'artiste a représenté les deux fiancés à genoux, l'artiste a repris une palette vigoureuse.

Ces quatre toiles, dont les figures sont de grandeur naturelle, ont été peintes pour la sacristie, où elles se trouvent encore à l'heure qu'il est; celle-ci est bâtie sur un plan octogone, et *l'Annonciation* et *le Mariage* étant sur des murs moins éclairés que les deux autres peintures, l'artiste les a peut-être intentionnellement moins soignées que les deux autres peintures.

Sur l'archivolte, au-dessus de l'autel de la sacristie, se trouvent trois médaillons peints sur toile, et qui, sans aucun doute, sont de la main du même peintre. Les figures sont de grandeur petite nature, et représentent Dieu le Père, vu à mi-corps, tenant un globe, saint Joseph et un saint évêque. Ces médaillons sont habilement peints, d'une bonne couleur, et, en général, les peintures de la sacristie de l'église dell'Anima dénotent un coloriste et un peintre possédant bien les ressources de son art, mais manquant de cette originalité qui fait le maître.

JEAN-GILLES DELCOUR.

Jean-Gilles Delcour, ou de la Cour, est né à Hamoir, ancien comté de Logne, en 1632. Il était fils de Gilson Delcour, échevin de Hamoir, et de Gertrude de Verdon.

Il vint à Liége pour faire ses humanités; il demeura auprès de son frère Jean, le sculpteur, son aîné de cinq ans, qui n'épargna rien pour l'éducation de son frère et pour le stimuler dans la voie de l'étude et du travail.

Dès son enfance, Gilles montra beaucoup de goût et une certaine aptitude à la peinture, s'essayant à faire des portraits et des petites études d'après nature. Son frère lui enseigna les premiers principes du dessin, et, lorsqu'il eut vaincu les difficultés du commençant, en 1648, Gilles fut placé auprès de Gérard Douffet. Cette séparation était, d'ailleurs, rendue nécessaire par le départ de Jean, qui précisément cette année se rendit à Rome, où il devait demeurer pendant neuf ans. En 1657, Jean Delcour, élève distingué et aimé du chevalier Bernin, revenait à Liége, maître dans son art et précédé déjà d'une certaine réputation; mais la réunion des deux frères devait être de très-courte durée. Gilles était devenu un jeune homme de vingt-cinq ans; il avait profité de son mieux des leçons de Douffet; il voulut, à son tour, voir l'Italie et s'y perfectionner dans son art. Il partit la même année, et, arrivé à Rome, il entra à l'école d'Andrea Sacchi, peintre de grande réputation; cet artiste étant mort en 1661, Delcour étudia pendant plusieurs années sous Carl Maratte, qui ne se lassait d'admirer l'amour et la persévérance avec lesquelles le jeune peintre liégeois copiait les grands maîtres et particulièrement Raphaël. Dans son admiration pour ces peintres de l'école romaine, et dans la modestie qui formait l'un des traits du caractère de Gilles Delcour, il regardait, en effet, le travail de copiste auquel il se livrait avec tant d'ardeur comme la principale vocation de sa carrière d'artiste (1).

A ces études d'après les peintres, il joignait cependant celles de l'antiquité classique et des œuvres de la statuaire

---

(1) Voici une lettre écrite par Gilles Delcour à son frère, au dos d'un dessin. Elle exprime les sentiments du jeune peintre sur la convenance de faire des copies; elle fait voir en même temps la déférence qu'il avait pour son frère Jean :

« Questo disegno lo feci a tre o quattro anni; vi lo mando
» acciochè V. S. cognosca se io ho fatto bene di star più a Roma,
» con il confrontarli a quelli che fo adesso; quando lo feci mi
» pareva bello, adesso mi pare brutto. L'originale sta alla Pace,
» è di Baltasar da Sienna, e il volgare lo chiama, il quadro di
» Giulio Romano. Io ho mandato un' altra lettera con disegni e
» semi, per delli disegni io mando questi acciochè V. S. mi
» favorisca dirmi il suo parere, e veda se io sarò mai capace di
» piacervi e ai miei paesani; gli italiani stessi dicono che gli
» quadri di Rafaello saranno tra venti o trent' anni in Liegi,
» perchè li originali sene vanno in fumo : e come uno che non
» sa fare benissimo d'invenzione non è possibile che faccia cosa
» buona, e per il passato non sene fatto copia che valia......
» Addio carissimo fratello. »

Cette lettre est adressée : « *A Monsieur Jean de la Cour, demeurant dans la rue des Sœurs-de-Hasque, à l'enseigne du St-Esprit.* »

qui se trouvaient dans les principaux palais de Rome. Il en faisait des dessins très-achevés, à la plume et au lavis à l'encre de Chine.

Après sept années passées de la sorte au milieu de ses travaux de prédilection et des maîtres avec lesquels il cherchait de plus en plus à s'identifier, Gilles Delcour dut cependant songer à regagner le pays natal.

Il revint à Liége, en 1664, auprès de son frère Jean, qui, après avoir fait les frais de son séjour à Rome, continua à lui servir à la fois de père et de maître. Ils vécurent ensemble, et souvent les deux frères travaillèrent en collaboration ; Jean, mieux doué sous le rapport de l'imagination, faisant les compositions et arrêtant les esquisses, et Gilles, exécutant en peinture les sujets inventés par son frère. Leur famille était assez nombreuse, et plusieurs de leurs sœurs entrèrent en religion. Les deux frères les dotèrent et ne cessèrent de pourvoir à leurs besoins. Gilles Delcour fit un grand nombre de tableaux pour les églises et pour les amateurs de la ville de Liége. Il mourut subitement, douze ans avant son frère aîné, le 19 août 1695, dans la paroisse de St-Martin-en-Ile, et fut enterré dans l'église de cette paroisse, où devait aussi reposer son frère, le sculpteur, auquel il avait laissé ses biens et ses tableaux.

INDICATIONS ET RECHERCHES SUR LES TRAVAUX DE GILLES DELCOUR.

Quoique cet artiste ait beaucoup produit, ses œuvres originales sont aujourd'hui fort rares au pays où il est né. La plupart des églises pour lesquelles il a travaillé ayant été détruites lors de la révolution, ses peintures ont été dispersées et le style des maîtres de l'école romaine que Delcour avait adopté les aura, sans doute, souvent, fait attribuer à ces peintres.

Ses principaux tableaux se trouvaient aux Guillemins, au quartier d'Avroy. Il avait peint pour leur église la première toile qu'il fit en revenant de Rome : *Une Assomption de la sainte Vierge*.

A la collégiale de St-Pierre se trouvait un tableau représentant *la Chute de Simon le Magicien*, que Delcour avait peint en 1691.

A la collégiale de St-Jacques, tous les tableaux de la vie de saint Benoit, hormis deux toiles de Fisen et une autre de Plumier, étaient du même artiste. Il avait peint également :

A Notre-Dame-aux-Fonts : Le plafond du chœur.

A la collégiale de St-Martin : *Le Martyre de saint Laurent*.

Au couvent des Anges : *Un Ange gardien*.

Dans la salle des échevins de Liége : *La Justice*.

A l'abbaye de Herkenrode, il a peint *les Prophètes*.

Il travailla beaucoup pour le cardinal de Bouillon, chanoine de la cathédrale de Liége.

Voici la liste de ses tableaux vendus publiquement au mois de mars 1741 :

Une Assomption.

Le Martyre de saint Barthélemy.

La Sainte Vierge reçue au Ciel. Toile importante, haute de 6 1/2 pieds, large de 12 pieds ; la composition était de Jean Delcour et la peinture de son frère.

Le Jugement de Pâris.

L'École d'Athènes.

L'Apparition de la Croix à l'empereur Constantin.

La Bataille de Constantin contre Maxence.

La Dispute du saint Sacrement.

La Bataille d'Alexandre contre Darius.

Ces cinq copies, faites d'après les fresques des chambres de Raphaël, furent acquises par Ch. Desoer. Elles passèrent plus tard entre les mains de ses héritiers, aujourd'hui madame la vicomtesse de Clerembault, M. Desoer de Solières et M. Aug. Visschers, à Bruxelles.

Au petit nombre de peintures originales de cet artiste connues dans son pays se trouvent :

La Sainte Vierge lisant.

Christ tenant la couronne d'épines.

Les têtes sont grandeur petite nature. La coloration est chaude et vigoureuse, le modelé est soigné. Les têtes sont moins réussies sous le rapport de l'expression.

H., 46. L., 36. Signés de la Cour.

(Appartiennent à M. Brahy, à Liége.)

LOUIS ABRY.

Il y aurait assurément injustice à clôturer la liste assez longue des biographies d'artistes qui appartiennent à l'école liégeoise du XVIIᵉ siècle, si l'on omettait celle de Louis Abry, dont les talents ont été modestes sans doute, dont le pinceau même est resté inconnu, mais dont la plume laborieuse, persévérante et patriotique, nous a conservé le souvenir et retracé les vies de tant de ses confrères, mieux partagés que lui.

Louis Abry, peintre, graveur, historien et généalogiste, est né le 28 juillet 1643. Il a laissé des monuments nombreux de son activité.

Aucune peinture qui puisse lui être attribuée avec certitude n'est, à la vérité, parvenue jusqu'à nous. En revanche, on possède encore plusieurs de ses gravures, un certain nombre de manuscrits et deux livres qui lui donnent des titres incontestables au souvenir reconnaissant de ses compatriotes : le *Recueil héraldique des Bourgmestres de la noble cité de Liége*, qui parut en 1720, — l'année même de la mort de l'artiste historien, — et *les Hommes illustres de la nation liégeoise*, imprimé pour la première fois, en 1867, par la Société des Bibliophiles liégeois.

Il était dans la destinée de ce travailleur passionné pour la gloire de ses compatriotes, de cet écrivain honnête, dévoué et vigilant pour les œuvres de ses contemporains, d'être méconnu, ou plutôt de rester inconnu, encore un siècle et demi après sa mort. Comme peintre, nous ignorons aujourd'hui la valeur de son pinceau ; en parlant de lui comme graveur, le célèbre Bartsch l'a cru d'origine italienne ; enfin, son ouvrage historique le plus considérable, le *Recueil héraldique*, a paru sous le nom de J. G. Loyens, jurisconsulte, avocat et échevin à la haute-cour de justice de Jupille, et a toujours été attribué à ce dernier. Quant à celui de ses manuscrits qui offre le plus d'intérêt au point de vue de l'histoire des arts au pays de Liége, — *les Hommes illustres de la nation liégeoise*, — il a été utilisé largement, surtout en ce qui concerne la biographie des artistes, entre autres par Saumery et par Villenfagne, sans que ces auteurs indiquassent la source où ils puisaient d'abondantes informations, soit qu'ils ignorassent eux-mêmes l'auteur auquel ils les devaient, soit, enfin, qu'ils voulussent le laisser ignorer à leurs lecteurs.

Il est vrai de dire que le style de ses écrits est diffus ; souvent ses phrases sont incorrectes et obscures, au point de devenir inintelligibles, mais les renseignements qu'il nous a transmis sont précieux, abondants, assez généralement exacts, et, dans ses jugements, fort mal formulés, apparaît pourtant un esprit de droiture que l'on ne retrouve pas toujours chez des auteurs plus corrects et plus lettrés.

Abry a étudié la peinture auprès de Renier de Lairesse. En parlant des travaux de ce peintre, il dit qu'il en a été le témoin, qu'il a fait avec lui une partie de ses voyages et qu'il l'a *servi l'espace de cinq à six ans*. Dans son langage, cela veut dire qu'il a été, pendant ce temps, en apprentissage auprès de ce peintre. Au surplus, il fut en rapports suivis et intimes avec la plupart des artistes de la principauté ses contemporains.

Il a été graveur en titre des princes-évêques. Cependant son œuvre n'est pas nombreux, et l'on ne connaît que peu de planches dues à son burin, dont les épreuves sont d'ailleurs rares.

On a de lui une image de St-Éloi, eau-forte légèrement retouchée au burin, exécutée pour la confrérie de St-Éloi, en 1666. Un almanach de cabinet, orné du portrait du prince-évêque Joseph-Clément de Bavière, une Ste Famille, gravée d'après Bertholet Flémalle, un sujet de Thèse, des armoiries, etc.

Louis Abry est mort à Liége, le 18 juillet 1720. Il a laissé un fils, Simon-Joseph Abry, qui a été héraut d'armes de la principauté en 1720.

CHAPITRE XVIII

Le XVIIIe siècle.

Dès l'aurore de ce siècle, l'art, dans toutes les parties de l'Europe, portait la marque d'une décadence avancée. C'était vers l'Italie, à la vérité, que se dirigeait toujours la boussole du goût; l'Italie restait la grande initiatrice des artistes au domaine du beau. Il semblait encore qu'aucun peintre, aucun sculpteur ne pût avoir du mérite, s'il n'y avait fait un long pélerinage et s'il ne s'était pénétré du style et des tendances qui dominaient de l'autre côté des Alpes. Mais l'Italie était tombée de Michel-Ange aux Carraches, des Carraches au chevalier Bernin, de celui-ci à Battoni. Les artistes de l'occident de l'Europe n'avaient plus rien à rapporter de l'Italie, car ils apprenaient à y voir les maîtres anciens au travers du prisme trompeur et troublé des artistes contemporains. Cependant l'impulsion était donnée depuis longtemps, et il fallait la suivre jusqu'au bout.

Dans la principauté de Liége, pas plus qu'ailleurs, l'art ne sut se soustraire aux influences dominantes. Une circonstance favorisa encore notablement le penchant des artistes liégeois à poursuivre leurs études en Italie. En 1699 mourut à Rome Lambert Darchis, agent et expéditeur de la

cour pontificale, et, par son testament, « voulant faire chose
agréable à Dieu et à sa divine mère, » il consacra tous ses
biens à l'assistance de ses compatriotes pauvres qui viendraient à Rome (1). Ce fut l'origine de la fondation Darchis,
où tant d'artistes liégeois trouvèrent depuis un asile pendant
le temps de leurs études. Aussi les monuments de l'architecture continuèrent, sous le ciel souvent voilé de ces contrées, à être une imitation inintelligente des édifices qui,
dorés par le soleil du midi, entourés des nombreuses ruines
des monuments de l'antiquité classique, paraissent en harmonie avec les sites au milieu desquels ils s'élèvent, et
peuvent être considérés comme la continuation de traditions
anciennes et consacrées. Sur les bords de la Meuse, ces
imitations, bien médiocres en général, sans antécédents
dans l'art national, ne pouvaient être que le résultat d'un
engouement aussi prolongé qu'il était irréfléchi. Cependant
cet engouement avait souvent l'énergie et même les violences de la conviction. Il ne se manifestait pas seulement
dans les constructions nouvelles : il s'attaquait de plus en
plus aux monuments historiques des meilleures époques de
l'art national, qui n'était plus ni compris ni estimé. Nous
l'avons fait ressortir déjà : depuis le commencement du
dix-septième siècle, il s'opère dans les anciens édifices
civils et religieux, mais plus particulièrement dans ces
derniers, une transformation intérieure et parfois des modifications extérieures qui en dénaturent la physionomie, en
en altérant l'ordonnance religieuse et artistique. La mode
se substitue au respect du passé ; la fantaisie remplace la
logique des dispositions liturgiques et les règles du bon
sens. Elle prend en aversion tout l'art du passé et jusqu'aux
pierres taillées par les ancêtres et extraites du sol du pays ;
elle s'en prend de plus en plus aux peintures murales ornant
l'intérieur des temples, aux vitraux illuminant de leurs
émaux les nefs des églises. La mode est au marbre, et lors-

(1) V. POLAIN, *Mélanges historiques et littéraires*, Liége,
1839, p. 351 et suivantes. Le testament de Darchis ne fut approuvé par la sacrée congrégation du Conseil qu'en 1717.

qu'elle ne peut placer du marbre, au plâtre mouluré, au stuc. Tout ce qui est taillé dans le marbre semble beau ; tout ce qui est tourmenté dans les lignes, capricieux dans les contours, inutile à l'organisme même de la construction, paraît l'expression du bon goût.

Aussi les monuments dont l'histoire se lie si intimement à l'histoire du pays ; ces édifices dans lesquels la plupart des actes de la vie privée ou publique des ancêtres avaient reçu une consécration religieuse, qui renfermaient leurs tombeaux, leurs épitaphes peints et sculptés ; ces monuments, disons-nous, paraissent trop austères et ne répondent plus aux mœurs du jour. Il fallait leur donner un air de gaîté, et, pour atteindre ce but, il y avait, en effet, beaucoup à détruire. Il ne suffisait plus d'y faire pénétrer la lumière incolore en éloignant les vitraux ; il convenait encore d'en blanchir les murs au lait de chaux, de les orner des fantaisies rocailles de la mode. C'est alors que se transforme l'intérieur des plus anciennes basiliques de Liége, de Maestricht, de Huy, de Tongres et de toutes les villes et communautés du pays. C'est alors que l'on retaille les chapiteaux des colonnes de style ogival pour y mettre les volutes en plâtre de la renaissance ; c'est alors que l'on modifie, selon le goût dominant, les nefs de la cathédrale St-Lambert, des collégiales de St-Barthélemi, de Ste-Croix, de St-Christophe et de tant d'autres églises dont un certain nombre n'existe plus de nos jours.

Il est intéressant, à cet égard, de recueillir le témoignage des contemporains. Nous avons eu quelquefois, dans le cours de ce récit, l'occasion de citer les observations consignées dans le voyage littéraire de deux Bénédictins qui visitèrent Liége à l'époque qui nous occupe (en 1723). Écoutons-les encore : « L'église de St-Pierre, disent-ils, est certainement très-ancienne ; mais, depuis quelques années, on lui a donné un air de nouveauté qui la rend tout-à-fait gaie (1). » Ces religieux nous aideront encore à constater

(1) V. *Voyage littéraire de deux Bénédictins de la Congrégation de S^t.-Maur.* Deuxième partie, p. 194.

combien la dépravation du goût fait des progrès rapides, lorsque celui-ci est sur une pente mauvaise. Lors de leur séjour à Liége, les deux Bénédictins admirèrent encore bien des monuments qui allaient disparaître, non par les guerres ou les luttes entre le peuple et les princes, mais par les seuls progrès de la décadence de l'art et du mépris des principes qui le font vivre.

A peu de pages du passage où ils ont fait ressortir l'air de nouveauté de la collégiale de St-Pierre, ils disent, en parlant de la cathédrale St-Lambert : « On nous fit voir ensuite *ce qu'il y a de plus remarquable* dans l'église : les tombes en cuivre de plusieurs évêques, entre autres de Hugues de Pierrepont et de Louis de Bourbon. »

Dix-sept ans plus tard, en 1740, les chanoines de la cathédrale faisaient enlever les dalles tumulaires et les plaques de cuivre gravées des évêques Hugues de Pierrepont (+1229), Jean d'Enghien (+1302), d'Adolphe de la Marck (+1344) et de Louis de Bourbon (+1492) (1), afin de les remplacer dans le pavé de cette cathédrale, bâtie en grande partie par le même Hugues de Pierrepont, dont on ne respectait pas le tombeau, par des carreaux en marbre blanc et noir. Ce pavé de marbre semblait, à la vérité, alors le dernier mot du bon goût, et il a fait éloigner et détruire depuis un nombre incalculable d'œuvres d'art et de souvenirs précieux pour l'histoire.

Il est inutile d'insister pour faire comprendre que cette manière de refaire l'ornementation intérieure des temples et des édifices publics devait nécessairement exercer une influence regrettable sur la peinture et sur le rôle qui lui était assigné dans la décoration. Les évolutions de la mode, qui allaient amener dans l'intérieur des habitations patriciennes et même bourgeoises les bergeries et leur cortége; dans les édifices civils des allégories toujours plus recherchées, plus ampoulées de style, introduisirent dans les églises ce que l'on a nommé depuis le paysage historique.

---

(1) VANDENSTEEN: *Essai historique sur la cathédrale Saint-Lambert.*

Après avoir dépouillé les sanctuaires de la plupart des œuvres d'art appartenant aux siècles passés, on couvrit les parois des murs de grandes toiles représentant les vues d'Italie, de paysages à sites montagneux et accidentés, dans lesquels un groupe de figures de très-petites dimensions rappelait encore les faits de l'ancien et du nouveau Testament.

En 1717 vint s'établir à Liége un peintre qui avait fait quelque séjour en Italie, et qui s'était fait du paysage historique un genre spécial. C'était Jean-Baptiste Juppin, né à Namur. Ses travaux ne tardèrent pas à obtenir un succès qui dépassait son talent, et il décora plusieurs des édifices les plus importants de la ville. Plus tard, les Chartreux, près de Liége, les Croisiers, à Huy, et d'autres églises d'abbayes, suivirent l'exemple donné par les grandes collégiales en ornant de paysages les chœurs de leurs églises. Juppin eut des émules et des imitateurs, dont on retrouve encore les ouvrages dans quelques chapelles; mais la plupart de ces peintures ont disparu sous l'empire capricieux de la mode, qui en peu de temps les avait fait prévaloir presque partout.

Cependant, même au milieu de la décadence progressante que l'on constate, il faudrait se garder de croire que, dans le domaine des arts, la vitalité diminue; qu'il y ait moins d'artistes; que leurs productions soient plus rares, moins recherchées; que l'art soit absolument en dehors et à côté de la vie publique. Le niveau a baissé, sans doute, mais le courant est encore vif et fécond. Au XVIIIe siècle, il y a, dans la principauté, un grand nombre d'artistes, peintres, sculpteurs, graveurs, qui y exercent leur talent avec succès, et qui donnent aux monuments publics encore une certaine dignité, tout en y imprimant le sceau d'un art maniéré, — plante exotique bien étiolée, — mais qui pousse encore des fleurs nombreuses, dont plusieurs sont loin d'être dénuées de charme. La banalité exclusive de la ligne droite, la recherche de l'utile sans le beau, sans la poésie, sans la vie de l'âme, ne régnera que plus tard, lorsque, de chûte en chûte, le goût des hommes aura banni des monuments publics tout ce qui rappelle à l'homme sa destinée supérieure.

Un important édifice civil donna, dans la première moitié du siècle, l'occasion à un assez grand nombre d'artistes de consacrer leur pinceau à la décoration monumentale telle qu'on l'entendait alors. L'ancien hôtel-de-ville de Liége, ayant été incendié avec tout un quartier de la cité lors du bombardement commandé par le marquis de Boufflers, au mois de juin 1691, il fallut songer à reconstruire la maison communale. La première pierre de cet édifice fut posée le 14 août 1714, et, quatre ans après, le 25 juin 1718, les magistrats prirent solennellement possession du nouvel hôtel-de-ville. Cependant, près d'un quart de siècle, l'ornementation intérieure de cet édifice exerça l'activité des meilleurs artistes de la principauté. Plumier, Fisen, Riga, Juppin, Coclers, Dumoulin, le sculpteur Hans, élève de Delcour, un grand nombre d'autres artistes, y travaillèrent, peignant des tableaux d'autel, — l'hôtel-de-ville avait sa chapelle, — des tapisseries, des plafonds, les portraits des princes-évêques, et exécutant dans tous ses détails l'ornementation assez riche de l'intérieur et de l'extérieur de cet hôtel (1). Beaucoup de ces travaux ont disparu, et il serait assez difficile, d'après ce qui subsiste, de se faire une idée précise de l'aspect que présentait alors la maison communale. Au fronton, du côté du marché, on voyait un groupe : la Religion et la Justice, figures de grandeur naturelle, soutenant le buste de St Lambert, le patron de la ville et du pays. Au balcon figuraient les armes de la cité et celles des bourgmestres, sculptées, peintes de leurs émaux et dorées. Cette décoration de la façade, dont les pleins apparaissaient en briques rouges, contrastant avec la pierre de taille des encadrements, donnaient à l'extérieur du monument une sorte de polychromie naturelle qui a disparu avec les statues, les armoiries dont il était orné, et qui a été remplacée par un badigeon renouvelé périodiquement depuis une quaran-

---

(1) Voyez les *Extraits des comptes communaux de la cité de Liége* des années 1643 à 1793, publiés par S. BORMANS, archiviste, qui font connaître beaucoup d'intéressants détails sur ces travaux.

taine d'années. D'autres monuments de la ville déployaient encore alors une certaine splendeur extérieure. Le toit de la cathédrale, couvert d'une ancienne dorure, devait être redoré. Les statues de la sainte Vierge et de saint Jean, sur les fontaines de Vinâve-d'Ile et de la rue Hors-Château, étaient également dorées. On ne construisait ni un pont, ni une porte, sans les orner d'un Christ ou de quelque statue de saint, faisant encore une part à l'art, même dans les constructions d'utilité publique. Enfin, la peinture fut appelée à orner plusieurs salles du palais des princes-évêques.

Nous verrons que, vers le déclin du siècle, le prince Velbruck chercha à encourager les arts et à leur donner une sorte de renaissance par les moyens qui semblaient alors le mieux appropriés à la situation. En fondant la Société d'Émulation et en créant sous les auspices de celle-ci une sorte d'académie, il facilita aux jeunes gens l'étude du dessin. Il voulut aussi y joindre des expositions de peintures, les premières dans nos contrées, et le point de départ de ces salons périodiques qui ont pris depuis un si grand essor. Mais ces dernières créations eurent une existence éphémère, et le moyen était d'ailleurs insuffisant pour régénérer la peinture. Lorsque la décadence d'un art est aussi profonde, il faut en chercher la cause dans l'état de la société elle-même, et il n'appartient ni à un homme ni à une institution de le relever.

CHAPITRE XIX

Edmond Plumier.

Cet artiste est né à Liége, en 1694. Il est de tous les peintres qui ont vécu dans la principauté de Liége au XVIIIe siècle celui dont le talent a le plus marqué; c'est peut-être aussi celui sur lequel on a le moins de renseignements biographiques. Au début de sa carrière, il fut élève d'Englebert Fisen, et, après avoir été initié aux éléments de son art, il se rendit à Paris, où il étudia à l'école de Nicolas Largillière, dont la manière exerça sur celle du jeune peintre liégeois une influence décisive. Cependant, en sortant de l'atelier de Largillière, Plumier ne crut pas son éducation d'artiste terminée : il partit pour Rome et se mit pendant quelque temps sous la discipline du peintre Augustin Masucci.

Revenu à Liége, l'un de ses premiers ouvrages fut le portrait du prince-évêque Georges-Louis de Berghe. Il fit un assez grand nombre de portraits pour les familles patriciennes et notamment pour celle des comtes d'Oultremont, où son talent était très-apprécié. Il exécuta aussi pour les églises plusieurs grands tableaux d'autel, et pour l'hôtel-de-ville des plafonds et des tapisseries dont nous trouvons dans les comptes communaux l'indication suivante :

Années 1719 à 1720, au sieur Plumier, peintre, pour une peinture du plafond de la chambre du Conseil, 500 florins.

» 1721 à 1722, pour le tableau posé sur la cheminée de la chambre d'en haut de l'hôtel-de-ville, 750 florins.

» 1724 à 1725, pour le portrait de S. A. S., 320 florins.

» 1725 à 1726, pour les figures qu'il ajoute aux paysages de Jupin, 800 florins (1).

Ses tableaux religieux les plus connus sont : une *Descente de la Croix*, qu'il fit pour le maître-autel de l'église de St-Remacle-au-Pont, où il se trouve encore, après avoir été enlevé par les armées de la République française, en 1794, et restitué en 1815.

Un *Saint Benoît enlevé au ciel*, peint pour l'église St-Jacques, et qui passait pour le chef-d'œuvre du peintre. Il a été, comme le précédent, emporté pour être placé au muséum de Paris, mais n'a plus reparu depuis.

Le *Martyre de sainte Catherine*, pour le maître-autel de l'église du même nom. Ce tableau devait partager le sort des deux précédents; il avait été enlevé par le peintre Defrance pour être expédié à Paris; mais, à la suite des démarches faites par les paroissiens de Ste-Catherine, on le laissa à Liége.

Une *Adoration des Mages*, pour le maître-autel de l'église abbatiale de St-Laurent ; un *Purgatoire*, pour l'église St-Thomas; *le Christ en Croix avec sainte Madeleine*, pour l'église Ste-Ursule.

Plumier a dans la composition une certaine verve, beaucoup d'habileté et de sûreté dans la brosse et de l'élégance dans le dessin. Dans la manière, il subit l'influence

---

(1) V. les *Extraits des comptes communaux de la ville de Liége*, publiés par S. BORMANS, archiviste de la province.

de son temps; son coloris est souvent plus recherché que vrai.

Il est mort, dans la paroisse de St-Nicolas, le 27 décembre 1733. Plumier laissa un fils, Jacques-Théodore Plumier, qui fut aussi peintre et dont le nom est mentionné dans les comptes précités, à l'année 1759-1760, pour un travail sans importance. Nous ne connaissons aucune production de ce peintre, mort le 4 mars 1766.

INDICATIONS ET RECHERCHES SUR LES TRAVAUX DE PLUMIER.

Le Martyre de Ste-Catherine. — Au centre de la composition, la sainte, debout sur un échafaud, porte le regard vers le ciel, où apparaissent un grand nombre d'anges entre les nuages, tenant la croix, des palmes, etc.; l'un d'entre eux lance la foudre sur la roue, l'instrument du supplice préparé pour la vierge chrétienne, ainsi que sur la troupe nombreuse de bourreaux qui l'entoure. Au premier plan, plusieurs de ces derniers tombent, roulant sous l'échafaud et sur les roues de l'instrument de torture.

A gauche de la sainte, on remarque un philosophe tenant un livre, et qui a sans doute voulu présider au supplice; il est saisi d'épouvante à la vue du prodige qui vient délivrer la victime. Dans le fond, on aperçoit des guerriers armés et la riche colonnade d'un temple, au milieu duquel se trouve l'idole à laquelle Ste-Catherine a refusé de sacrifier.

Cette vaste page, où les figures sont de grandeur naturelle, est l'œuvre la plus importante que nous connaissions du peintre. Elle est d'une couleur vigoureuse, chaude dans les lumières, transparente dans les ombres, peinte avec ampleur et sûreté. La tête de la sainte est très-jolie, mais d'une expression mondaine. La composition est pleine d'entrain et de mouvement, trop tapageuse cependant et comprise dans le goût décoratif des peintres vénitiens.

La peinture a souffert assez notablement, de sorte qu'il est assez difficile de juger de l'harmonie primitive, beaucoup de parties d'ombre ayant perdu de leur limpidité. Le tableau est signé et probablement daté; le tabernacle qui couvre la partie inférieure de la toile ne nous a pas permis de nous assurer de cette dernière particularité.

Toile: H., 6,30. L., 3,40.

(Église Ste-Catherine, à Liége; tableau du maître-autel.)

— 270 —

La Descente de la Croix. — Au centre de la composition, le corps du Sauveur est descendu de l'instrument de la passion par plusieurs hommes robustes, dont les chairs jaunes et cuivrées contrastent vivement avec la blancheur du corps du Christ. A droite du tableau, la vierge Marie est couchée sur le sol, entourée des saintes femmes, suivant du regard le divin supplicié. Du côté opposé à ce groupe, sainte Madeleine, aux formes athlétiques et les cheveux épars, tient le vase à parfums.

Ce tableau est d'une couleur assez vigoureuse, plus brillante que vraie; les oppositions sont un peu heurtées, et, malgré la brosse large et facile de Plumier, que l'on y retrouve avec toutes ses qualités, l'ensemble est inférieur au tableau précédent. Les figures sont de grandeur naturelle.

Cette toile, qui a subi des retouches, est dans un état déplorable. Elle est signée *Plumier inv^t et p. 1718*.

Toile: H., 4,34. L., 2,33.

(Église St-Remacle, à Liége; tableau du maître-autel.)

Allégorie peinte sur une cheminée en mémoire de l'élection comme bourgmestre de la ville de Liége du seigneur Michel-Joseph de Grady de Groenendael.

Cette composition, disposée dans le goût recherché du temps, manque de clarté et n'est pas facile à déchiffrer. Au centre de la toile, un personnage masculin, vêtu à l'antique, d'un costume assez fantastique, représente, sans aucun doute, le seigneur de Grady lui-même. Il tient de chaque main une couronne de lauriers, dont il pose l'une sur la tête d'une figure de femme qui lui offre deux clefs, et qui représente la ville de Liége, et l'autre sur la tête d'une autre femme qui se trouve de l'autre côté de la composition, un peu à l'ombre, et qui, appuyée sur une urne, représente probablement la Meuse. Au-dessus du seigneur bourgmestre apparaît une sorte de divinité (peut-être l'artiste a-t-il voulu représenter Clio, la muse de l'histoire?), qui relie par une faveur rose la main du bourgmestre à celle de la figure qui personnifie la ville de Liége.

Au-dessus de la figure représentant la Meuse se voit le perron liégeois, sur le socle duquel on lit l'inscription commémorative de l'élection des deux bourgmestres élus en 1725: Walthère de Liverloo et M. J. de Grady. Elle est terminée par la date de cette élection.

Cette toile est peinte avec assurance et ampleur; le coloris, un peu rouge dans les carnations, n'est pas mauvais. Le dessin dénote un artiste initié à la partie savante de son art. La toile est signée au bas : *Plumier*. Elle est dans un bon état de conservation.

H., 1,68. L., 1,17.

(Orne la cheminée d'une maison rue Féronstrée, à Liége, appartenant à M. l'avoué Constant, et qui appartenait autrefois au bourgmestre de Grady.)

CHAPITRE XX

Les peintres secondaires du XVIIIe siècle.

LA FAMILLE DES COCKLERS.

Il a existé plusieurs générations de peintres dans cette famille. Le plus connu des artistes de ce nom est Jean-Baptiste Coclers, fils de Philippe Coclers et de Madeleine Loos, né à Liége en 1692.

Il apprit le dessin de son père, et, à l'âge de dix-sept ans, il partit pour Rome, où, pendant seize ans, il étudia sous Sébastien Conca, peintre très-célèbre alors, qui jouissait de la protection particulière du pape Clément XI, et ensuite sous le chevalier Marc Benefial, non moins renommé que ne l'était Conca.

Pendant un séjour aussi prolongé à Rome, Coclers était presque devenu romain. Il vivait et travaillait en commun avec le paysagiste et architecte Jean-Gérôme Servandoni, qui s'est acquis plus tard une grande notoriété en France par l'ordonnance de fêtes et par la construction de la façade de l'église St-Sulpice, à Paris. Plus tard, notre peintre épousa une romaine qui lui donna un grand nombre d'enfants.

Quelque nombreux que fussent les liens qui l'attachaient à Rome, il voulut cependant retourner dans sa patrie, et, en 1732, il s'embarqua avec toute sa famille. A Marseille, sa compagne tomba malade et elle y mourut. Sans doute il régnait alors une épidémie dans cette ville, car tous les enfants suivirent leur mère au tombeau. Après avoir éprouvé ces malheurs, Coclers partit pour son pays natal; mais, ayant rencontré à Beaune des marchands de vin du pays de Liége, ceux-ci l'engagèrent à se joindre à eux pour faire le voyage. L'artiste cependant ne put les accompagner, étant à bout de ressources. Ayant fait part à ses compatriotes de la position dans laquelle il se trouvait, ceux-ci le recommandèrent à un aubergiste du nom de Bertrand, qui consentit à l'héberger, en attendant une situation plus favorable. Cet aubergiste avait une fille dont les sentiments compâtissants étaient à la hauteur de ceux de son père, et qui, en outre, était douée d'une beauté dont l'éclat donnait un charme particulier à l'hospitalité dont le peintre était l'objet. Coclers fut captivé, se décida à renouer les liens du mariage, et revint à Liége avec sa seconde femme.

Revenu au pays natal, ses amis lui procurèrent du travail et surtout des portraits, cette ressource providentielle du peintre en détresse. Coclers fit donc des portraits, et, entre autres, celui du prince Georges-Louis de Berghe, qu'il eut le bonheur de réussir et par lequel il établit sa réputation. Dès ce moment, les commandes vinrent en grand nombre: portraits, tableaux d'église, décorations d'appartement dites tapisseries, il traita avec succès ces genres divers. En 1744, ses talents lui procurèrent les titres de conseiller honoraire des États du pays de Liége et de peintre particulier du prince Jean-Théodore de Bavière.

Il eut de sa seconde femme encore une famille nombreuse; cinq de ses fils s'adonnèrent à la carrière des arts et devinrent ses élèves. Coclers fit école, et la plupart des peintres qui, dans la seconde moitié du XVIIIe siècle, ont exercé leur art à Liége, en ont reçu de lui les premières notions. Le chevalier de Fassin, Martin Aubée, François Dubois, Léonard Defrance, Jean Latour et beaucoup d'autres furent élèves de Coclers.

Il a beaucoup produit ; brossant avec facilité de grandes toiles, peignant des portraits, Coclers travaillait énergiquement encore à un âge fort avancé, et jusqu'au jour même de sa mort, pour entretenir honorablement une famille nombreuse ; il mourut aimé d'un cercle étendu d'amis, et très-regretté des amateurs, le 23 mai 1772, à l'âge de quatre-vingts ans.

RECHERCHES ET INDICATIONS SUR LES TRAVAUX DE J.-B. COCLERS.

Le premier tableau que Coclers fit à son retour de Rome fut un *Purgatoire* destiné à l'église Ste-Catherine, à Liége. Il exécuta ensuite plusieurs toiles pour l'église St-Georges, aujourd'hui démolie. Il fit, comme nous venons de le dire, un grand nombre d'autres travaux pour les églises et les monuments publics de sa ville natale. Voici quelques indications à cet égard :

Pour l'une des chapelles de la collégiale de St-Pierre, le *Christ en croix*.

A St-Denis, un *Paysage*, peint dans le chœur, derrière le maître-autel.

A St-Barthélemy, deux tableaux représentant l'*Annonciation* et la *Visitation*; ils furent placés aux deux côtés du chœur.

A l'abbaye de St-Jacques, le *Martyre du saint*.

A l'église de St-Martin-en-Isle, il avait peint un *saint Paul* dans la voûte.

L'église paroissiale de St-Servais possédait, dans le chœur, un grand tableau du peintre.

A l'église St-Thomas, une *Assomption*.

Dans le chœur de l'église du Val-Benoit, près de Liége, la *sainte Cène*, la *Guérison de l'Aveugle* et les *Noces de Cana*.

Aux Sœurs-de-Hasque, un *saint Michel*.

Aux Carmélites, *saint Jean de la Croix*, *sainte Thérèse* et le *prophète Élie*.

(Ces peintures médiocres se trouvent encore dans l'église de ce couvent.)

Au palais des princes-évêques, il a fait plusieurs travaux, entre autres, dans la salle des États, une toile représentant la figure allégorique de *la Justice* ; au Conseil ordinaire, il a peint un plafond ; au Val-S*t*-Lambert, près de Liége, un *saint Bernard*, un *saint Joseph* et beaucoup d'autres tableaux ; aux Augustins, à Huy, une *Conception*. Il a peint un assez grand nombre de tapisseries, entre autres chez les Frères Célites et dans les maisons particulières suivantes : chez M. le chev. Fassin, à Liége, des sujets avec des figures de grandeur naturelle ; chez M. Dehayne, chez le commissaire Desoer ; chez M. Willeme et chez le chanoine Lairesse, etc.

JEAN-GEORGES-CHRISTIAN COCLERS.

Frère du précédent (?) ; il est né à Liége, en 1715 ; on ignore les particularités de sa biographie. Peintre de fleurs très-connu, il devint ensuite conseiller et inspecteur-général de la douane. Il a peint, à Liége, un grand nombre de tapisseries et de tableaux de chevalet, qu'on retrouve encore fréquemment chez les amateurs ; il a aussi exécuté un assez grand nombre de peintures décoratives pour le palais des princes-évêques, où se trouvent encore quelques toiles de lui.

Il est mort le 4 janvier 1751.

RECHERCHES ET INDICATIONS SUR LES TRAVAUX
DE J. G. C. COCLERS.

Fleurs et Fruits. Deux tableaux formant pendants.

Corbeille de fleurs : roses, anémones, tulipes, roses trémières, fleurs de l'ébénier, capucines, etc. La corbeille est placée sur deux pierres plates, au bas desquelles se trouvent quelques fruits : un melon, des pêches, des figues, un raisin, etc.

Le second tableau est composé avec les mêmes éléments à peu près et n'offre de différence que dans la manière dont les fleurs sont disposées. Ces deux tableaux sont signés
    C. COCLERS f. 1743.
Toile : H., 74. L., 60.

(Appartiennent à M. Andrien, à Liége.)

Ces deux toiles sont habilement peintes, mais assez médiocrement composées ; la touche est grasse et solide ; la couleur chaude et assez vigoureuse, mais la lumière, un peu papillotante, est éparpillée par petites parties scintillantes qui détruisent l'ampleur de l'effet.

Plusieurs peintures de cet artiste se trouvent chez M. Brahy, négociant à Liége, et au Palais de Justice.

LA FABRIQUE.

Voici encore l'un de ces peintres sur le compte desquels on sait peu de chose, et qui, par la manière originale dont ils ont compris leur art et accepté les sacrifices d'une vie studieuse, se sont acquis cependant une physionomie à part qui ne permet pas de les confondre avec d'autres artistes. Nicolas La Fabrique est né à Namur, dans les dernières années du XVIIe ou tout au commencement du XVIIIe siècle. Dès son enfance, il montra un goût prononcé pour la peinture et demanda à son père la permission d'apprendre le dessin. Celui-ci, accédant aux instances de son fils, le mit en apprentissage chez un peintre namurois du nom de Bouge, resté entièrement inconnu. Il enseigna au jeune Nicolas les premiers éléments du dessin.

Bouge avait d'autres élèves. Deux d'entre eux s'étant mis en tête d'entreprendre un voyage d'Italie, le rêve de tous les débutants dans l'art à cette époque, demandèrent à La Fabrique, beaucoup plus jeune qu'eux, s'il ne voulait pas être de leur pèlerinage artistique. Celui-ci, qui ne se rendait pas bien compte de la longueur et des difficultés du voyage, accepta sérieusement une proposition qui ne lui était faite que par plaisanterie. Il courut chez son père l'informer de son dessein et le prier de lui donner un peu de linge et les provisions nécessaires pour faire ce voyage, sans lequel aucun peintre ne pouvait espérer vaincre les grandes difficultés de son art. Dans sa famille, on continua à regarder comme une plaisanterie le projet des élèves de Bouge, et, pour guérir son fils d'un rêve insensé, le père de

La Fabrique, tout en ayant l'air d'accéder au désir du jeune audacieux, ne lui donna qu'une très-faible somme d'argent. Nicolas courut joyeusement rejoindre ses compagnons, qui avaient promis au père de lui renvoyer son fils à l'une de leurs premières étapes après avoir quitté Namur. Ils voulurent tenir parole, en effet; mais, par ses instances et sa détermination, La Fabrique parvint à les fléchir, et ils continuèrent ensemble leur route. Bientôt cependant ses deux compagnons l'abandonnèrent; renonçant à la fois au voyage d'Italie et à la carrière d'artiste, ils s'enrôlèrent. La Fabrique, resté seul, dénué de ressources, ne perdit pas courage; il continua sa route et arriva enfin à Rome, où il finit par trouver un maître qui, en peu de temps, lui fit faire de rapides progrès. Il sut se créer par son art des ressources suffisantes pour vivre, et il refusa les secours que ses parents inquiets lui envoyèrent plus tard, après avoir, à la suite de longues recherches, découvert où leur fils se trouvait (1).

La Fabrique s'est formé une manière à lui, très-achevée, très-recherchée dans les détails et le modelé. Son dessin manque d'ampleur et souvent de goût. Il n'a jamais abordé de grandes compositions, se contentant de peindre des têtes isolées, des oiseaux, etc. Quoi qu'il en soit, ses travaux furent estimés par les amateurs de son temps, et même, dit son biographe, de Villenfagne, les princes cherchèrent à orner leurs cabinets de ses tableaux.

Florent Le Comte cite deux peintures de La Fabrique : l'une représente, dit-il, la tête d'un philosophe rieur, qu'un amateur de Paris acheta fort cher; l'autre appartient au roi de France. Elle représente une jolie personne tenant une coupe (2).

---

(1) V. VILLENFAGNE, *Discours sur les Artistes*, p. 135. Cet auteur assure avoir recueilli les détails biographiques que nous lui empruntons de la bouche de Dom Nicolas, religieux chartreux, fils de La Fabrique.

(2) Voyez le *Cabinet d'Architecture, Peinture, etc.*, de Florent Le Comte, tome III, p. 176.

On ignore la date précise de la mort de ce peintre. On assure qu'il est décédé à Liége, vers 1736.

NDICATIONS ET RECHERCHES SUR LES TRAVAUX DU PEINTRE.

Les tableaux de La Fabrique sont rares ; cela s'explique par sa mort prématurée, d'une part, et, d'autre part, par le grand fini de la plupart de ses toiles. Le musée de Bruxelles possède un tableau qui lui est attribué. Il figure sous le titre le *Compteur d'argent*. Mais il a été catalogué comme l'œuvre de Guido Reni, de Murillo, de Fabricius. Nous ne savons s'il est destiné à rester définitivement acquis à notre peintre, auquel on l'attribue aujourd'hui.

Mater Dolorosa. — Figure de grandeur naturelle, à mi-corps. La sainte Vierge, la tête couverte d'un manteau bleu, revêtue d'une robe violet clair, jette les regards vers le Ciel en se tordant les mains. Derrière la figure on aperçoit, dans des proportions très-réduites, le calvaire. Peinture achevée à l'excès, froide de ton, assez juste comme modelé. La tête est d'un laid type ; l'expression est vulgaire et désagréable. Cependant l'ensemble de cette peinture a quelque chose d'étrange et d'original. C'est l'œuvre d'un artiste qui a foi en lui-même. Toile : H., 0,77. L., 0,62.

Provient de la chapelle de St-Maur, lez-Liége, et appartient aujourd'hui à M. Tart. Ce tableau est signé :

NICOLAS LA FABRIQUE
F

JEAN LATOUR.

Cet artiste est né à Liége, en 1719 ; il étudia le dessin et la peinture auprès de J. B. Coclers. Lorsqu'il se crut suffisamment préparé, en 1740, il partit pour Rome et y travailla pendant cinq ans à l'école de Hyacinthe Corrado. De Rome il se rendit à Naples, et, après y avoir passé quelque temps, il revint à Liége. Il y fut bientôt connu ; son talent fut goûté, et il remplit les églises de ses ouvrages.

S'étant rendu à Spa en 1760 pour y faire les portraits de plusieurs étrangers qui fréquentaient cette ville d'eau, il fut mis en relation avec quelques seigneurs anglais, qui le décidèrent à partir avec eux pour Londres; il y demeura pendant six ans, occupé à faire des portraits et d'autres peintures. Puis il se rendit à Paris, mais il y fit peu de séjour, ayant été appelé à orner de ses peintures l'église de Moislains (évêché de Noyon), en Picardie. C'est là qu'il mourut, le 21 juillet 1782. Il doit être cependant revenu à Liége entre l'année 1760 et celle de sa mort, car on trouve, dans les églises de cette ville, des tableaux datés de cette époque.

Jean Latour était peintre et sculpteur; doué d'une remarquable fécondité, on retrouve de lui un très-grand nombre de peintures, dont le mérite se tient toujours entre les limites d'une honnête médiocrité, limites qu'il ne dépasse ni en bien ni en mal. Aussi les spoliations dont les églises du pays de Liége ont été l'objet se sont-elles généralement arrêtées devant ses tableaux. Les commissaires de la République française les ont laissés à leur place, jugeant qu'ils ne valaient pas les peines d'être emportés, et lorsque les monuments qui les contenaient n'ont pas été détruits, les tableaux de Latour ont été respectés. Voici l'indication de quelques peintures que fit Latour pour les églises de la ville de Liége:

A la collégiale de St-Jean-l'Évangéliste, il a peint dans la voûte une *Assomption*. A celle de St-Martin, un tableau d'autel dans l'une des chapelles. Il représente St-Jean Népomucène, en présence du roi Wenceslas. Au-dessus de ce groupe on voit des anges tenant la palme du martyre. Ce tableau, d'un dessin convenable, d'un pinceau facile et d'une couleur peu brillante, est signé: *Latour inv: et pinx* 1717.

Les figures sont de petite nature.

Dans cette même église se trouve un autre tableau du peintre représentant: *la bienheureuse Ève* et *Ste-Julienne en prière*. — Dans une chapelle de l'église St-Martin, il a fait en stuc *la Résurrection*.

Pour le maître-autel de l'église St-Pholien, il avait peint *le Martyre de ce saint*.

Le Martyre de Ste-Marguerite pour l'église dédiée à cette sainte.

A Sᵗ-Jean-Baptiste, dans une chapelle, la *Sᵗᵉ-Trinité*, et un tableau dans la chapelle baptismale. Pour Sᵗ-Remacle, *la Décollation de Sᵗ-Jean-Baptiste*.

Pour la collégiale Sᵗ-Pierre, quatre grands tableaux, dont les sujets étaient tirés de la vie de l'apôtre. Dans la nef de l'église se trouvaient deux autres tableaux de Latour, représentant le même apôtre guérissant les malades et délivrant un possédé.

A Sᵗ-Michel, deux petits tableaux placés dans le chœur; au couvent des Augustines, dites du Beauregard, le tableau du maître-autel représentant *la Sᵗᵉ-Trinité*. Aux Prémontrés, aux deux côtés d'un autel, deux toiles représentant *le Sacrifice d'Abraham* et celui de *Melchisédech*. Au couvent des Célestines, deux grands tableaux; aux Frères Célites, les tableaux du chœur, etc., etc.

HENRI DEPREZ.

Henri Deprez est né à Liége, le 6 février 1720.

Peintre d'histoire et de portraits, cet artiste était doué d'une fécondité extrême, mais en même temps d'un talent médiocre. Il fut élève de Renier Panhay de Rendeux, et, après avoir acquis chez ce peintre tout ce qu'il pouvait en apprendre, il partit pour Rome en 1746, en compagnie de l'abbé Rendeux, qui était aussi artiste.

Arrivé à Rome, il se mit sous la discipline de Hyacinthe Corrado, et, après avoir étudié sous sa direction pendant cinq ans, il retourna dans sa patrie, où bientôt il fut surchargé de travail. On l'employa surtout dans les églises; une simple nomenclature de ses travaux suffira pour faire comprendre combien il a été laborieux.

Pour l'église Sᵗ-Pierre, il a peint *les Adieux de Sᵗ-Pierre et de Sᵗ-Paul*, et un tableau dont le sujet n'est pas mentionné destiné à servir de pendant. Pour l'église des Prémontrés, deux toiles de petite dimension, qui furent placées au fond de cette église. A l'église du Séminaire, il avait exécuté les peintures de la voûte du sanctuaire. Aux églises de Sᵗ-André et des Augustins, il a fait les peintures murales de la coupole et de la voûte. A l'église S⁺-Séverin, il y avait deux toiles de lui dans le chœur. Au monastère de Robermont, deux tableaux placés dans le chœur de l'église.

Au Val-Benoît, trois tableaux placés dans le chœur.

Au couvent de Ste-Agathe, le tableau du maître-autel. A celui des Carmélites, près la porte S⁺-Léonard, plusieurs toiles. Au couvent des pauvres Clarisses, *un Christ en croix* pour le maître-autel. Aux Carmes déchaussés, *la Mort de Ste-Thérèse*, et deux autres tableaux placés dans le chœur. Deprez a également beaucoup travaillé pour l'abbaye de Moulin, près de Namur, pour le Val-Notre-Dame, près de Huy, au Val-Dieu, à l'église de Glons, etc. Il a également peint le plafond du Vaux-Hall, à Spa ; une foule de portraits et un certain nombre de tapisseries pour les particuliers de la ville de Liége et de la principauté.

Henri Deprez a fait école ; il eut pour élèves F. Racle, Joseph Wiart et Henri Collinet. — Il mourut le 7 brumaire an VI (28 oct. 1797.)

ENGLEBERT RENDEUX.

Était fils de Renier Panhay de Rendeux et de Gertrude Demeure. Né à Liége en 1719, il reçut des leçons de dessin de son père. Il partit pour Rome, en 1746, avec Henri Deprez, comme nous venons de le dire dans la biographie de cet artiste, voulant perfectionner en Italie son double talent de peintre et de violoniste. Malgré son goût pour les arts, il reçut les ordres et embrassa l'état ecclésiastique, ce qui ne l'empêcha pas cependant de développer son talent musical, de composer plusieurs opéras, et de prendre des leçons de peinture chez Joseph Vernet.

Pendant plusieurs années, il fut chapelain du baron de Breteuil, ambassadeur de l'ordre de Malte à Rome et grand dilettante, donnant des concerts dont Rendeux était le directeur.

Plus tard, l'abbé artiste passa au service du prince

Berzonico, sénateur romain, ayant son palais au Capitole. Rendeux voyageait souvent avec le prince, et, pendant son séjour à Rome, il prenait plaisir à orner de peintures de marines les murs du palais princier.

Englebert Rendeux est mort à Rome, le 31 décembre 1777. Il était bénéficier de St-Lambert.

PAUL-JOSEPH DELCLOCHE.

Fils de Pierre Delcloche, peintre, est né en 1728 (?).

Il apprit le dessin de son père; après ce premier enseignement, il se rendit à Paris auprès de son frère, Perpète Delcloche, professeur à l'Académie. Il revint à Liége, en 1747, et ne tarda pas à s'y faire une certaine réputation dans son art. Le maréchal de Saxe, Maurice, lui commanda deux tableaux représentant les batailles de Raucour et de Lauffeld. (La bataille de Raucour eût lieu le 11 octobre 1746, et celle de Lauffeld le 2 juillet 1747). Après avoir terminé ces deux peintures, Delcloche alla les présenter au maréchal, qui accueillit favorablement le peintre et rémunéra généreusement son travail.

En 1753, le prince Jean-Théodore de Bavière nomma Delcloche son peintre en titre et son conseiller. Il l'employa à orner de peintures son palais. L'artiste fit pour son protecteur de nombreux travaux, entre autres, le portrait équestre de ce dernier, accompagné de dames et de seigneurs de sa cour, et un St George pour sa chapelle. Il fit également des attiques et des tapisseries pour la salle des États de Liége, ainsi qu'un certain nombre d'autres travaux.

Delcloche exécuta pour les églises de Liége plusieurs peintures. Il y avait deux toiles importantes de lui dans le chœur de l'église St Jacques, dont les sujets ne nous sont pas connus. Dans les chapelles se trouvaient deux tableaux représentant *la mort de St Benoit* et celle de *Ste Scolastique*. Pour l'église des Dominicains, à Liége, il avait peint un *St Thomas d'Aquin* et *la mort de St Louis*. Il y avait également bon nombre de ses œuvres chez les particuliers, à Liége.

Delcloche est mort fort jeune, en 1755 (?). Il possédait une collection de tableaux dont la vente fut faite en 1769.

RECHERCHES ET INDICATIONS SUR LES TRAVAUX DE P. J. DELCLOCHE.

Quoique cet artiste ait été fécond, ses peintures sont devenues assez rares aujourd'hui. Il existe encore, dans une des salles du palais des princes-évêques, à Liége, quatre dessus de porte qui font sans doute partie des travaux exécutés par Delcloche pour le prince Jean-Théodore de Bavière. Ce sont des allégories sur les différents genres de poésie, traitées d'une manière assez superficielle et dans le style décoratif du temps. L'une de ces peintures est signée *Delcloche p.*

L'une des meilleures peintures que nous connaissions de cet artiste forme la tapisserie d'un salon de la maison appartenant actuellement à M. Bouvy, située rue des Écoliers, à Liége. Cette décoration, où le peintre a fait entrer bon nombre de figures de grandeur naturelle, représente les quatre saisons, ou plutôt les divertissements propres aux quatre saisons. Au printemps, une jeune fille, assise dans un jardin fleuri, cherche à faire dévoiler son avenir par une diseuse de bonne aventure. Une grande toile, consacrée à l'été, nous fait assister à une partie de danse champêtre. Les deux scènes destinées à caractériser les plaisirs de l'automne paraissent avoir été peintes après coup et sont d'un pinceau très-inférieur. L'hiver et ses joies, enfin, sont caractérisés par une partie de jeu de piquet qui se joue au coin du feu, à la clarté des lumières.

Ces peintures, d'une couleur vigoureuse et bien entendue, sont traitées avec aplomb et un bon sentiment de l'effet décoratif. Elles sont signées et datées: *Delcloche junior pinxit et invenit 1741*. Cette date nous semble infirmer celle qui nous est donnée pour l'année de la naissance du peintre; nous ne pouvons admettre que ce soit là le travail d'un enfant de 13 ans. C'est, au contraire, l'œuvre d'un homme qui connait toutes les ressources de son art.

FRANÇOIS-BERNARD RACLE.

François-Bernard Racle, fils de Jean-François Racle, est né à Liége le 6 mars 1739.

Il apprit le dessin chez Henri Deprez; au mois de septembre 1760, il partit pour Rome, et se mit sous la discipline de Laurent Pecheux, peintre qui alors avait l'école la plus suivie de Rome. Il dessina beaucoup d'après les statues antiques et les grands maîtres italiens, de sorte qu'il passait pour très-habile dessinateur, mais il resta peintre médiocre.

Revenu plus tard dans sa patrie, il fut nommé, le 2 septembre 1767, peintre en titre de la cathédrale St-Lambert, sur la demande et en remplacement de son père, qui avait été revêtu du même office (1).

Cet artiste était amateur d'histoire naturelle et entomologiste. On assure que, s'étant un jour élancé à la poursuite d'un sphinx atropos, il mit tant d'ardeur à cette chasse qu'il gagna un échauffement, dont il mourut le 25 juin 1777.

F. Racle a fait un assez grand nombre de portraits, dont, de son vivant, on vantait la ressemblance. Il a fait deux grands tableaux pour la chapelle des religieuses Célestines, de Liége. Aucun de ses travaux ne nous est connu.

LAMBERT DUMOULIN.

Lambert Dumoulin, peintre paysagiste, était artiste de mérite, et, à en juger par les toiles que l'on voit encore de lui, il a dû être très-productif. Cependant on n'a presque aucun renseignement sur sa vie. Il est né, paraît-il, en 1665. Il a orné de son pinceau un certain nombre de salons, en peignant des tapisseries, grands paysages historiés de figures, selon le goût qui régnait de son temps dans le pays de Liége. A la collégiale de St-Paul, il exécuta quatre grands paysages pour décorer les parois du chœur, derrière les stalles des chanoines. Il participa à la décoration intérieure de l'Hôtel-de-Ville de Liége; les comptes communaux lui

---

(1) V. les *Archives de la cathédrale*, tome E. 36, p. 113 verso: « François Racle, pourvu de l'office de notre dite église, nous aiant humblement supplié d'accorder la survivance du dit office à *François-Bernard*, son fils, » etc.

consacrent une mention aux années 1727 à 1728 dans les termes suivants : « Au Sr Dumoulin, peintre, pour payement de son tableau de cheminée posé dans la place (sic) tapissée en cuire doré, 110 fls. » Il a peint un grand nombre de tableaux de petite dimension, dans le style de Gaspard Dughet dit Poussin, dont les sites semblent empruntés aux Apennins et aux contrées les plus accidentées de l'Italie. Il est donc d'autant plus probable que Dumoulin étudia son art dans ce pays, que les compositions du peintre ne retracent presque jamais les sites des bords de la Meuse. Ses paysages sont souvent heureux de lignes, et quelquefois empreints d'une certaine poésie qui n'est pas sans grandeur; mais son pinceau est généralement un peu lourd; sa couleur, terne dans les lumières, est terreuse et manque de transparence dans les ombres. Lambert Dumoulin est mort le 16 août 1752.

INDICATIONS ET RECHERCHES SUR LES TRAVAUX DU PEINTRE.

Le plus beau tableau que nous connaissions de ce peintre est un paysage au site grandiose, dans lequel on voit, comme étoffage, St-François d'Assise en extase, avec un de ses compagnons. La couleur, plus intense et surtout plus transparente que dans toutes ses autres toiles, donne un grand charme à cette composition. On voit, on pourrait dire presque que l'on devine, dans les transparences du crépuscule, un large torrent roulant entre des rochers majestueux dont les cîmes se détachent sur un ciel déchiqueté par des nuages sombres, livrant çà et là passage aux derniers rayons du jour. Au premier plan des arbres, au tronc dépouillé, ont été entraînés par les eaux traversant le ravin bordé de rochers, dont les uns sont dénudés, les autres couverts de végétation; dans une échappée, on devine dans la pénombre un couvent, et au haut d'une roche se profile la silhouette d'une ruine dont l'aspect désolé ajoute encore à la sombre poésie de ce paysage harmonieux. La petite figure de St-François est bien peinte et appartient probablement au pinceau de Plumier.

Ce tableau est peint sur toile. H., 0,76. L., 1^m3.

(Appartient à M. Brahy, à Liége.)

Les toiles de Dumoulin, comme nous venons de le dire, ne sont pas rares, et elles n'ont pas assez d'importance pour les décrire. En voici cependant que l'on peut regarder comme donnant la mesure de son talent :

Les Quatre Saisons.

Le Printemps. Composition assez grandiose dans le style du Poussin. Un cours d'eau coule dans un site montagneux, dont les lointains sont éclairés par une lumière un peu grise. Au premier plan, un groupe de bergers et de bergères tondant des moutons, sous un massif de grands arbres dont les formes un peu conventionnelles se développent au milieu de la composition.

L'Été. Site un peu moins accidenté. Au second plan, des montagnes; au premier, des champs couverts de blés, que des moissonneurs sont occupés à faucher.

L'Automne. Pays de montagnes. Des paysans recueillent des fruits sous les grands arbres du premier plan.

L'Hiver. Composition traversée par un cours d'eau sur lequel on voit des patineurs. Des fabriques importantes se trouvent au second plan, et, sur le devant, des arbres dépouillés profilent leurs branches sur un ciel gris et terne. Tableau largement peint, dont les figures sont très-médiocres.

Toile : H., 1,17. L., 1,74.

(Ces quatre tableaux appartiennent à M. Andrien, à Liége.)

LES RIGA.

Deux peintres de ce nom, probablement le père et le fils, ont vécu à Liége et y ont fait un grand nombre de travaux ; mais tous les renseignements que nous avons pu nous procurer quant à leur biographie se résument en quelques dates. Voici ces renseignements :

N. J. Riga est né en 1653 et mort en 1717.

Il s'est fait connaître surtout par le grand tableau du maître-autel de l'église des Frères Mineurs, représentant *Notre-Dame-aux-Anges*, peint en 1688. Cette peinture, d'une couleur assez vigoureuse, mais d'un dessin faible, est restée dans cette église. N. J. Riga a exécuté pour d'autres églises de la ville de Liége les peintures suivantes :

A la collégiale St-Denis, *le Seigneur tenant la Croix*, avec des pénitents à ses pieds.

A Ste-Croix, *l'incrédulité de St-Thomas*, une *Résurrection*.

A St-Jean l'Évangéliste, *le martyre du Saint*, pour le maître-autel.

A l'église paroissiale de St-Pholien, *la Ste-Cène*.

A St-Jean-Baptiste, *la Charité romaine*.

A St-Servais, *la Visitation*.

JEAN RIGA.

Né en 1680, mort le 19 février 1725, dans la paroisse de St-Remacle-au-Mont.

A l'église de St-Nicolas, à Liége, il avait peint *les Noces de Cana*, *le Sacrement de l'Extrême-Onction*, et une série de tableaux pendus aux piliers de la nef, et qui tous ont disparu.

Il a fait des travaux assez considérables à l'hôtel-de-ville de Liége, et voici en ce qui les concerne ce qu'on trouve dans les comptes communaux.

De l'année 1717 à 1718. — Au Sr Jean Riga, peintre, pour les peintures du plafond de la grande salle, 280 fl.

1718 à 1719. — Au même, pour reste de trois peintures optiques du plafond de la grande salle, 120 fl.

1719 à 1720. — Au même, pour peinture du plafond du vestibule d'en haut, 800 fl.

Au même, à compte de quatre peintures du vestibule d'en haut, 300 fl. (1)

Parmi les peintres du XVIIIe siècle, il en est plusieurs qui ne sont connus que par les travaux qu'ils ont exécutés à l'hôtel-de-ville de Liége. Ils ont fait d'autres peintures, sans doute; mais celles-ci ont disparu, sans laisser de

(1) V. *Extraits des comptes communaux de la ville de Liége*, publiés par S. BORMANS.

souvenir dans la patrie des artistes qui en sont les auteurs. Nous allons indiquer ce que nous savons de ces différents peintres ; on verra que ces renseignements se réduisent à peu de chose.

JEAN DELOY.

Fils de Pierre-François Deloy : il est né à Huy, en 1680. Englebert Fisen lui donna des leçons de dessin, mais son goût le portait vers un genre différent de celui qui alors était cultivé avec succès par son maître; il s'adonna de préférence à la peinture de paysages, d'architecture et de perspectives. Après avoir étudié auprès de Fisen, Deloy se rendit en Italie et chercha à se perfectionner à Rome et à Venise. De retour à Liége, il fit un grand nombre de paysages pour les tapisseries ornant les salons des patriciens et des riches bourgeois de la ville de Liége. Il décora aussi dans cette ville les voûtes des églises Ste-Catherine et de Ste-Madeleine. Il participa à la décoration picturale de l'hôtel-de-ville. Ses travaux sont mentionnés dans les comptes communaux de la manière suivante :

Années 1725 à 1726. — « Au Sr Deloie, peintre, pour trois paysages posés dans le vestibule d'en haut, 244 fls. »

Jean Deloy est mort à Liége vers le milieu du dix-huitième siècle.

JEAN-LOUIS COUNET.

Cet artiste est né dans le dernier quart du dix-septième siècle. On ne connaît de ses travaux que ceux qu'il fit à l'hôtel-de-ville ; voici la mention qui leur est consacrée dans les comptes communaux :

Années 1717 à 1718. — « Au Sr Louis Counet, à compte des peintures de la grande salle, 500 fls. »

1718 à 1719. — « Au même, pour reste des grandes peintures de la grande chambre, 1,500 fls. »

1719 à 1720. — « Au même, pour la peinture du plat fond de la chambre des commissaires, 340 fls. »

Counet prit donc une part importante aux peintures de l'hôtel-de-ville de Liége. Un manuscrit contemporain nous apprend qu'il avait traité un sujet très-patriotique dans ses peintures de la grande salle : la translation du corps de St-Lambert et la prise de Bouillon ; le duc, malade, venant se présenter à Alberon, évêque de Liége, et faire sa soumission. Le manuscrit ajoute que les attiques de cette salle étaient également peintes par Counet.

Ce peintre est mort à Liége, le 23 juin 1743.

ARNOLD SMYTZEN.

Né en 1687, il a peint un grand nombre de tapisseries pour les maisons particulières, plusieurs tableaux entourant l'église Ste-Ursule, à Liége, et une salle de l'hôtel-de-ville. Voici la mention qui lui est consacrée dans les comptes communaux :

Années 1717 à 1718. — « Au Sr Smitsen, pour peinture de la place (sic) au-dessus du greffe, 638 fls. »

Cet artiste aimait à peindre le gibier mort. Il est décédé le 27 avril 1744.

OLIVIER PIROTTE.

Né à Liége en 1699, ses parents le destinaient à l'état ecclésiastique; mais, ne pouvant vaincre son goût pour le dessin, ils le placèrent en 1716 à l'école de Renier Rendeux. Le jeune Pirotte y fit des progrès rapides, et, en 1721, il pria ses parents de le laisser partir pour Rome. Il obtint leur consentement, se mit en route, et, arrivé à Rome, il fréquenta pendant les premières années de son séjour l'atelier de Benedetti Luti; mais ce maître habile étant mort en 1724, tous ses élèves, et Pirotte avec les autres, se mirent sous la discipline de Pierre Bianchi. Le jeune peintre liégeois s'y distingua par son assiduité au travail et les soins qu'il donnait à l'étude du dessin.

Il ne fit cependant qu'un séjour passager à l'atelier de cet artiste, étant obligé de revenir à Liége en 1725 pour affaires de famille. Il partit ensuite pour Paris, où il fréquenta les écoles de Lemoine et de Noël-Nicolas Coypel. Enfin, après une absence de deux ans, il revint se fixer définitivement dans sa ville natale.

Les travaux ne lui manquèrent pas, et il fit des tableaux pour la plupart des églises de Liége. Voici la liste des peintures les plus connues de son temps :

Le martyre de SS. Pierre et de Paul, grands tableaux pour l'église St-Paul.

St-Michel terrassant le dragon, *l'Ange gardien*, et *les douze apôtres* peints dans des médaillons, à l'église St-Denis.

St-Joseph de Cupertin, et plusieurs toiles placées dans le chœur de l'église des Frères Mineurs.

Le Christ en croix, tableau du maître-autel de l'église St-Gangulphe.

La Sainte Famille, première œuvre du peintre à son retour de Rome; une *Déposition de la croix*, *St-Roch* et *St-Fiacre*, à l'église St-Jean-Baptiste.

Les douze apôtres, tableaux placés autour de l'église St-Michel.

L'Assomption de la Ste-Vierge et une *Nativité*, à l'église des Sépulchrines.

Pirotte passait pour bon dessinateur, mais son coloris était trop sombre, et ses seconds plans négligés. Il était estimé comme homme privé, par la douceur de son caractère, sa modestie et son esprit cultivé. Il n'était pas seulement peintre, mais il s'est encore adonné à la musique, et, à l'occasion, il était poète.

Olivier Pirotte est mort à Liége, en 1742.

LES MOREL.

Plusieurs peintres de fleurs et de décoration, doués de beaucoup d'habileté, ont appartenu à la famille des Morel. Malheureusement on sait fort peu de chose de leur vie.

Jean-Baptiste Morel, mort à Liége vers 1754, a peint des fleurs et des tapisseries fort en vogue au XVIIIe siècle. On cite également Jean-Remi Morel, peintre de fleurs, mort le 23 octobre 1739, dans la paroisse de St-Remacle-au-Mont, et Jean-Pierre Morel, né en 1702, mort le 12 juin 1764, époux de Catherine Dumoulin; il était également peintre de fleurs, et a fait de nombreuses peintures pour les particuliers.

LES LELOUP.

Il y a eu également plusieurs artistes de ce nom. Remacle Leloup, né à Spa vers l'an 1797, peignait le paysage et a fait un grand nombre d'études aux environs de Liége; son nom est connu par les gravures, vues de villes et de châteaux, qu'il a exécutées pour les *Délices du Pays de Liége;* il est mort vers 1740; son fils Antoine a fait des dessins de paysage au lavis. Joseph Leloup, également né à Spa, a peint, en 1728, dix grands paysages à l'abbaye de St-Laurent, étoffés de figures par Fisen. Il a fait aussi des paysages pour le réfectoire des Croisiers, à Liége.

MARTIN AUBÉE.

Il était fils de Jean Aubée et de Marie Marguerite Lambotte; il est né à Liége, en 1729. Fort jeune encore, il montra du goût et quelques dispositions pour la peinture, ce qui décida son père à le placer à l'atelier, alors fort suivi, de J. B. Coclers. Après avoir étudié quelques années chez ce maître, le jeune Aubée se rendit à Paris, où il s'appliqua à la peinture d'histoire sous la discipline du professeur Beton.

Il n'y réussit guère, et, ne pouvant atteindre aux hautes régions de l'art, il se mit à peindre de petites scènes de genre qui avaient la prétention d'être humoristiques et qui souvent ne sont que triviales. Il revint à Liége, où il se mit à peindre à peu près tout ce qui pouvait lui procurer quelques ressources : de petits tableaux meublants, des dessus de porte, des tapisseries, des chasses, etc. Il réussit passablement à peindre les animaux, notamment les chiens.

Lors de l'institution d'une Académie de dessin, fondée par le prince Velbruck en 1778, Aubée fut nommé, en même temps que L. Defrance, professeur à cette Académie. Dans ses peintures, Aubée semble se poser en rival de Defrance; il traite à peu près les mêmes sujets, et cherche à y mettre le même genre d'esprit, mais il ne fut, en somme, que l'imitateur assez malheureux de son collègue de l'Académie, lequel, de son côté, se montrait peu flatté d'être assimilé à Aubée (1).

Lorsque le pays de Liége fut agité par les troubles de la révolution, en 1792, Aubée, qui avait conservé des relations à Paris, alla s'y fixer, emmenant sa femme et ses enfants; il continua à y peindre de petits tableaux de chevalet, qui trouvaient des amateurs, et il se fit de la restauration des peintures une industrie dans laquelle il excellait. Il mourut à Paris, en 1806.

RECHERCHES ET INDICATIONS SUR LES TRAVAUX D'AUBÉE.

Quoique ce peintre ait été productif, ses travaux sont devenus assez rares au pays de Liége. Comme sa manière offre, malgré son incontestable infériorité, assez d'analogie avec celle de Defrance, on a attribué à celui-ci bon nombre de tableaux d'Aubée. Pour mieux donner le change, on a plus d'une fois effacé la signature d'Aubée pour y substituer le nom de Defrance. Voici l'indication d'un certain nombre de toiles exposées en 1791 et pendant les années suivantes à la Société d'Émulation de Liége. On verra, par le choix des sujets, que l'artiste s'est essayé dans plus d'un genre :

Un Fumeur et *un Homme qui tire de la bière.*
Une Boulangerie.
Venus conduite au bain par l'Amour.
Des Enfants jouant.
Deux peintures en grisaille, imitant des bas-reliefs.

---

(1) V. à cet égard *Mélanges historiques et littéraires*, par M. DE VILLENFAGNE, p. 64.

L'intérieur d'une Brasserie, avec des ouvriers occupés à leur travail.

L'intérieur d'une Boucherie, pendant du précédent.

Saint Pierre délivré de la prison par l'ange.

Un Portrait.

Décollation de Saint Jean-Baptiste en présence d'Hérodiade.

Une Forge de Cloutiers, et son pendant, représentant *une Fonderie de Fer.*

Un Paysan venant suborner un Procureur, avec son pendant, représentant *la déclaration d'amour d'un Procureur.*

Le Déjeuner en famille.

Un Marché aux Poissons, et son pendant, *un Marché aux Volailles.*

Des Botteresses faisant des hochets, et son pendant, *des Botteresses et des Porte-Hottes se rafraîchissant au cabaret.*

Une Recrue ivre prenant congé de sa belle, et son pendant, *le Retour du Soldat.*

De ces différents tableaux, seuls les deux pendants : « *Botteresses et Porte-Hottes se rafraîchissant au cabaret*, et les *Botteresses faisant des hochets*, » nous sont connus. Ce sont des panneaux de 48 de hauteur sur 54, d'une assez bonne couleur, mais dont la composition est niaise, le dessin faible et le pinceau mou. L'une de ces peintures porte la signature : *Defrance fecit*, mais elle y a été ajoutée il y a peu d'années par un peintre restaurateur dont le nom nous est connu. La signature d'Aubée se trouvait autrefois sur la plaque du tombereau qui se trouve dans le tableau des botteresses pétrissant la houille.

Ces deux tableaux appartiennent actuellement à M. le juge Bonjean.

Nous connaissons encore un certain nombre de peintures d'animaux de cet artiste, entre autres plusieurs toiles qui autrefois ornaient les dessus de portes et la cheminée d'un salon : Chiens arrêtant des perdreaux, des faisans, des lièvres, une chasse aux canards, tels sont les sujets qu'Aubée a traités, sinon avec un talent remarquable, du moins avec une certaine intelligence de la physionomie et des mœurs des animaux. Le mérite de ces peintures sera mieux compris par les chasseurs que par le véritable amateur de l'art. Ces peintures appartiennent à Mme veuve Bidlot.

Il existe encore du même artiste une toile représentant un chien de cour blanc de forte taille. Son collier est armorié ; la physionomie de l'animal est bien saisie et la peinture est faite avec soin. C'est évidemment un portrait. Aussi l'artiste l'a-t-il signé :

M. AVBEE FECIT 1789.

Toile : H., 1,17. L., 1.

(Appartient à M. l'avocat Henkart, à Liége.)

JOSEPH DREPPE.

Joseph Dreppe est né à Liége, le 30 septembre 1737. Il était fils de Jean-Noël Dreppe, graveur de cachets, et d'Élisabeth Herdothe.

Ayant donné des marques de son goût pour l'étude des arts, Joseph Dreppe fut placé, à l'âge de 15 ans, chez Jean Latour pour y apprendre le dessin ; au bout de six ans d'apprentissage, en 1758, il partit pour Rome, où il fut reçu à l'école de Placido Constanzi. Plus tard, il se mit sous la discipline de Pécheux, qui, ayant vu une esquisse peinte par Dreppe, y trouva beaucoup de fougue, et lui proposa de fréquenter son atelier. Le jeune artiste liégeois accepta joyeusement, et auprès de son nouveau maître il fit de rapides progrès, s'exerçant surtout à composer avec rapidité sur toutes sortes de sujets. Il est à regretter qu'il ne montra pas autant de persévérance pour achever son travail qu'il avait de facilité dans la conception.

Après avoir continué ses études à Rome pendant cinq ans, fréquentant tour à tour les ateliers des peintres en renom que nous venons de citer et dessinant dans les musées les statues de l'antiquité, il revint s'établir à Liége.

A Liége, Joseph Dreppe travailla beaucoup pour les églises, pour les amateurs, et, comme la plupart de ses confrères, il exécuta des tapisseries pour les habitations des particuliers assez riches pour payer ce genre de décoration. Il a fait aussi un grand nombre de dessins à l'encre de Chine et à la plume, qu'il composait avec une promptitude surprenante et une vivacité extraordinaire. C'était malheureusement presque toujours des allégories d'un style ampoulé, dont les figures s'abandonnent à des gestes exagérés et par trop dramatiques. Il a aussi exécuté un certain nombre de gravures.

Parmi les travaux qu'il fit pour les églises de Liége, on citait la voûte de l'église des Prémontrés. Il a peint un certain nombre de tableaux pour les églises des Pays-Bas. Il aimait à peindre des marines, et y réussissait assez bien. Au nombre des tapisseries qui existent encore de lui, on en voit une dans le salon d'une maison de la rue du Pot-d'Or, à Liége, où se trouvent actuellement les bureaux du journal *la Meuse*. Elle est d'une couleur chaude et peinte avec beaucoup de sûreté et d'entrain.

En 1781, Dreppe obtint l'accessit du prix proposé par la Société d'Émulation de Liége pour l'embellissement de la ville. Il a gravé deux paysages d'après les dessins de Malomont, artiste-amateur; la fontaine de la Ste Vierge, place de Vinâve-d'Ile, d'après J. Delcour, un tombeau élevé à la mémoire d'Élisa Draper, et d'autres petites planches.

Atteint de paralysie, Dreppe mourut, le 29 mars 1810, à l'âge de 73 ans.

CHAPITRE XXI

Nicolas-Henri-Joseph de Fassin.

Fassin est né à Liége, le 20 avril 1728. Son père, le chevalier de Fassin, descendant d'une famille patricienne, avait été échevin de la Cour souveraine du pays de Liége, bourgmestre et ministre du prince Georges-Louis de Berghes. Il destinait son fils à la magistrature, et lui fit faire ses humanités au collége de Laheys, en Ardenne. Malgré sa mémoire heureuse et une intelligence très-vive, le jeune collégien montra bientôt plus de goût pour le dessin des chevaux, des moutons et des ânes que pour l'étude des classiques. Son père lui permit de passer ses heures de loisir chez le peintre Coclers pour y apprendre le dessin, mais ce ne fut qu'après un long détour que Fassin devait retrouver sa voie, et s'adonner à la peinture, vers laquelle alors déjà l'entraînait une irrésistible vocation.

A l'âge de vingt ans, il partit pour Paris. La guerre contre la Prusse, connue dans l'histoire sous le nom de la guerre de Sept-Ans, venait d'être déclarée. L'esprit aventureux du jeune liégeois le porta à prendre du service et à entrer dans les mousquetaires gris du roi de France. Il y fut reçu comme officier; mais, quelques années plus tard, en 1754, il quitta ce corps pour organiser une compagnie dans un régiment de cavalerie que le maréchal de Belle-Isle créa après son entrée au ministère. Dans ce régiment, Fassin eut quelques difficultés avec les officiers, qui l'accusèrent d'avoir voulu passer à l'ennemi. Le maréchal de Biron, colonel commandant les gardes françaises, obtint la nomination d'une commission spéciale chargée d'examiner cette affaire, et le jugement, entièrement favorable à Fassin, condamna ses calomniateurs à des peines sévères. Cependant les attaques dont il avait été l'objet le dégoûtèrent du service; la paix survenant, il donna sa démission et revint en Belgique.

De retour à Liége, il reprit de nouveau ses travaux favoris et s'adonna entièrement à la peinture. Il ne tarda pas à se rendre à Anvers pour étudier les nombreux chefs-d'œuvre qui se trouvent dans cette ville. A la vue des grands peintres de l'école flamande, Fassin comprit chaque jour davantage tout ce qui lui restait à apprendre. Son père étant venu à mourir, en 1766, et les biens de la famille devant échoir à son frère aîné, notre artiste, qui avait alors 34 ans, sentit la nécessité de demander à l'art, qui jusqu'alors n'avait été pour lui qu'un délassement agréable, les ressources nécessaires à une vie indépendante. Il se mit avec énergie à dessiner pendant plusieurs années, suivant assidûment les leçons de l'Académie d'Anvers, tout en continuant à étudier et à copier ses maîtres de prédilection. A quarante ans, il partit pour l'Italie; il fit quelque séjour à Rome et à Naples pour y copier les chefs-d'œuvre des peintres italiens, puis il se mit à parcourir les plus beaux sites de la Savoie et de la Suisse, afin de se pénétrer des beautés de la nature grandiose de ces contrées.

Fassin fit dans ses différents voyages un grand nombre d'études et se créa d'agréables relations. Pour se reposer de ses courses, il se fixa pendant quelque temps à Genève. Dans cette ville commença à se fonder sa réputation comme peintre d'animaux et de paysages. Il y fut accueilli avec une faveur marquée par les amis des arts, et notamment par M. de Tronchin, qui possédait une collection de tableaux fort remarquable, vendue plus tard à l'impératrice de Russie. Fassin copia pendant plus d'un an les plus beaux tableaux de Both et de Berghem qui se trouvaient dans cette galerie, et l'étude qu'il fit de ces deux maîtres exerça une influence décisive sur le développement de son talent. Pendant son séjour à Genève, l'artiste fit pour Catherine, impératrice de Russie, un paysage dont cette souveraine fut, dit-on, si charmée, qu'elle remercia Fassin par une lettre autographe et le récompensa par l'envoi d'une tabatière en or enrichie de brillants.

Se trouvant dans le voisinage du château de Ferney, Fassin alla visiter Voltaire. Le philosophe fit grand accueil au peintre, lui permettant même de faire son portrait. Cette petite toile existe encore, et, si le portrait rend justice à la laideur proverbiale du patriarche de Ferney, il est peint de manière à ne pas laisser de doute sur la véritable voie de l'artiste (1). Fassin devait revenir avec bonheur aux sites accidentés des Alpes et des Apennins, continuer à peindre les animaux inoffensifs qui y pâturent l'herbe des gorges et des vallées ombreuses. Il y revint en effet. Il retourna à Rome, vint ensuite séjourner quelques mois à Marseille; puis, passant de nouveau à Genève, s'arrêta en Savoie pour continuer à y faire des études de paysage.

En 1770, il revint voir les parents qu'il avait encore à Liége, puis se fixa pour quelque temps à Bruxelles et à Anvers. Il avait été précédé dans sa patrie par une réputation considérable, et artistes et amateurs l'y reçurent de la manière la plus flatteuse. Il se mit assidûment au travail, et, comme il avait le pinceau facile, il fit un grand nombre de tableaux. Pendant son séjour à Liége, il se lia d'amitié avec le peintre Defrance, qu'il avait connu avant ses voyages en Italie. De concert avec son ami, Fassin

---

(1) Ce portrait, qui appartenait autrefois à l'avocat Hennequin, fait partie aujourd'hui de la collection de M. Desoer de Solières.

forma le projet de fonder à Liége une Académie de dessin, de peinture et de sculpture. Ils soumirent ce projet au prince Velbruck, qui non-seulement l'agréa, mais qui fit encore les frais de cette école, en y affectant une partie des biens des P. P. Jésuites, dont on venait de supprimer l'ordre. A la suite d'un concours, Defrance fut nommé directeur de la nouvelle Académie.

Peu après la création de cet établissement, Fassin alla s'établir à Spa, attiré par les agréments de cette localité et les beautés de la nature qui l'entoure. Il se remit joyeusement au travail lorsque la révolution liégeoise éclata. Elle vint surprendre l'artiste au milieu des douceurs de sa vie et interrompre l'activité de son pinceau. A l'arrivée des troupes françaises, on se souvint que Fassin avait été homme de guerre, et le commandement de la milice locale lui fut confié. L'ancien capitaine des mousquetaires du roi de France sut maintenir l'ordre et la discipline dans le bourg de Spa.

Avant la révolution, les étrangers de distinction qui visitaient cette ville d'eaux étaient heureux d'entrer en relation avec Fassin et d'emporter à leur départ quelques-uns de ses tableaux. M. de Kaunitz, ministre de l'empereur Joseph II, obtint l'une des meilleures toiles de Fassin, et se montra fort reconnaissant. Cependant, malgré l'avantage des relations de cette nature, lorsque l'ancien pays de Liége fut réuni à la France, le peintre vint se fixer d'une manière définitive dans sa ville natale.

A Liége, Fassin fut très-laborieux, et ses meilleures productions datent de la dernière période de sa vie. Doué de beaucoup d'esprit, d'une mémoire heureuse et d'une bienveillance courtoise; sachant conter avec finesse les anecdotes de sa vie militaire et les souvenirs de sa longue carrière, il eut de nombreux amis, et sa société fut recherchée jusqu'aux derniers jours de sa verte vieillesse. Son talent aussi était très-apprécié, et tous les amateurs de la ville de cette époque, Charles Desoer, Pierre Henkart, le chanoine Hamal, Simonon, Digneffe et d'autres, ornèrent leurs salons des peintures de Fassin.

Cette faveur était méritée. Fassin avait un talent souple,

aimable; son pinceau, élégant et ferme, laisse rarement apercevoir les traces de la fatigue, même dans ses toiles les plus achevées. Il était né peintre, et, pour se rendre aussi complètement maître des ressources de la palette, en commençant les études à un âge où la plupart des artistes sont déjà parvenus à toute la maturité de leur talent, il fallait une organisation d'élite. Il ne lui manquait, pour prendre la place d'un maître dans l'histoire de l'art, qu'un sentiment plus profond de la nature, ou, si l'on aime mieux, une originalité plus marquée. Sa couleur est harmonieuse, son dessin est suffisamment correct; plus d'une de ses compositions offre un caractère de poésie et d'ampleur que l'on ne saurait méconnaître. Mais, avant de faire rêver aux charmes de la nature, ses toiles évoquent le souvenir de Berghem et surtout de Both. Fassin portait en lui la tache originelle d'une époque de décadence; il ne semble pas avoir eu foi en lui-même, et c'était alors déjà un grand mérite d'étudier la nature en suivant de près les grands maîtres.

Il est mort le 21 janvier 1811, âgé de plus de quatre-vingt-deux ans, à la suite d'un coup d'apoplexie (1). Peu de temps avant sa mort, un de ses amis, le poëte Henkart, avait écrit sous le portrait de Fassin les vers suivants:

A son plumet de mousquetaire
Il joignit, à vingt ans, le myrte et le laurier,
Et de Both, de Berghem fortuné légataire,
Il voit encore, octogénaire,
La palme des beaux arts croitre en son atelier.

INDICATIONS ET RECHERCHES SUR LES TRAVAUX DU PEINTRE.

Les tableaux les plus importants que nous connaissions de cet artiste, et qui sont les plus propres à donner la mesure de son talent, sont quatre toiles représentant les *quatre points du jour*: *le Matin*, *le Milieu du jour*, *le Soir* et *la Nuit*.

(1) Voy. l'article nécrologique inséré le 23 janvier 1811 dans la *Feuille d'annonces du département de l'Ourthe*, signé P. J. H. (Pierre-J. Henkart.)

Le Matin. — A droite du spectateur se trouve un temple en ruine ; à gauche, au second plan, un pont défendu par une tour. Au premier plan, à l'ombre de la colonnade en ruine, une jeune fille est occupée à ravauder du linge, en gardant un troupeau de vaches et de moutons dispersés autour d'elle. Tout près de la jeune fille un petit garçon caresse un chien.

Dans le fond de la composition s'étend un site ouvert, entouré de montagnes peu élevées, se détachant sur un ciel d'un ton fin avec des légers nuages très-bien dessinés. Dans cette toile règne une jolie harmonie, due à une couleur grise et argentine.

Signé : H. F., 1802.

Le Milieu du jour. — Sur le premier plan, à l'ombre d'un chêne majestueux et d'une montagne boisée, se trouve un troupeau au repos Une vachère, tenant un panier et ayant à côté d'elle une cruche, fait les apprêts du repas. Près d'elle, un paysan semble occupé à débrider un cheval, chargé de deux veaux. Plus loin, un petit berger accompagné de son chien est couché à l'ombre. A droite du spectateur se déroule un site étendu arrosé par une large rivière qu'un troupeau est en train de passer à gué. Sur les bords de la rivière s'élèvent des rochers escarpés couverts de ruines. La perspective aérienne de cette partie du tableau est très-réussie et contraste d'une manière très-agréable avec les vigueurs transparentes du premier plan.

Signé: H. F., 1797.

Le Soir. — Le soleil est couché derrière des rochers aux silhouettes accidentées. Au centre de la composition, on voit une cascade dont les eaux jaillissantes font contraste avec une terrasse ombreuse, couverte d'un joli bouquet d'arbres. Sur le premier plan, à gauche du spectateur, se trouve un groupe de deux femmes, dont l'une allaite son enfant, et d'un vieillard appuyé sur un âne. Autour de ce groupe, et disséminé sur le second plan, on voit un troupeau de vaches, de chèvres et de moutons. Ce tableau est d'un coloris chaud, et les nuages qui s'élèvent majestueusement dans l'éther sont dorés par les rayons du soleil.

Signé: H. Fassin, 1798.

La Nuit. — Effet de clair de lune. Paysage accidenté de montagnes et de ruines. Sur le premier plan, un troupeau, composé de vaches, de chèvres et de moutons, passe un gué. Au milieu du troupeau, une paysanne, montée sur un cheval, cause avec un paysan. Le ciel est couvert ; cependant l'effet général du tableau est d'une grande limpidité.

Signé: H. Fassin, 1797.

Ces quatre tableaux, de même dimension, sont peints sur toile. Haut., 1,5. Larg., 1,40.

(Appartiennent à M. le docteur Védrine.)

Ces tableaux ont été peints par Fassin pour son ami Henkart, et ont été payés 50 louis chacun.

Paysage avec animaux. — Le site est traversé par un torrent peu profond, bordé de rives accidentées, de rochers couverts de bois, dominés par une tour en ruine. Au dernier plan, la silhouette d'un rocher se dessine sur un ciel clair et vaporeux. Au premier plan, à l'ombre d'une roche et d'un bouquet d'arbres, un muletier s'est arrêté pour causer avec une femme qui, assise avec sa petite fille sur un tertre, semble préposée à la garde d'un troupeau de vaches, de chèvres et de moutons. Ces animaux sont éparpillés dans le paysage et jusque dans le lit du torrent qu'ils s'apprêtent à traverser à gué.

Tableau d'un coloris chaud, peint grassement.

Toile : H., 85. L., 1^{m}13.

Pendant du tableau précédent. — Troupeau de vaches et de moutons au repos dans un site agreste, accidenté d'un côté par un bouquet d'arbres et de l'autre par un rocher dans l'ombre formant repoussoir. Au haut du rocher apparaît un chemin animé par des figures et des animaux.

Le dernier plan est formé par des montagnes noyées dans les vapeurs du soir.

Ce tableau, d'une composition un peu vide, est d'ailleurs bien peint. Le ciel est léger et aérien ; les animaux sont traités avec beaucoup de soin.

Même dimension que le précédent.

Portrait de Voltaire. — Il est représenté dans sa vieillesse, assis dans son fauteuil, les bras croisés, revêtu d'une robe de chambre et d'un bonnet de nuit blanc.

Esquisse très-médiocre.

Bois : Haut., 37. Larg., 30.

(Ces trois tableaux appartiennent à M. Desoer de Solières.)

Paysage. — Site emprunté aux côtes de l'Italie. Au premier plan, un groupe d'arbres, au travers duquel on aperçoit les ruines d'un monastère. Au fond du tableau s'élèvent des montagnes dont les déclivités s'étendent jusqu'à la mer et forment une baie. Au bord de la mer, au second plan, des barques de pêcheurs ; plus loin, quelques vaches ; on en retrouve également un petit troupeau et plusieurs chèvres au repos sur le premier plan. Deux femmes et un chien gardent ces animaux. Tableau peint avec l'habileté ordinaire de l'artiste, mais il est d'un effet un peu terne.

Bois : H., 62. L., 83.

(Appartient à M. l'avocat Henkart, de Liége.)

CHAPITRE XXII

Léonard Defrance.

Léonard Defrance est né à Liége, le 5 novembre 1735. Son père se nommait Charles Defrance, et sa mère, Marie-Agnès Clermont. Ils eurent onze enfants, dont Léonard était le second.

Ses parents, discernant quelques dispositions aux arts chez le jeune Léonard, voulurent en faire un orfèvre, et, lorsqu'il eut atteint l'âge de dix ans, on le plaça chez le peintre Coclers pour apprendre le dessin. Celui-ci, satisfait des aptitudes de son élève, engagea le père Defrance à lui laisser son fils, et, après un court temps d'épreuve, Léonard, comme cela était d'usage alors, fit avec son maître un contrat qui le liait à lui pendant une période de sept ans.

L'élève ne fit pas de progrès bien marqués pendant cet apprentissage, employé tour à tour à dessiner, à broyer des couleurs, à servir et parfois à aider son maître. Il paraît cependant que le jeune Defrance avait appris à copier passablement un tableau.

Arrivé au terme de son engagement, il voulut suivre la

voie parcourue par la plupart de ses devanciers et achever ses études en Italie. Il partit le 3 septembre 1753, en compagnie d'un autre Liégeois du nom d'Ernote, cheminant à pied, car il avait peu de ressources, mais assuré de trouver à Rome l'hospitalité et les secours que la patriotique fondation de Lambert Darchis offrait à ses nationaux. Les deux voyageurs arrivèrent dans la ville éternelle le 13 octobre.

Installé dans l'hospice liégeois, Defrance consacra le premier hiver de son séjour à faire quelques études d'après les maîtres; mais le besoin de se créer des ressources l'obligea à offrir ses services à un marchand de tableaux qui l'employa, au prix d'un salaire modique et quotidien, à copier les portraits des papes et des cardinaux, dont la vente était courante et le placement assuré.

Il quitta bientôt ce marchand, et, continuant ses études dans les musées, il eut l'occasion de connaître le peintre Benoît Pecheur, qui jouissait d'une grande réputation, et qui alors était occupé à dessiner les statues les plus célèbres. Defrance se lia d'amitié avec cet artiste, et, pendant un an, il dessina avec lui les marbres antiques; mais, s'étant brouillé aussi avec son nouvel ami, il continua seul des études dont le résultat n'était d'ailleurs pas très-favorable.

La fondation Darchis n'accorde le logement et une pension à ses titulaires que pendant cinq ans. Cette période révolue, Defrance alla s'établir à ses frais dans une maison bourgeoise. Plus tard, s'étant lié avec un de ses compatriotes, le médecin Robert de Limbourg, de Theux, il fit avec lui le voyage de Naples. Au mois de mars de l'année 1759, ils quittèrent ensemble Rome sans esprit de retour, et, après avoir visité successivement Florence et la plupart des villes du nord de l'Italie, Defrance repassa les Alpes, se rendit en France en voyageant à pied, et s'arrêta à Montpellier, n'ayant plus d'argent pour continuer sa route.

Dans cette situation embarrassante, il se mit à travailler, et l'un de ses dessins ayant été vu par un chanoine, celui-ci donna l'hospitalité et sa protection au peintre. Il le fit connaître à ses amis, et chacun d'eux voulut avoir son portrait de la main de Defrance.

L'évêque lui-même lui commanda son portrait et celui de son frère, vicaire-général du diocèse. Mais Defrance ne se trouvait pas à l'aise dans cette société, et, comme le dit l'un de ses biographes, « il fut bientôt dégoûté de ces protecteurs insipides. » Il partit pour Toulouse, où il s'arrêta et travailla quelque temps.

Après y avoir fait un certain nombre de tableaux, il partit pour Paris, et revint enfin à Liége en 1764. Toutefois il ne se fixa définitivement dans sa ville natale que l'année suivante, où il épousa sa cousine Marie-Jeanne Joassin. Cherchant des protecteurs et du travail, il se rendit auprès de l'archidiacre de Trappé, qui le présenta à la famille d'Oultremont, dont un des membres, le prince-évêque Charles-Nicolas-Alexandre d'Oultremont, régnait alors sur le pays de Liége. Defrance obtint la faveur de faire son portrait, mais il ne s'acquitta pas de sa tâche de façon à satisfaire le prélat.

Ne trouvant pas de travaux de quelque importance, Defrance se mit alors à peindre indifféremment tout ce qui se présentait : portraits, sujets de genre, paysages, nature morte, décorations, il sut assouplir sa brosse à tous ces genres variés. A cette époque encore on décorait souvent les habitations des patriciens, et même celles des bourgeois aisés du pays de Liége, de tapisseries peintes; on ornait les dessus de portes et les cheminées de toiles, représentant des pastorales, des scènes de genre, ou des bouquets de fleurs; Defrance s'adonna avec succès à ces peintures décoratives; on a conservé encore quelques toiles qui témoignent de la facilité de son pinceau et de la variété de son savoir-faire.

Il en était à peindre de la sorte pour tout le monde, à tous les prix, n'estimant pas plus son talent que ses œuvres n'étaient estimées de ses concitoyens, lorsque le chevalier de Fassin, revenant au pays natal après de longs et aventureux voyages, renoua connaissance avec son confrère Defrance. Plus âgé que lui, plus avancé dans la carrière de l'art, Fassin avait aussi des pensées plus élevées sur la mission de l'art. Il engagea Defrance à châtier son travail par de nouvelles études et à se consacrer à la peinture de chevalet. Il lui persuada d'entreprendre un voyage en Hollande, et les deux artistes visitèrent ensemble ce pays si intéressant par les galeries qui s'y trouvent. Pendant leur séjour en Hollande eut lieu la vente de la collection du bourgmestre Van der Marck, et Defrance saisit avec empressement cette occasion d'examiner de près un certain nombre de tableaux de genre; le résultat de ces nouvelles études fut de lui donner plus de confiance dans son propre talent.

De retour à Liége, il poursuivit cette voie; il recopia d'abord trois petites copies faites par Fassin d'après Teniers et Wouvermans; la facilité avec laquelle il s'acquitta de ce travail lui suggéra la pensée de faire une série de petits tableaux peints du premier coup et sans rechercher le fini de l'exécution. Il y réussit assez bien, envoya ces essais en Hollande, où les marchands les acquirent à des prix avantageux. Encouragé par l'accueil que trouvait à l'étranger le produit de son pinceau, il se rendit à Paris, où il rencontra le peintre Fragonard qu'il avait connu à Rome. Fragonard était alors le peintre à la mode, et, par son crédit, il aida le peintre liégeois à placer également ses petites toiles à Paris. Aussi Defrance retourna-t-il souvent dans cette ville et ne manquait surtout pas de s'y rendre les années impaires, c'est-à-dire celles ou s'ouvraient alors, à la fête de St-Louis, les expositions de peinture périodiques, devenues annuelles plus tard.

Malheureusement, en développant son talent, Defrance ne se préoccupa jamais de la pensée de l'épurer et de le rendre plus élevé. A l'exemple de Fragonard et de Boucher, ses contemporains, il avait, au contraire, une prédilection pour les sujets licencieux. Inspiré du souffle de son siècle dans ce que ce siècle avait de plus mauvais, sceptique, d'ailleurs petit-fils d'un abbé défroqué, Defrance ressentit pour tout ce qui portait un caractère religieux une haine qui se faisait jour par son pinceau, en attendant qu'elle se manifestât par sa plume et les actes de sa vie publique. A l'époque de ses fréquents voyages à Paris, il fit le tableau représentant la suppression des couvents sous Joseph II, composition assez médiocre, mais qui, en flattant les passions du temps, assura de la notoriété et des succès à son auteur. En 1782, elle fut gravée par Guttenberg.

Vers ce temps aussi surgit la pensée de fonder à Liége une Académie de peinture. La culture de l'art semblait, en effet, se retirer de plus en plus de la vie populaire. Déviée de son but, tombée dans le maniérisme, la peinture ne trouvait plus dans les puissantes corporations religieuses ou laïques cet appui énergique qui, pendant des siècles, l'avait associée aux mouvements de la foi comme aux manifestations de la vie publique. Moins que dans d'autres contrées peut-être, ses productions étaient devenues dans la principauté des objets de commerce et de luxe. Il semblait naturel aussi que, plus tard qu'ailleurs, l'art dût y recevoir, sous un patronage officiel, cette culture uniforme et artificielle que donne généralement au jeune artiste l'enseignement des Académies. Ce fut Fassin qui, comme nous l'avons dit dans la biographie de ce peintre, émit le premier la pensée de créer celle de Liége. Pour atteindre ce but, il fit des démarches nombreuses et sut intéresser les artistes à leur succès. Cependant ce projet semblait abandonné lorsque François-Charles de Velbruck, monté sur le trône de la principauté en 1772, animé du désir d'encourager efficacement les lettres et les arts, en fondant quelques années plus tard la Société libre d'Émulation, voulut y annexer une Académie de dessin (1). A la suite d'un concours, Léonard Defrance fut nommé premier professeur de cet

---

(1) La Société d'Émulation ayant organisé des Expositions d'objets d'art, Defrance y contribua par des envois nombreux. En 1779, il exposa *un Cabaret*, *une Retraite de Voleurs*, *une Vente de Poissons*, *l'Apprêt du Goûter*, *le Liseur de Gazettes*, *un Militaire racontant en famille ses exploits*. En 1781, il exposa six tableaux dont voici les titres : *Un Charlatan*, *un Marchand de Chansons*, *des Voleurs avec des Femmes dans une caverne, surpris par la maréchaussée*, *un Savetier qui bat sa Femme*, *une Boutique de Cordonnier*, *une Boutique de Barbier*.

établissement, qui ne devait vivre que peu d'années et être, avec beaucoup d'autres institutions, emporté par la révolution (1).

Celle-ci, en effet, préludait par des agitations nombreuses à la catastrophe qui, en changeant la surface de l'Europe, devait aussi mettre fin à la principauté de Liége. En 1782, le prince-évêque François de Hoensbroeck succéda à Velbruck; son règne fut des plus agités. Dès sa septième année éclata la révolution française, et, dans le mois d'août de la même année, commença celle de Liége. Defrance, qui, ainsi que nous venons de le voir, avait été accueilli à son retour à Liége par le prince d'Oultremont, qui avait été

(1) Voici le diplôme par lequel Defrance fut nommé directeur de l'Académie nouvellement fondée :

François-Charles des comtes de Velbruck, par la grâce de Dieu évêque-prince de Liége, prince du saint-empire romain, duc de Bouillon, marquis de Franchimont, comte de Looz et de Horn, baron de Herstal, etc., etc.

A tous ceux qui les présentes verront, salut, etc.

Le désir que Nous avons de contribuer par tout ce qui est en notre pouvoir à inspirer l'émulation aux artistes et de protéger les arts, dont la perfection est d'une utilité si intéressante pour tout ce qui y a rapport, et voulant reconnaitre et récompenser le mérite et le talent de Léonard Defrance, que nous avons cydevant nommé professeur de notre Académie de peinture, lors de son institution, à la direction de laquelle il a toujours donné tous les soins que Nous devions attendre de son intelligence et de son exactitude, Nous l'avons nommé comme Nous le nommons par ces présentes notre premier peintre et directeur de notre Académie, avec tous les droits et toutes les prérogatives qui y sont attachés. En foi de quoi Nous avons signé ces présentes que Nous avons fait contresigner par notre secrétaire et munies du grand sceau de nos armes. Donné au château de Hex, le 16 octobre 1700 soixante et dix-huit.

François-Charles
DE CHESTRET.

Nous devons la communication de ce document à l'obligeance de M. Éphiphane Martial, avocat, à Liége, qui possède le diplôme original.

placé par Velbruck à la tête de la nouvelle Académie de dessin, fut l'un des premiers à entrer en lutte contre le pouvoir des évêques. Remuant, doué d'une certaine habileté, maniant la plume comme il maniait le pinceau, dans le sens des passions de son temps, il avait, aux premiers signes précurseurs de l'orage, publié avec l'abbé Jehin différents écrits sous le titre de : *Cri du peuple liégeois*. A cette époque, il fit aussi partie d'une Société de sept à huit personnes qui, sous prétexte de patriotisme, s'était donné presque publiquement la mission de défendre tous ceux qui entraient en conflit avec les gens du prince. Cette Société publia contre l'administration épiscopale différents pamphlets dont Defrance se fit toujours l'ardent propagateur.

Il était à Paris avec son ami Henkart lorsqu'il apprit que la révolution venait d'éclater au pays de Liége et que le gouvernement du prince avait été remplacé par une municipalité issue de l'insurrection. Il se hâta de revenir à Liége, d'où l'évêque Hoensbroeck venait de s'enfuir. A la fin de l'année, la magistrature de la ville ayant été renouvelée, Defrance fut élu président de sa section et officier municipal. A partir de ce moment, il abandonna ses pinceaux, lia sa destinée à celle de la révolution et ne cessa d'être en évidence parmi le groupe d'hommes qui en précipitait le mouvement dans le sens d'une réunion de la principauté à la France. Cela s'appelait dans le langage du temps être bon patriote.

La municipalité dont il faisait partie confia à Defrance des missions nombreuses. C'est ainsi qu'il fut chargé, avec son collègue Cralle, de procéder à la démolition de la citadelle qui domine la ville de Liége ; ils se mirent à l'œuvre sans retard, mais la besogne n'était pas encore achevée lorsque, à la suite des échecs que subit l'armée française sur la Roer, les troupes impériales ramenèrent le prince-évêque à Liége. La municipalité révolutionnaire prit la fuite, et avec elle Defrance, qui n'était pas des moins compromis. Il quitta Liége en toute hâte le 5 mars 1793, et alla se réfugier à Paris, où se trouvaient déjà un certain nombre de ses compatriotes. Mais ces hommes qui avaient soufflé la discorde dans leur propre pays ne purent s'entendre entre eux dans l'exil. Defrance, ne trouvant pas le séjour de Paris assez sûr, chercha un asile à Charleville, où il demeura près d'un an. Le retour offensif de l'armée française et son entrée à Liége permirent à Defrance de revenir dans sa ville natale; il y revint, en effet, au mois de juillet 1794.

Immédiatement après son retour, il fut de nouveau nommé à des fonctions publiques, et dès lors il se consacra avec une regrettable activité à l'œuvre de la spoliation au profit de la France, à tous les actes dont le but était de priver sa patrie des monuments que les arts y avaient créés et réunis pendant une longue suite de siècles.

Le Comité de salut public délégua à Liége une commission composée de quatre membres : un architecte du nom de Wailly, un littérateur, un naturaliste et un botaniste, chargée de mettre en réquisition, c'est-à-dire de s'emparer de toutes les richesses artistiques, littéraires, scientifiques, de toutes les curiosités transportables, tableaux, statues, marbres, etc., pour les réunir au muséum de Paris, au cabinet d'histoire naturelle et au jardin des plantes.

Defrance fut désigné et devint le complaisant auxiliaire de ces délégués, qui venaient avec les assurances de la plus douce fraternité pour les habitants d'un pays où il y avait beaucoup à prendre. Le peintre liégeois, qui connaissait assez bien les œuvres d'art de son pays, mit le plus grand zèle à aider les délégués dans l'accomplissement de leur tâche. Non-seulement il servit de principal instrument aux émissaires de la France pour l'expédition des tableaux et des autres objets d'art enlevés aux églises, aux communautés religieuses, aux monuments du pays de Liége et même aux émigrés, mais il leur servit encore de guide dans la recherche de ces objets.

Il était l'un de ces patriotes qui, dans leur aversion pour tout ce qui rappelait le régime passé, dans leur animosité contre les monuments de la religion et de l'histoire, avaient conçu la pensée sinistre de s'en prendre à l'édifice le plus historique et le plus auguste de la cité de Liége. Ils avaient osé émettre la proposition de démolir la cathédrale de St-Lambert, alors encore tout ornée de peintures et des richesses de l'art national. Cette pensée flattait trop les passions les plus mauvaises de ces temps profondément troublés pour ne pas prévaloir. La cathédrale de St-Lambert fut dépouillée d'abord au profit de l'étranger ; elle fut dévastée et démolie ensuite. Defrance fut chargé officiellement de cette tâche (1). Il l'accepta, et lorsque, l'église démolie, il ne se trouva pas d'entrepreneurs pour abattre aussi la grande tour élevée par Jean de Bavière, seule encore debout au milieu des ruines, Defrance, mandataire de la commune, se fit l'entrepreneur de cette dernière démolition, et, de son aveu, retira quelque profit de cette besogne (2).

Lorsqu'il ne restait plus du monument que des décombres, l'édilité liégeoise proposa un concours pour le plan rectifiant la place gagnée par la démolition de la cathédrale, de ses cloîtres, de ses chapelles et bâtiments de service. Une douzaine de projets furent présentés. Defrance obtint un second prix et le peintre Dreppe reçut le premier. C'est son travail qui a servi de base au parallélogramme qui forme la place St-Lambert telle qu'on la voit aujourd'hui.

Ces choses, toutefois, ne s'accomplirent pas sans opposition. Defrance fut parfois l'objet de vives attaques, dont les écrits du temps ont gardé le témoignage. Une réaction se fit, et, lors des élections populaires de l'an V, Defrance ne fut

---

(1) « Je vous dirai que je suis particulièrement chargé de la démolition de la cathédrale, et que je n'ai voulu jusqu'à présent y employer aucun ouvrier, crainte que la multitude ne donne du retard. Je désirerais que vous voulussiez faire écrire à l'ordonnateur Ferés, par un représentant du peuple, sur la nécessité de procurer tout ce qui est nécessaire pour l'expédition des monuments des arts. » Lettre de Defrance à Wailly du 20 frimaire an III (10 décembre 1794.)

(2) « La tour fut adjugée, mais les entrepreneurs ne voulurent commencer les travaux de démolition qu'après avoir engagé mes amis, qui avançaient les fonds, et moi-même à prendre part à l'entreprise. Et, cette fois, je devins démolisseur avec quelque intérêt. » V. Léonard Defrance, au *Troubadour liégeois*.

plus réélu, ni représentant, ni fonctionnaire. Il rentra dans la vie privée et reprit ses pinceaux. Lors de la création des écoles centrales, il sollicita et obtint la place de professeur de dessin. Au nombre des élèves qui fréquentaient son cours se trouvait alors le jeune Ruxthiel, qui devait plus tard se faire un nom dans l'art du statuaire. Defrance cependant ne put exercer longtemps les fonctions de l'enseignement. L'âge était survenu et les souffrances qui d'ordinaire l'accompagnent. Le peintre prit sa retraite, et, après avoir souffert plusieurs années d'un asthme, il mourut le 5 ventose de l'an XIII (24 février 1805). A la demande de sa famille, le corps de Defrance fut enterré à Huy, dans le jardin de son ami Henkart.

Defrance, indépendamment de ses écrits anonymes et des pamphlets relatifs aux questions politiques de son temps, a laissé quelques travaux littéraires. En 1779, la Société d'Émulation avait mis au concours la question suivante :

« Pourquoi le pays de Liége, qui a produit un si grand
» nombre de savants et d'artistes célèbres, n'a-t-il vu naître
» que rarement dans son sein des hommes également
» distingués dans la littérature française, et quel serait le
» moyen d'exciter et de perfectionner le goût dans une
» langue qui doit être celle du pays, et que toutes les nations
» de l'Europe ont adoptées pour se communiquer leurs
» découvertes dans les arts et les sciences, ainsi que leurs
» progrès dans la morale et la politique ? »

Defrance répondit à cette question par un mémoire étendu qui ne fut, à la vérité, ni imprimé, ni couronné. — Le prix fut donné au travail de Legay, écrivain français. Cependant le mémoire de Defrance, par les critiques vives qu'il contenait sur les œuvres de Delcour et de Carlier, par des attaques dirigées contre ses contemporains, causa une certaine sensation. Il fut beaucoup répandu en manuscrit et fut lu même à la cour du prince Velbruck.(1).

---

(1) V. *Mélanges pour servir à l'histoire civile, politique et littéraire du pays de Liége*, par M. DE VILLENFAGNE, p. 58 et suiv.

L'Académie royale des sciences de Paris, ayant proposé pour le concours de 1787 une question dans les termes suivants : « La recherche des moyens par lesquels on » pourrait garantir les broyeurs de couleurs des maladies » qui les attaquent fréquemment et qui sont la suite de » leur travail, » Defrance prit également part à ce concours ; le prix ne fut pas décerné, bien que le mémoire envoyé par le peintre liégeois ait été distingué par l'Académie ; la même question ayant été remise au concours en 1789, Defrance fut plus heureux, cette fois : le prix fut partagé entre lui et N. Pasquier, de l'Académie de peinture de Paris.

Defrance a écrit d'autres mémoires sous les titres suivants : *Réflexions sur le dessin. Sur la nécessité d'établir une Académie à Liége.*

L'un de ses pamphlets les plus vifs est une sorte d'autobiographie écrite pour se défendre des attaques dirigées contre lui par une feuille liégeoise paraissant sous le titre de *Troubadour liégeois*. La réponse est intitulée : *Léonard Defrance, peintre, au Troubadour liégeois*. Dans cette brochure de quelques pages, l'auteur cherche à se disculper d'avoir été l'un des promoteurs de la démolition de la cathédrale St-Lambert, et d'avoir donné un concours trop empressé à la spoliation des monuments liégeois. Mais son plaidoyer confirme, plus qu'il ne détruit, les accusations formulées contre lui, et qui d'ailleurs sont justifiées par le témoignage des lettres de Defrance adressées aux délégués de la république française, notamment à l'architecte Wailly.

Tel fut Defrance dont la vie mérite d'être mise dans son jour véritable, parce qu'ici l'homme apparaît comme une incarnation de l'idée révolutionnaire dans le domaine de l'art, comme une réaction contre les travaux de cette longue lignée d'artistes dont nous avons cherché à faire l'histoire. Doué de talents acquis par un travail persévérant, possédant des aptitudes variées et une énergie véritable, Defrance, qui se qualifiait de patriote, a, en réalité, usé toute son activité à dépouiller sa patrie et à la livrer à l'étranger. Artiste, il n'a pas su mettre son pinceau au service d'une idée élevée, d'un sentiment moral ; malheureusement la plupart de ses toiles portent l'empreinte du cynisme le plus bas. Écrivain, sa plume a traité quelques sujets utiles, mais le plus souvent elle n'a été que l'instrument de la révolte, et elle a aplani les voies à l'invasion. Magistrat, il fut le complaisant des spoliateurs de son pays ; il s'est employé avec ardeur à détruire et à disperser les monuments les plus glorieux élevés par les artistes, ses prédécesseurs, sur le sol sacré de la patrie. Les passions excessives, déchaînées dans toute leur violence aux temps malheureux où vivait Defrance, des défaillances et des torts trop réels chez quelques-uns des hommes qu'il combattait, ont pu le faire exalter par plusieurs de ses contemporains ; ils pourront l'excuser encore aux yeux des révolutionnaires de tous les temps, mais ils ne sauraient suffire à le justifier aux yeux de l'ami de l'art, ni au jugement de l'historien.

INDICATIONS ET RECHERCHES SUR LES TRAVAUX DE LÉONARD DEFRANCE.

Le Charlatan. — Un charlatan, revêtu d'une polonaise verte, d'un gilet rouge et de culottes, pérore sur une estrade. A côté de lui, une femme, habillée d'un costume masculin, est assise sur une chaise et semble prêter l'oreille aux propos d'un grand gaillard vêtu en *pantalone*, étendu avec nonchalance sur les tréteaux. Au bas de l'estrade, une foule bigarée, composée de toutes les classes de la société, assiste au boniment du saltimbanque. Signé : *L. Defrance, de Liége*.

Bois : Haut., 55. Larg., 73.

Le Marché aux Poissons. — Pendant du précédent.

Du haut de son échoppe, un marchand vend du poisson à la criée ; autour de lui, un groupe fort animé, parmi lequel on remarque des moines, des religieuses et des militaires, examine ou achète la marée. Dans plusieurs épisodes de cette composition, l'artiste s'est abandonné à sa verve grivoise et au mauvais esprit qui l'animait contre tout ce qui porte le costume religieux.

Signé : *L. Defrance, de Liége*.

Bois : Haut., 51. Larg., 79.

Ces deux panneaux sont peints avec une certaine verve. La

touche est légère, la couleur est grise et un peu plus froide que dans la plupart des peintures de Defrance. Ils semblent avoir été peints sous l'influence du ciel de la Hollande, et l'artiste y paraît s'être inspiré des maîtres de ce pays. Dans leur ensemble, ces deux compositions peuvent être rangées parmi les plus importantes de l'œuvre de Defrance.

Ces tableaux proviennent de la collection de M. Desoer; ils ont appartenu à M. Dubois, et sont aujourd'hui en possession de M. Aug. Visschers, à Bruxelles.

Scène de genre. — Deux personnages sont attablés dans un intérieur voûté; un troisième apporte une cruche. Dans le fond, contre le mur, un homme vu du dos; près de la cheminée, au second plan, un fumeur allume sa pipe.

Bois : Haut., 34. Larg., 43.
(Appartient à M. H. Duval, à Liége.)

Malgré son insignifiance comme composition, ce petit tableau, qui rappelle Teniers par certains côtés, est l'un des plus réussis qui soient sortis du pinceau de l'artiste. La couleur est transparente et vraie, la touche facile et nette, la distribution de la lumière excellente.

Intérieur d'une usine. — Des puddleurs sont occupés à fondre une grille en fer dont le tracé se dessine sur le sol par le métal rougi et en fusion. A droite du spectateur, un hussard assis et une femme avec son enfant regardent le travail des ouvriers.

Peinture assez achevée et dont l'effet est d'une grande vérité.
Bois : Haut., 32. Larg., 52
(Appartient à M. Ch. Keppenne, notaire, à Liége.)

Portrait du chancelier de Sluse. — Le chancelier est représenté décoré de sa croix de tréfoncier.

Buste de grandeur naturelle. La tête, vue trois quarts, est d'un bon modelé. L'artiste a bien saisi le caractère propre de son modèle.

Portrait de Henkart. — Ce jurisconsulte est représenté devant sa table de travail, écrivant dans sa bibliothèque.

Ce portrait, de très-petite dimension, est bien touché.
Bois : Haut., 30. Larg., 25.
Il est signé : *L. Defrance, de Liége.*

Ces deux portraits appartiennent à M. le docteur Vedrine, à Liége.

Intérieur d'un charbonnage. — Un groupe d'hommes et

de femmes travaillent vigoureusement à faire remonter la houille de la bure; au premier plan, deux ouvriers houilleurs sont occupés autour d'un cuffat. Peinture lestement enlevée, touche facile, couleur assez transparente.

Signé: L. Defrance, de Liége.

Bois: Haut., 36. Larg., 50.

(Appartient à M. Martial-de Bleret, à Liége.)

Une jeune fille aux formes lourdes, revêtue d'un costume antique, dessine sa propre silhouette, projetée sur le mur par la lueur d'une lampe que tient un jeune homme qui se trouve derrière elle.

Un sculpteur, dans un costume de fantaisie, donne un baiser à la statue qu'il vient de terminer.   Signé: *L. Defrance.*

Ces deux compositions, destinées à rappeler l'histoire de Galathée et celle de l'Invention de la peinture, font pendant. Elles sont médiocres.

Bois: Haut., 28. Larg., 23.   (Même propriétaire.)

Portraits. — Portrait d'homme en buste. La tête, de grandeur naturelle, est vue de trois quarts et éclairée de côté; elle est poudrée. Il porte un habit brun avec des boutons métalliques et un gilet blanc. Dans le fond, on voit un chevalet. Nous croyons y reconnaître le portrait du chevalier Fassin.

La peinture, peu achevée, est transparente et d'un pinceau facile. Avec le manche du pinceau, l'artiste a écrit dans la couleur encore humide du fond ces mots: *Pour le chevalier Henkart, fait et donné par L. Defrance, son ami. 1789.*

Bois: Haut., 70. Larg., 56.

Portrait du peintre. — Il paraît âgé de 55 à 60 ans. Il est représenté en manches de chemise, appuyé sur une chaise, un livre à la main, la tête complètement dans l'ombre. Un peu de jour tombe seulement sur le sommet de sa tête. L'expression est celle d'un homme vulgaire, mais intelligent.

Peinture inachevée.

Toile: Haut., 59. Larg., 49.

Portrait de Robert, beau-frère de Defrance, l'un des douze commissaires de la noble cité de Liége. Peinture médiocre, assez finie; sans doute de la jeunesse du peintre.

Toile: Haut., 75. Larg., 64.

Inconnu. — Tête joufflue éclairée de côté. Pinceau habile et bonne coloration.

Toile: Haut., 59. Larg., 49.

(Ces portraits appartiennent au même propriétaire que les peintures indiquées ci-dessus.)

CONCLUSION

Le triomphe de la révolution qui détruisit la constitution politique du pays de Liége, en mettant fin à son autonomie, marque le terme de cette étude.

La réunion de la petite principauté de Liége à la France, d'où était parti le souffle révolutionnaire et où dominait déjà l'esprit de centralisation, devait achever de rompre dans les arts les traditions de race et d'école qui pouvaient subsister encore. Ces traditions, très-vivaces jusqu'au seizième siècle, étaient à la vérité bien affaiblies déjà par les principes de la renaissance et par l'éducation des artistes, qui, nous l'avons vu, allait invariablement s'achever en Italie.

Cependant, aussi longtemps qu'il existait de nombreux monuments de l'architecture, de la sculpture et de la peinture, empreints du vieux génie national, le sentiment inné chez l'homme qui le porte à se manifester par les créations de l'art devait demander à ces monuments le secret de la langue magique qu'il aspire à parler. Une école locale pouvait renaître et les traditions se renouer.

Mais ces monuments aussi ont presque tous disparu par la spoliation organisée de l'étranger, secondée par quelques indigènes animés de la haine du régime tombé. Pour établir les premières assises de l'ordre de choses nouveau, il n'était que logique de faire table rase de tout ce qui pouvait témoigner de la grandeur du passé. Cette sorte de logique fit son œuvre avec une rigueur impitoyable, sacrifiant tout aux intérêts qu'elle avait mission de servir, et continuant, longtemps après le rétablissement de l'ordre matériel, à faire disparaître les derniers vestiges de l'art national. Si, jetant un regard en arrière sur la liste longue et d'ailleurs incomplète des œuvres d'art que nous avons fait connaître, nous nous demandons ce qui est resté en place, force est de constater une fois de plus que presque tout a disparu.

Il n'entre pas dans le cadre de ce mémoire de faire l'inventaire des pertes subies, et nous pouvons considérer notre tâche comme terminée. Peut-être, au moment de fermer le livre, le lecteur qui a bien voulu nous suivre jusqu'ici se demandera quels sont les caractères propres de la peinture sur les bords de la Meuse, et ce qui marque dans l'histoire de l'art la physionomie du groupe d'artistes dont nous avons cherché à retracer l'histoire. Il nous demandera peut-être si ces peintres forment bien une école à part, et quelle place il convient de leur assigner dans le développement général des arts en Europe.

Nous allons chercher à répondre sommairement à ces questions. Avant de le faire, toutefois, il nous sera permis de regarder comme un point établi par un grand nombre de faits irrécusables que la fécondité et l'expansion dans les arts, le travail créateur des artistes, et le besoin du peuple de cette production, ont été plus importants dans l'ancien pays de Liége qu'on n'est généralement disposé à l'admettre.

On ne saurait donc contester le génie des arts aux races d'origines variées qui, depuis une antiquité assez haute, se sont établies et confondues sur les bords de la Meuse. Ce génie s'est affirmé par des édifices remarquables et par les œuvres des arts qui, pendant plusieurs siècles, ont grandi sous la discipline de l'architecture, c'est-à-dire de la sculpture et de la peinture avec leurs nombreuses applications. A cette époque, après que les artistes se fussent affranchis de l'influence byzantine et des importations anglo-saxonnes, leurs travaux prirent un style particulier et un caractère à part, répondant à celui des populations dont ces monuments peuvent être regardés comme l'expression la plus fidèle.

La beauté véritable, l'inspiration dans la pensée et le bonheur dans l'exécution se sont ici, comme ailleurs, élevés en raison de la foi qui animait le peuple. Lorsque celui-ci a vécu au-dessus des régions du matérialisme, ses artistes ont cherché l'idéal. Pénétrés des aspirations de l'âme chrétienne, ils ont su trouver la flamme de l'inspiration, et cette persévérance laborieuse, presque passionnée, qui est l'élément le plus fécond du talent. Alors on a vu s'élever les monuments dont nous avons rappelé l'existence, et du sein des populations ont surgi les Van Eyck à la suite de précurseurs restés inconnus, et suivis eux-mêmes d'une pléïade d'artistes qui aboutissent aux Patinier et aux Blès. Lorsque ces mêmes populations tombent dans l'indifférence ou dans un scepticisme hypocrite, qui de la foi vivifiante des ancêtres n'a conservé que les formes extérieures, l'art, de son côté, tombe dans le matérialisme et l'afféterie : il cesse d'être national, et n'est plus pénétré de cette sève vigoureuse qui fait les écoles en formant les artistes originaux.

Si, après ces considérations générales, on se place au point de vue en quelque sorte technique du développement des arts dans ces contrées, cherchant à suivre sa marche et à en noter les étapes, il est hors de doute que, malgré les artistes nombreux dont nous avons fait connaître les travaux, ce développement a subi des obstacles ; il a été contrarié et n'a pas été aussi grand que le génie national permettait de l'espérer. Nous avons fait connaître les causes qui ont empêché les progrès et le développement dans le sens idiopathique, national : les mêmes causes ne permettent pas de caractériser avec toute la netteté désirable les qualités et les défauts propres au groupe d'artistes dont nous avons étudié les œuvres.

Malgré la persévérance et la sincérité de nos investigations, le résultat de nos recherches ne nous autorise pas à reconnaître à l'ensemble de ce groupe le caractère d'une école nationale bien distincte avant le seizième siècle, et nous croyons qu'à la fin du dix-septième, cette école n'existe plus.

Le mot d'école, en effet, suppose autre chose qu'une série d'artistes de talent : il suppose des principes et des traditions particulières que les maîtres transmettent aux disciples, qui trouvent leur expansion dans un cercle nettement circonscrit, formant, dans le domaine spécial des beaux-arts, l'expression propre du caractère d'un peuple. Nous ne doutons pas, à la vérité, qu'avant le seizième siècle il n'ait existé au pays de Liége différents centres locaux avec des écoles douées d'une véritable originalité.

L'abbaye de Stavelot, d'autres maisons religieuses, eurent des écoles de peintres miniaturistes; celle de St-Laurent, près de Liége, eut une série de peintres exécutant des miniatures et des peintures murales. Les frères Van Eyck ont incontestablement fondé une école; mais cette école, dont le siège n'était pas au pays de Liége, n'y a pas exercé une influence appréciable au point de vue historique. Lambert Lombard fonda une école à Liége; ses préceptes et ses travaux fécondèrent plusieurs générations d'artistes qui conservèrent jusqu'à la fin du dix-septième siècle des qualités qui les distinguent de leurs voisins de l'ouest et de ceux du nord. Malheureusement le génie du peintre liégeois s'était incliné au soleil levant des maîtres de la renaissance italienne. Enfant de son siècle plus que de sa patrie, il a contribué largement à dévoyer l'école qu'il fondait en la conduisant sur les routes battues du classicisme remis à la mode.

Cependant, tout en s'abandonnant au courant du temps, ses disciples ont conservé des qualités qui leur sont propres, et, à leur insu même, ils reflètent plus ou moins heureusement l'originalité du caractère du peuple au milieu duquel ils ont vécu.

Le caractère des habitants des bords de la Meuse ne les porte pas aux hautes visions de l'idéal : leurs artistes, nous l'avons dit, n'y ont atteint que soulevés par les élans de la foi. Nous avons retrouvé cette expansion du sentiment religieux dans la beauté harmonieuse des basiliques du moyen-âge, dans quelques têtes de Hubert Van Eyck, dans les miniatures des fils de St-Benoît, dans les chefs-d'œuvre si remarquables de l'orfévrerie destinée au culte, et dans les débris de la statuaire, trop peu connue encore, des époques qui ont ignoré l'influence de la renaissance. Mais même dans ces œuvres trop rares, et qui nous apparaissent comme entourées d'une auréole de sainteté, on ne retrouve, quant à la peinture, ni l'ascétisme des écoles d'Ombrie ou de Sienne, ni la candeur et la grâce touchante des vierges que le pinceau des artistes rhénans semble avoir fait éclore comme la nature crée les fleurs. Ce qui nous semble caractériser les peintres des bords de la Meuse, c'est le bon sens et la simplicité dans la composition; c'est la dignité, qui ne leur permet que rarement de tomber dans la trivialité des formes; dans le mauvais goût des peintres de genre des écoles voisines, et la bassesse dans la pensée. Ils ont l'esprit d'observation et ce sentiment du modelé plastique qui devait les porter et les porta, en effet, à une imitation judicieuse de la nature, à une certaine intelligence de la beauté des formes. Nous avons constaté que les frères Van Eyck peuvent, à juste titre, passer dans nos régions pour les premiers peintres qui aient entrepris avec succès une sorte de lutte avec la nature, rendant ses aspects extérieurs avec amour et avec une réalité qui n'a pas souvent été surpassée. Nous pourrions ajouter que, sans les prendre pour guide, sans procéder d'eux, leurs compatriotes, en suivant une pente naturelle, ont cherché une voie analogue.

Il semble que ces frères célèbres, vainqueurs de toutes les difficultés matérielles de l'art, aient entonné un chant de triomphe qui trouve dans les contrées qui les ont vu naître comme un écho inconscient et d'autant plus affaibli que s'affaiblissait dans leurs compatriotes les lumières du chrétien et la fierté indépendante de l'artiste.

Mais, après l'école de Lombard et le règne du paganisme renaissant, les peintres du pays de Liége continuent à se distinguer des écoles voisines par une certaine sobriété dans le dessin, le goût de la correction des lignes et des expressions contenues. — Ils se distinguent encore, souvent du moins, par la force plutôt que par le charme dans la couleur, dont les tons rembrunis semblent emprunter quelque chose à la palette des peintres espagnols. Ils s'interdisent trop souvent la magie du clair-obscur et les prestige des reflets aériens; parfois il semble que la fumée des usines et des charbonnages du pays, qui ternit et plombe la carnation des habitants, ait aussi couvert d'un glacis terreux les toiles des peintres.

Malgré leur prédilection pour l'Italie, ces artistes se font reconnaître par la reproduction des types wallons; d'ailleurs, ils sont tempérés dans les expressions, même froids plutôt qu'exhubérants ou exagérés. N'atteignant ni au génie brillant des flamands ni aux délicatesses du pinceau et à la magie des maîtres hollandais, ni enfin au sentiment profond des allemands, ils ont une sorte d'originalité négative, et c'est avec les peintres de l'école française que l'on peut constater les ressemblances les plus nombreuses. — Il en est sous ce rapport des formes de l'art comme de l'idiome dans une grande partie du pays; des parentés de race et des affinités de nature se révèlent là où les points de contact sont rares et où l'éducation est loin de suivre les mêmes voies.

On peut ajouter encore à l'honneur des peintres du pays de Liége que, plus peut-être que partout ailleurs, et assurément plus longtemps que dans d'autres contrées, leurs travaux se sont liés intimement à l'architecture. Depuis la construction de la cathédrale bâtie par Notger et les grandes abbatiales à l'époque où la principauté avait une certaine puissance politique, jusqu'aux tapisseries décoratives des maisons patriciennes et même bourgeoises du dix-huitième siècle, le peintre achève l'œuvre de l'architecte, et le cadre tracé par celui-ci devient le champ où s'exercera de préférence le pinceau de celui-là. Dans ce sens, la peinture reste murale, ou, si l'on aime mieux, monumentale. C'est presque toujours pour ses compatriotes que son talent s'exerce, et ce n'est que par exception que, comme cela se voit dans d'autres écoles plus renommées, les produits du pinceau deviennent de lucratifs articles d'exportation.

Dans le paysage, les peintres des bords de la Meuse ont droit à l'honneur incontestable d'avoir ouvert à l'art des horizons nouveaux et de lui avoir donné deux maîtres qui, dans leur originalité, n'ont pas été égalés; il est vrai qu'après les paysages fantastiques, profonds et pourtant vrais dans la richesse de leurs poétiques épisodes, après les sites que Patinier et Blès empruntèrent aux rives du fleuve alors couvertes d'une végétation vigoureuse et hérissées de rochers que l'on n'avait pas encore songé à convertir en carrières et à transformer en chaux, leurs successeurs, les paysagistes de l'école italienne, ont désappris l'art de voir les charmes dont une nature aimable et riante a été prodigue pour leur pays. Ils se traînent dans l'ornière des imitateurs, se condamnant à ne peindre que les souvenirs de leurs années d'apprentissage.

Il a fallu des révolutions dans l'ordre social et des transformations dans les règles du goût pour que l'on reconnaisse de nouveau que les sites des bords de la Meuse sont du domaine de l'art; de même, il faudra peut-être des générations nouvelles pour rendre à un peuple, qui n'est pas sans titres d'antique noblesse, assez de foi et assez d'indépendance véritable pour inspirer des artistes dignes de ressaisir avec fermeté les traditions des ancêtres, et, sans chercher d'autres modèles au loin, dignes d'honorer leur pays en s'honorant eux-mêmes.

FIN.

TABLE DES MATIÈRES

	Pages
Avant-Propos	I
Introduction	1
Chapitre I. — Les beaux-arts au pays de Liége depuis l'avénement du christianisme jusqu'à la fin du XIIe siècle.	16
Chapitre II. — La peinture au pays de Liége depuis le commencement du XIIIe siècle jusqu'aux frères Van Eyck.	35
Chapitre III. — Les Van Eyck	53
Chapitre IV. — Les peintres Bénédictins de l'abbaye de Saint-Laurent	63
Chapitre V. — La peinture au pays de Liége du temps des frères Van Eyck et jusqu'à la fin du XVe siècle.	81
Chapitre VI. — Le XVIe siècle	91
Chapitre VII. — Joachim Patinier	99
Chapitre VIII. — Henri Blès	107
Chapitre IX. — Lambert Lombard	121
Chapitre X. — Les élèves de Lambert Lombard	141
Chapitre XI. — Le XVIIe siècle	157
Chapitre XII. — Gérard Douffet	165
Chapitre XIII. — Bertholet Flémalle	181
Chapitre XIV. — La famille des Lairesse	193

	Pages
Chapitre XV. — Walthère Damri	221
Chapitre XVI. — Jean-Guillaume Carlier	233
Chapitre XVII. — Les peintres secondaires du XVIIe siècle.	241
Chapitre XVIII. — Le XVIIIe siècle	259
Chapitre XIX. — Edmond Plumier	267
Chapitre XX. — Les peintres secondaires du XVIIIe siècle.	273
Chapitre XXI. — Nicolas-Henri-Joseph de Fassin	297
Chapitre XXII. — Léonard Defrance	305
CONCLUSION	321

LISTE ALPHABÉTIQUE

DES

ARTISTES LIÉGEOIS

Dont le nom est mentionné dans ce volume.

A

	Pages
Abry, Louis, peintre-graveur	256
Adelard II, peintre et architecte	24
Antoine, peintre	87
Aubée, Martin, peintre	292

B

Beeck, Jean (frère), peintre	77
Blès, Henri, peintre	107
Bouchard (chanoine), architecte	38

C

Campo, Lambert, peintre	174
Carlier, Jean-Guillaume, peintre	233
Carlier, Vincent-Léonard, peintre	239

	Pages
Claire, Godefroid de, orfèvre	33
Coclers, Jean-Baptiste, peintre	273
Coclers, Jean-Georges-Christian, peintre	276
Counet, Jean-Louis, peintre	289

D

Damri, Jacques, peintre	232
Damri, Simon, peintre	221
Damri, Walthère, peintre	232
Defrance, Léonard, peintre	305
Delcloche, Pierre, peintre	283
Delcloche, Perpète, peintre	283
Delcour, Jean, sculpteur	253
Delcour, Jean-Gilles, peintre	253
Delmont, Dieudonné, peintre	232
Deloy, Jean, peintre	289
Deprez, Henri, peintre	281
Douffet, Gérard, peintre	165
Douffet, Gérard, architecte	169
Dreppe, Joseph, peintre	295
Dubois, François, peintre	277
Dufour, Pierre, peintre	141
Dumoulin, Lambert, peintre	285

E

Ernesto (frère), peintre	25
Eyck (Van), Hubert, peintre	53
Eyck (Van), Jean, peintre	57
Eyck (Van), Marguerite, peintre	54

F

Fassin, Henri-Joseph de, peintre	297
Fisen, Englebert, peintre	241
Flémalle, Bertholet, peintre	181
Flémalle, Renier, peintre	95
Fulcon (frère), peintre	32

G

	Pages
Goderanus (frère), peintre	25
Goswin, Gérard, peintre	249
Guillaume (chanoine), architecte	38

H

Hallet, Gilles, peintre	251
Hans, sculpteur	264
Hardy, Gilles, peintre	141
Heimo, sculpteur	31
Heinrick, van Dermonde, peintre	97
Hennequin de Liége, sculpteur	82
Henri de Louvain, architecte	37
Herbert (frère), peintre	32
Herlinde, peintre et brodeuse	17
Hezelon (frère), architecte	32
Horion, Alexandre, peintre	247
Houbard, Michel, peintre	167
Hubalde, architecte	24

J

Jean, peintre	21
Jean de Stavelot (frère), peintre	66

L

La Fabrique, Nicolas, peintre	277
Lambert, Jean, peintre	141
Lampson, Dominique, peintre	147
Lairesse, Abraham, peintre	214
Lairesse, Ernest, peintre	200
Lairesse, Gérard, peintre	202
Lairesse, Jacques, peintre	201
Lairesse, Jean, peintre	201
Lairesse, Jean (fils), peintre	214
Lairesse, Renier, peintre	199
Latour, Jean, peintre et sculpteur	279

	Pages
Leloup, Antoine, peintre	292
Leloup, Joseph, peintre	292
Leloup, Remacle, peintre	292
Libermé, Jacques de, peintre	141
Lombard, Lambert, peintre	121
Lovinfosse, peintre	236

M

Moeuse, Jean de, peintre	141
Morel, Jean-Baptiste, peintre	292
Morel, Jean-Pierre, peintre	292
Morel, Jean-Remi, peintre	292

N

Nivar, Jean, peintre	95

O

Ornis, Léonard, peintre	141

P

Panhay de Rendeux, peintre et sculpteur	281
Pascal de Bierset (frère), peintre	79
Patinier, Joachim, peintre	99
Patras, Lambert, fondeur	32
Pietkin, Pierre, peintre	248
Pirotte, Olivier, peintre	290
Plumier, Edmond, peintre	266

Q

Quentin, Nicolas, peintre	141

R

Racle, François-Bernard, peintre	284
Racle, Jean-François, peintre	285

	Pages
Ramey, Jean, peintre	141
Relinde, peintre et brodeuse	17
Rendeux (abbé), Englebert, peintre	283
Rickel, de, architecte	92
Riga, Jean, peintre	288
Riga, N. J., peintre	287
Rombout van Mecheln, peintre	97

S

Smytzen, Arnold, peintre	290
Suavius, Lambert, graveur	121

T

Tauler, Jean, peintre	166
Trippez, Henri, peintre	182

V

Vermer, Peter, peintre	97

W

Walchartz, François, orfèvre	246
Walchartz, Jean, peintre	246
Wazelin (abbé), peintre	64
Woot de Trixhe, Tilmant, peintre	168
Woot, Walthère, peintre	182

Y

Ymas, Peter, peintre	97

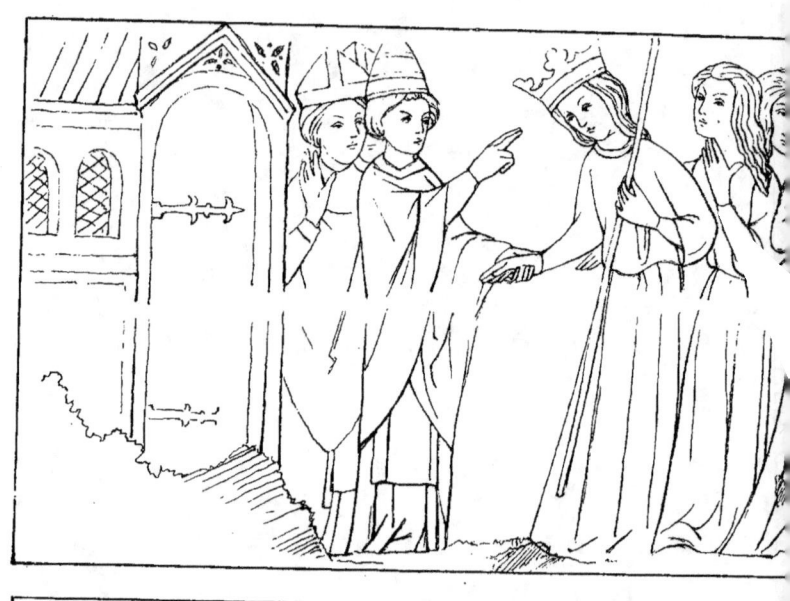
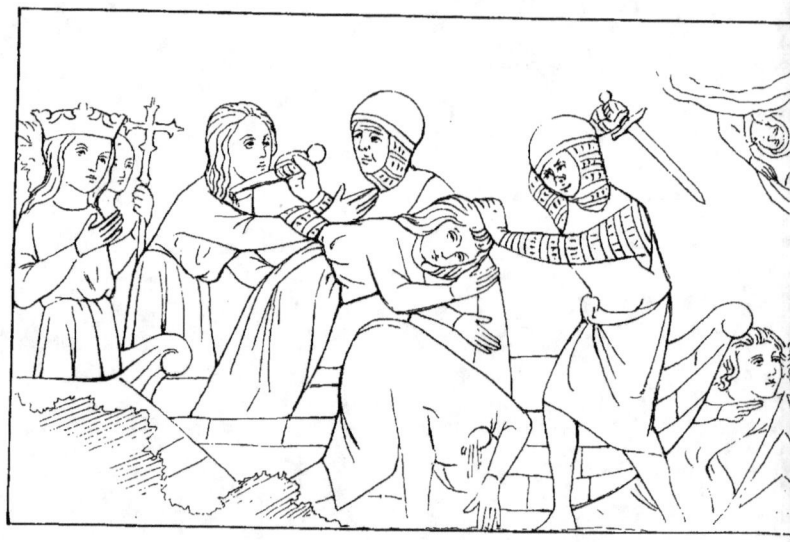

PEINTURES DE LA CHASSE

PL. I

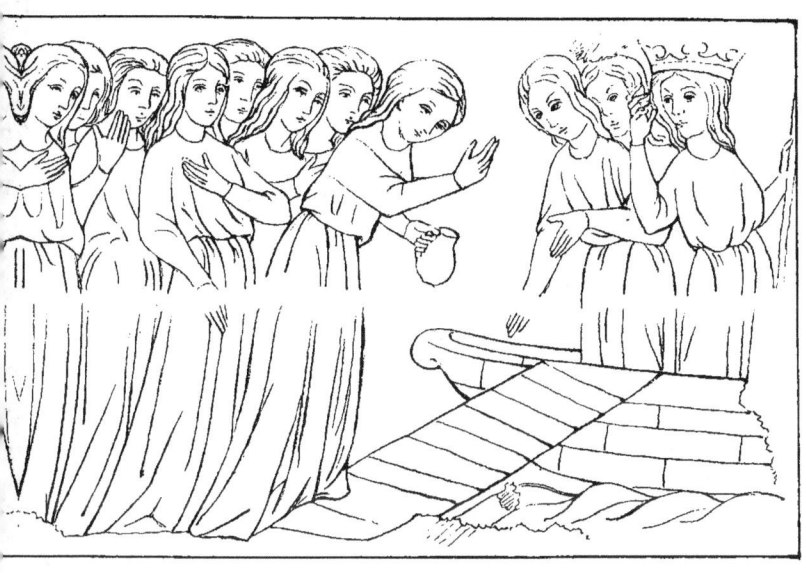

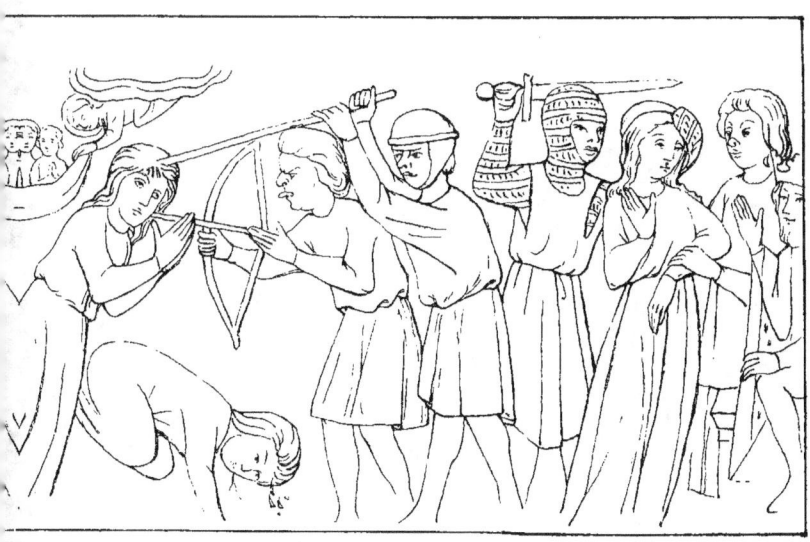

SAINTE ODILE. (MCCXCII.)

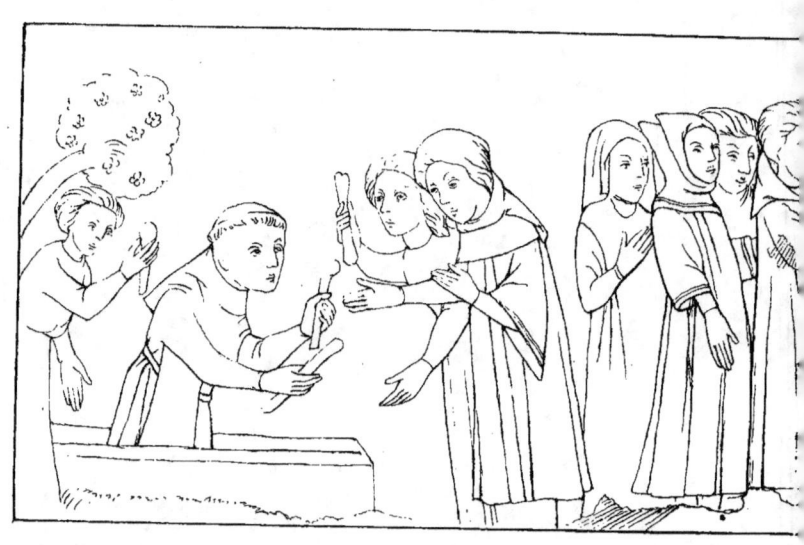

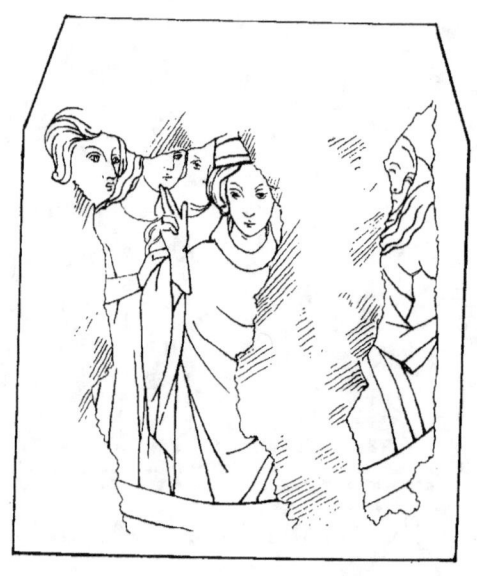

PEINTURES DE LA CHASSE

PL. II

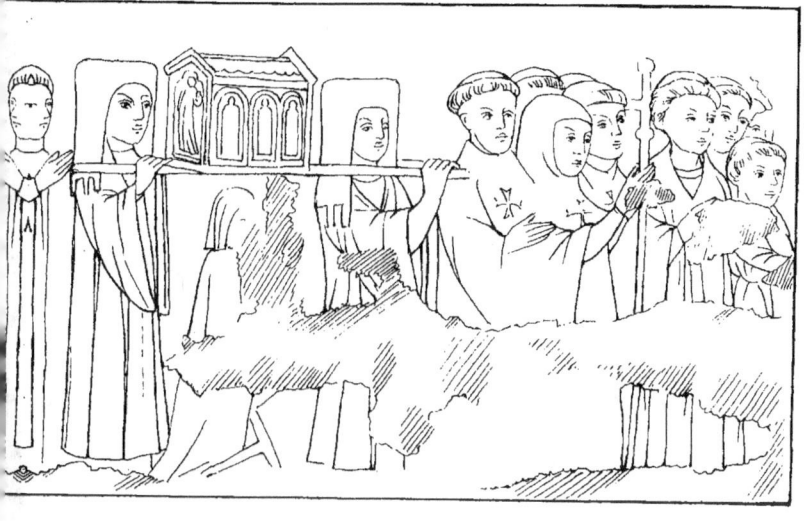

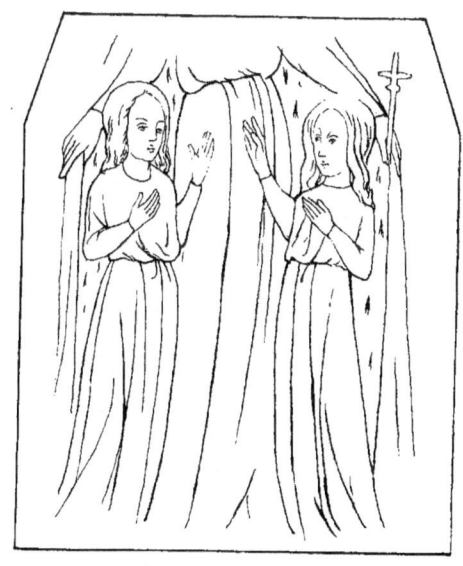

DE SAINTE ODILE. MCCXCIII

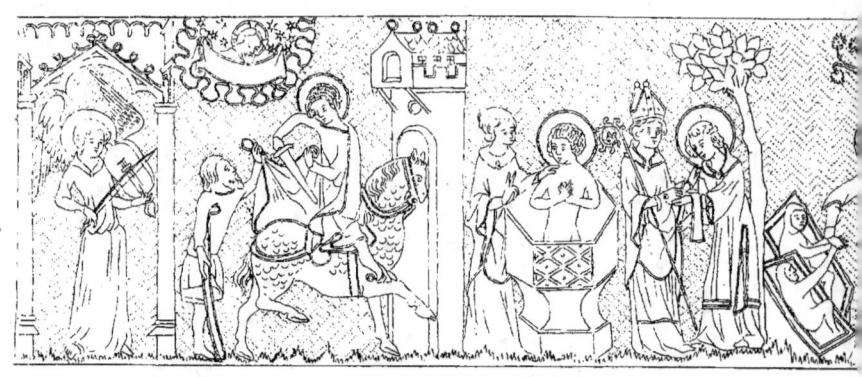

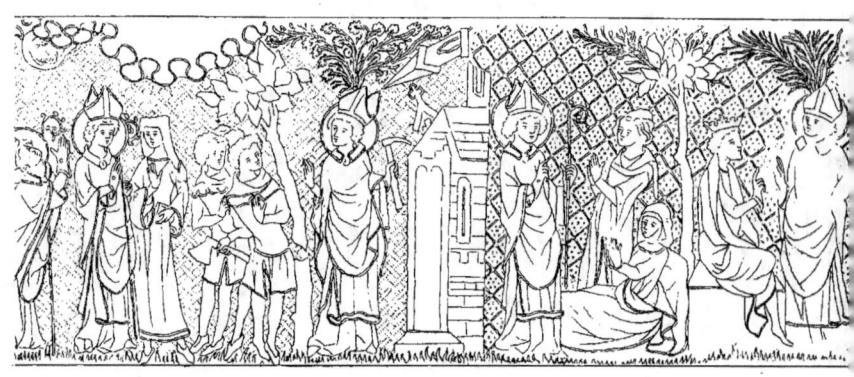

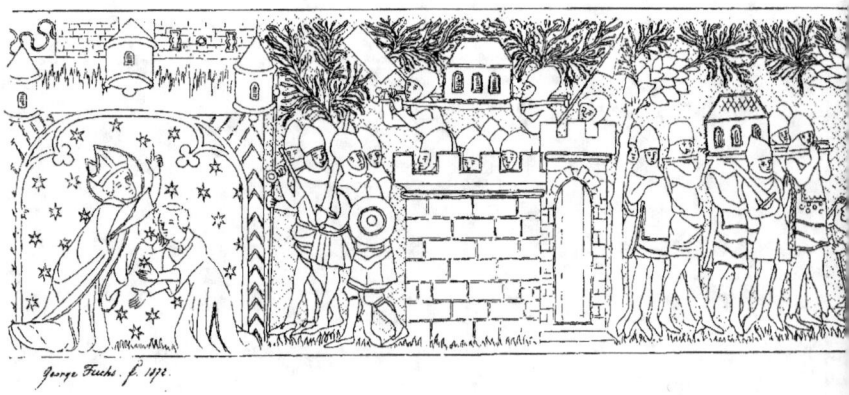

George Fuchs f. 1872.

ANTEPENDIVM DE L'EG

PL. III

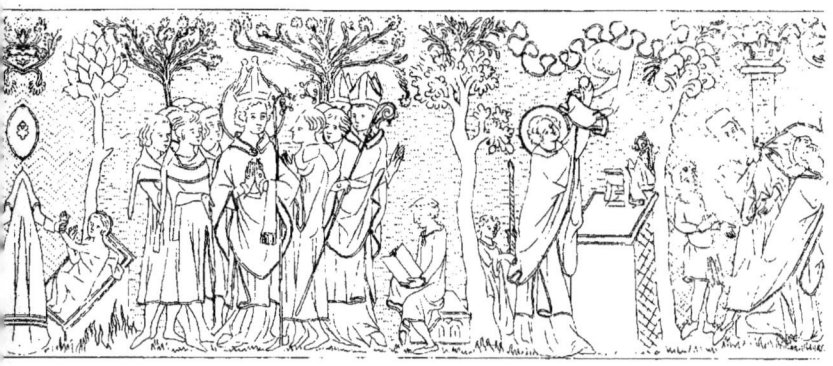

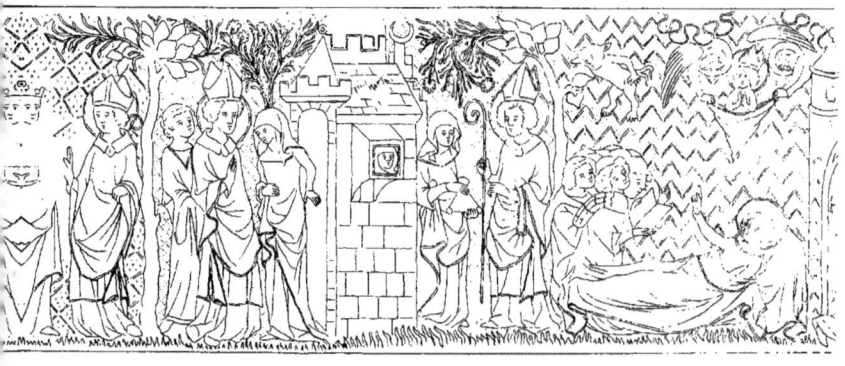

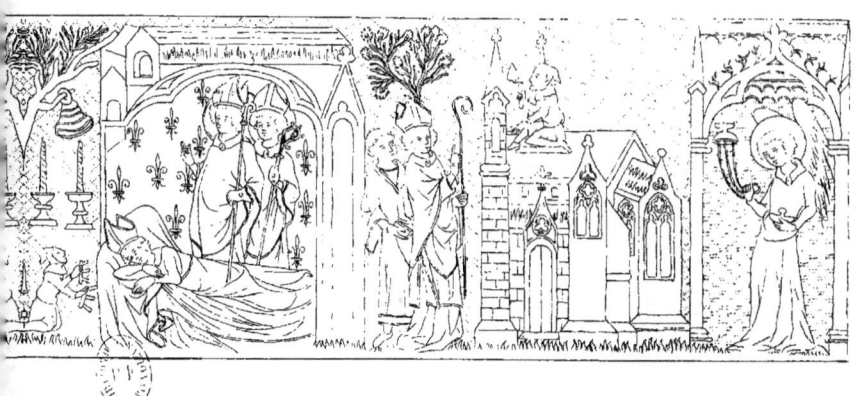

DE ST. MARTIN DE LIEGE.

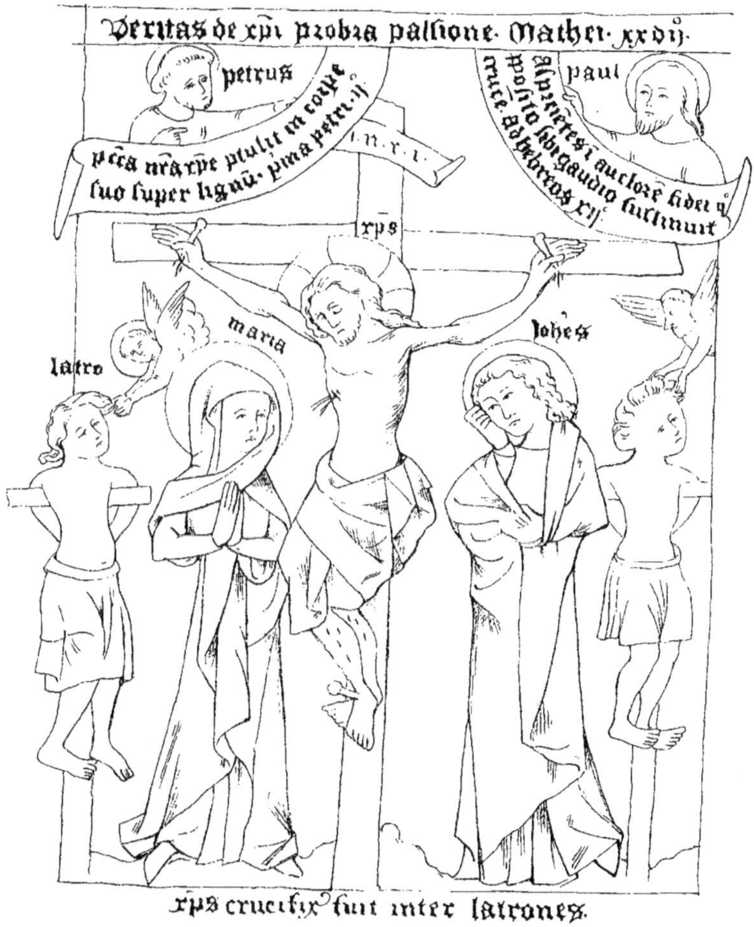

PL. IV

JEAN DE STAVELOT.

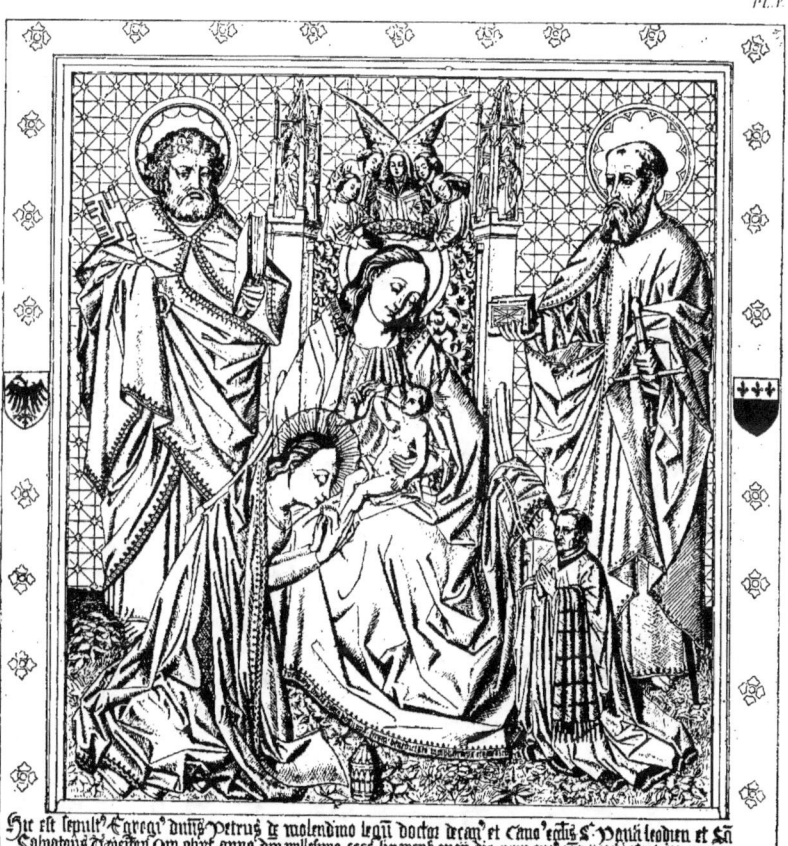

Hic est sepult' Egregi' dn̄ūs Petrus de molendino legū doctor decan' et cano' eccl̄is S. Pauli leodien et Sc̄i Saluatoris Vtrecten Qui obyt anno dm millesimo cccc lij mensb mau die xxiiij cui' āīa requiescat in pace:

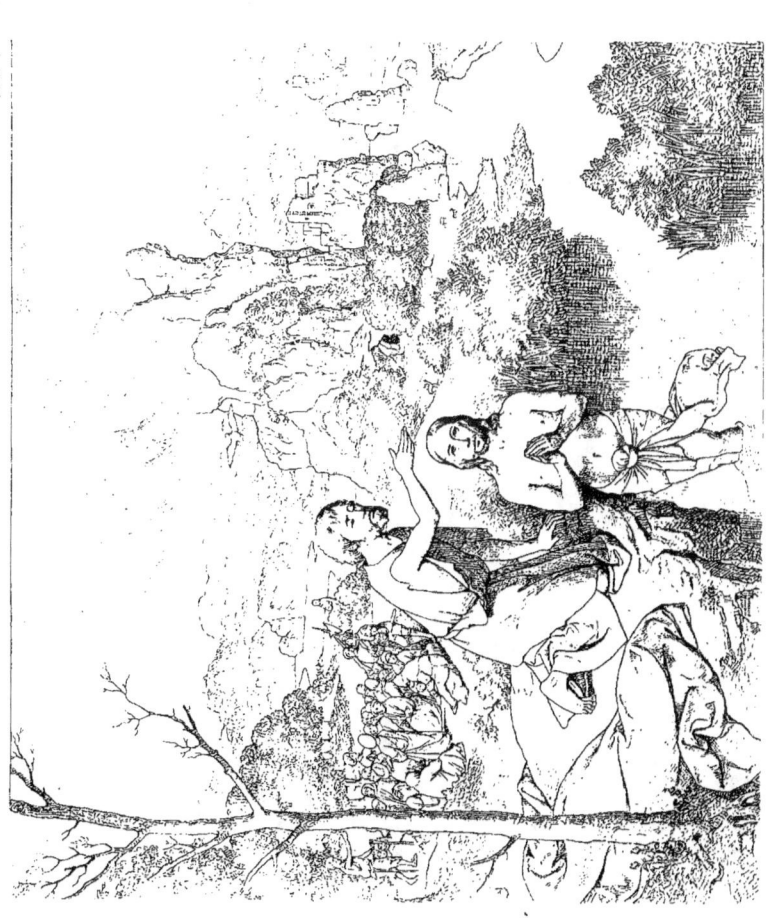

JOSHUA XXIII. 20.

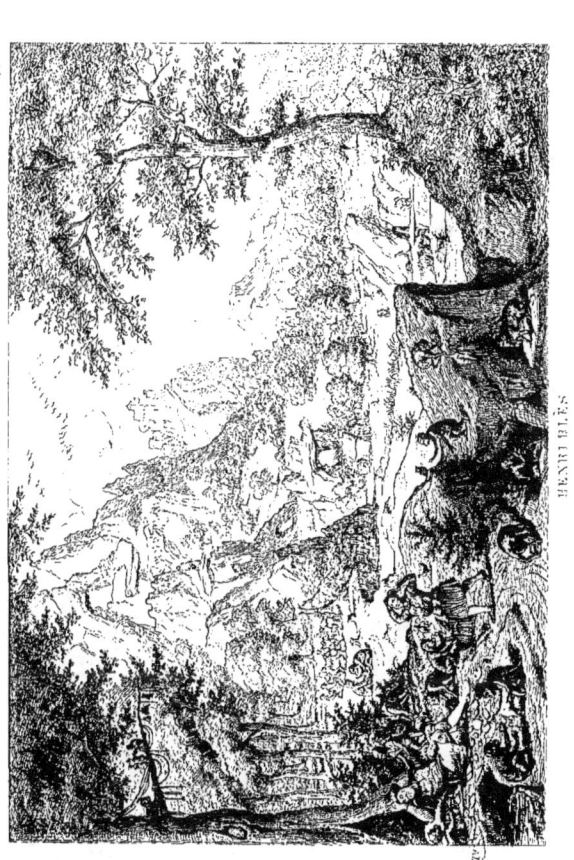

HENRI BLES

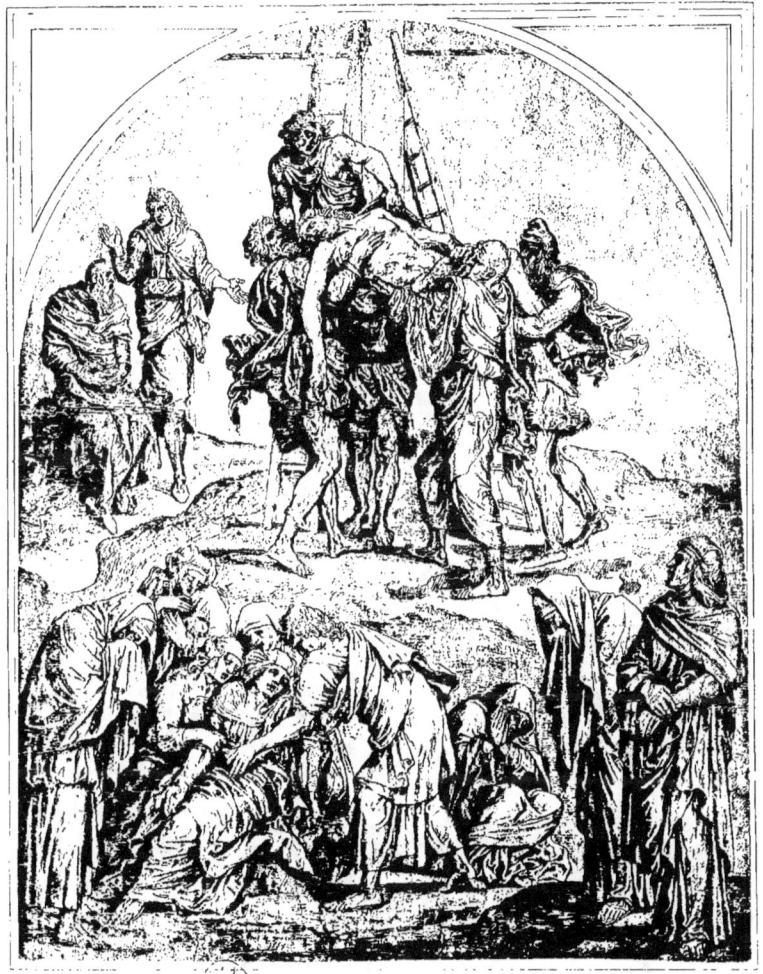

LAMBERT LOMBARD.

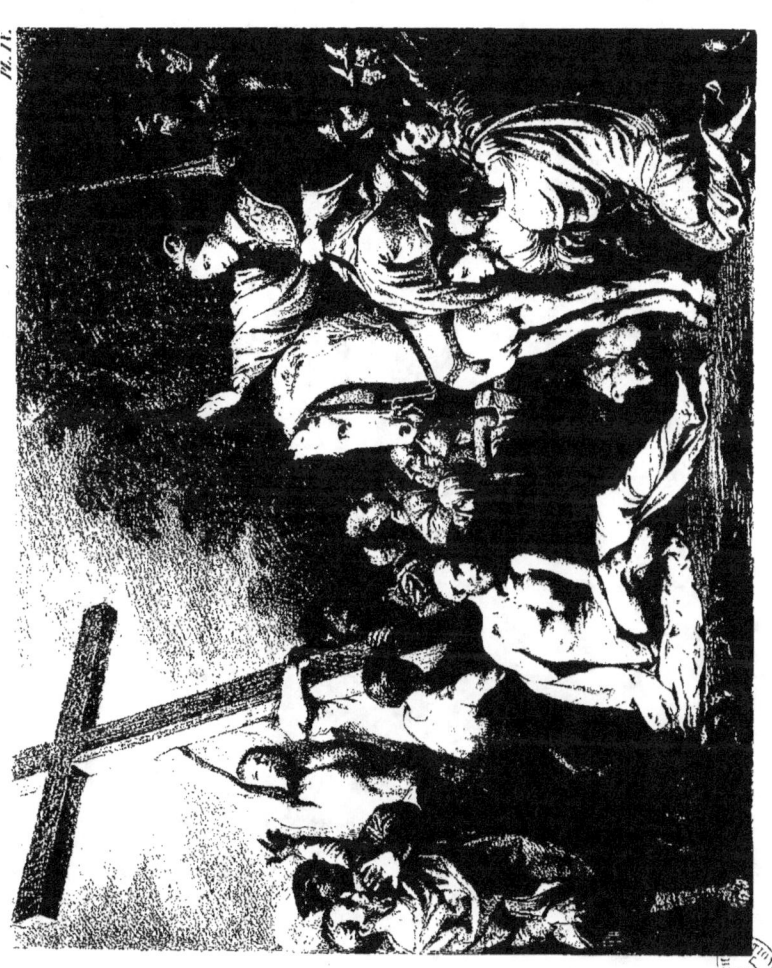

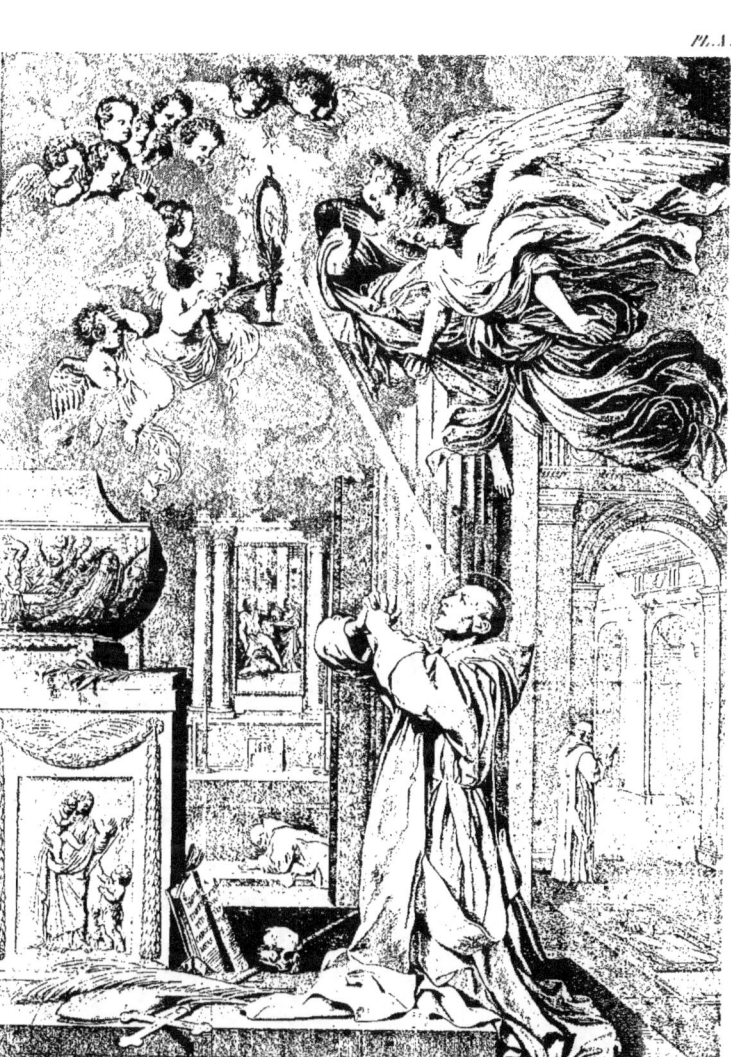

BERTHOLET FLEMALLE

GÉRARD LAIRESSE

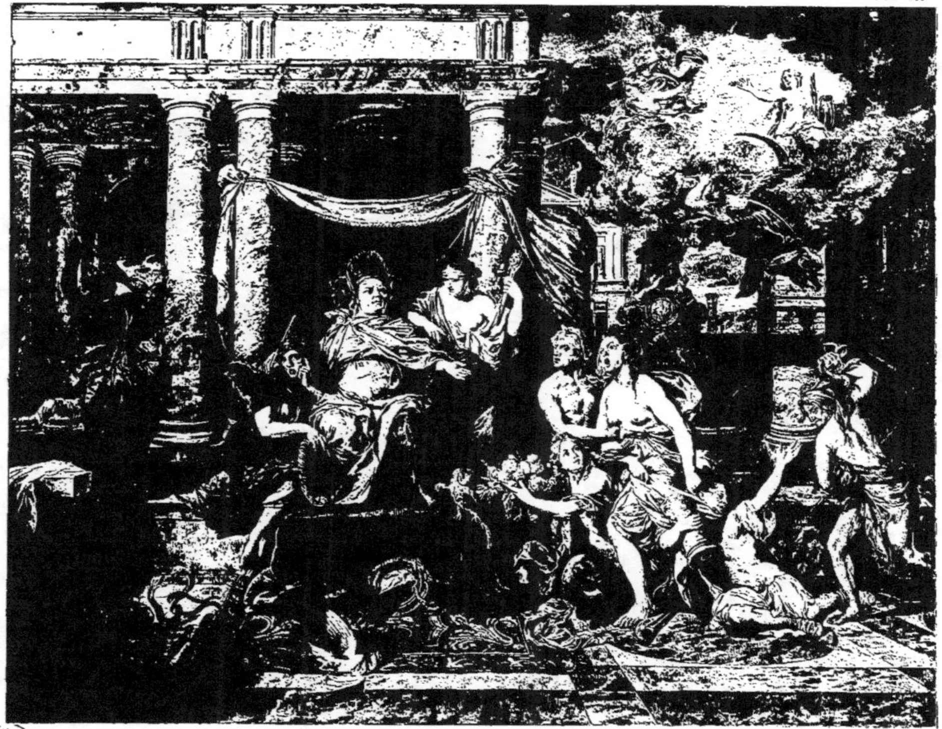

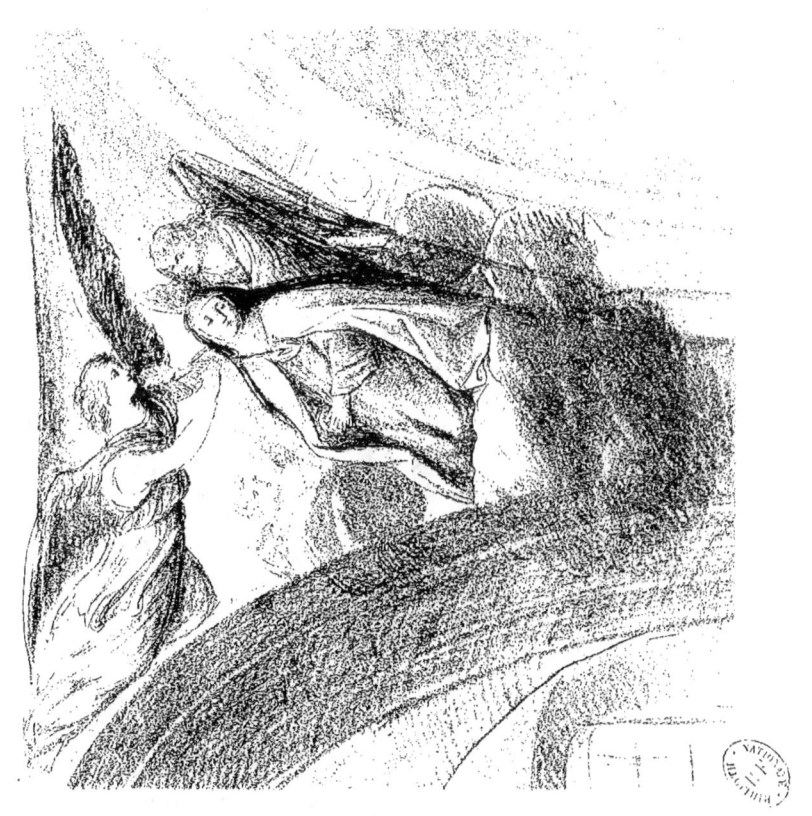

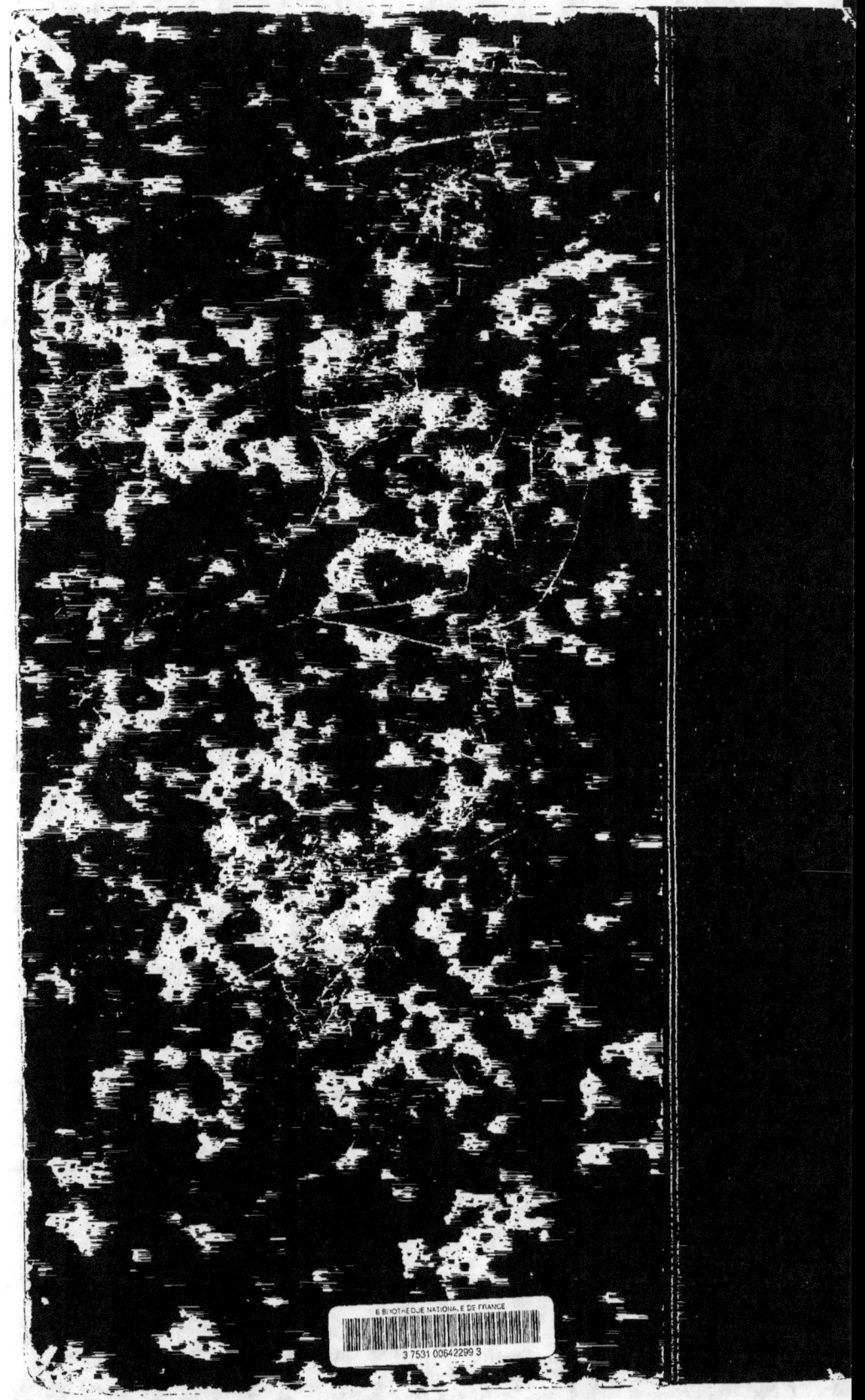

www.ingramcontent.com/pod-product-compliance
Lightning Source LLC
Chambersburg PA
CBHW052237220526
45471CB00001B/76